대원불교
학술총서
31

대원불교
학술총서
31

젠더를 넘어서는 불교

젠더 정체성에 대한
집착으로부터의 해방

리타 그로스(Rita M. Gross) 지음
김민정 옮김

운주사

BUDDHISM BEYOND GENDER:
Liberation from Attachment to Identity
By Rita M. Gross

© 2018 by the Estate of Rita M. Gross
Korean Translation © 2025, UNJUSA
Published by arrangement with Shambhala Publications, Inc.,
Boulder through Sibylle Books Literary Agency, Seoul

이 책의 한국어판 저작권은 시빌에이전시를 통해 미국 Shambhala 사와 독점 계약한 도서출판 운주사에 있습니다. 저작권법에 의해 한국 내에서 보호를 받는 저작물이므로 무단 전재 및 무단 복제를 금합니다.

발간사

오늘날 인류 사회는 4차 산업혁명을 통해 완전히 새로운 세상을 맞이하고 있습니다. 전통적인 인간관과 세계관이 크게 흔들리면서, 종교계에도 새로운 변혁이 불가피하게 되었습니다. 이런 상황에서 대한불교진흥원은 다음과 같은 취지로 대원불교총서를 발간하려고 합니다.

첫째로, 현대 과학의 발전을 토대로 불교를 현대적으로 재해석할 필요가 있습니다. 불교는 어느 종교보다도 과학과 가장 잘 조화될 수 있는 종교입니다. 이런 평가에 걸맞게 불교를 현대적 용어로 새롭게 이해할 수 있도록 하려고 합니다.

둘째로, 현대 생활에 맞게 불교를 이해할 필요가 있습니다. 불교가 형성되던 시대 상황과 오늘날의 상황은 너무나 많이 변했습니다. 이런 변화된 상황에서 부처님의 가르침을 제대로 이해할 수 있도록 하려고 합니다.

셋째로, 불교의 발전과정을 종합적으로 이해할 필요가 있습니다. 북방불교, 남방불교, 티베트불교, 현대 서구불교 등은 같은 뿌리에서 다른 꽃들을 피웠습니다. 세계화 시대에 부응하여 이들 발전을 한데 묶어 불교에 대한 총체적 이해가 가능하도록 하려고 합니다.

대원불교총서는 대한불교진흥원의 장기 프로젝트의 하나로서 두 종류로 출간될 예정입니다. 하나는 대원불교학술총서이고 다른 하나는 대원불교문화총서입니다. 학술총서는 학술성과 대중성 양 측면을 모두 갖추려고 하며, 문화총서는 젊은 세대의 관심과 감각에 맞추려고 합니다.

    본 총서 발간이 한국불교 중흥에 조금이나마 기여할 수 있기를 바랍니다.

불기 2569년(서기 2025년) 6월
(재)대한불교진흥원

출판사의 글

샴발라 출판사(Shambhala Publications)는 리타 그로스(Rita Gross)의 마지막 저서인 『젠더를 넘어서는 불교』(*Buddhism beyond Gender*)를 출판하게 되어 영광입니다. 이 책은 그녀가 세상을 떠나기 직전에 완성되었습니다. 남겨진 원고에는 몇 가지 미완성 부분이 있었습니다. 트랜스젠더 문제를 논의하기 위한 자리가 표시되어 있었고, 타라보살(Tara)[1]에 관한 내용과 대승불교(Mahayana) 경전의 이야기도 추가할 계획이었습니다. 비록 이 부분들을 원고에 담을 수 없게 되었지만, 그녀의 이 마지막 작업은 젠더 정체성에, 실제로는 모든 정체성에 끄달리어 생기는 고통과, 어떻게 이 감옥에서 해방될 수 있을지에 대해 설득력 있고 사려 깊게 탐구합니다. 남겨진 원고는 리타의 원래 의도에 충실할 수 있도록 신중하게 편집되었습니다.

---

1 〔역자주〕 타라보살多羅菩薩은 "해탈로 이끄는 자"이며, 자비와 깨달음의 활동과 연관된 신화 속의 여성 붓다로, 티베트 금강승불교와 동남아시아의 상좌부불교에서 특히 숭배된다.(rigpawiki.org) 타라에 대한 리타 그로스의 관심은 먼저 출판되었던 그녀의 책 『가부장제 이후의 불교』(*Buddhism after Patriarchy*: 한국어 번역본은 옥복연 역, 『불교 페미니즘』, 동연, 2020)의 제6장 여성적 원리를 참조하기 바란다.

주디스 심머-브라운의 소개글

이 책은 선구적인 불교 페미니스트이자 스승인 리타 그로스가 마지막으로 남긴 아름다운 선물이다. 그녀의 마지막 유언이라고 해도 좋을 것이다. 리타는 2015년 11월 11일 심각한 뇌졸중으로 세상을 떠날 당시 이 책을 쓰고 있었다. 그녀는 위스콘신 주 오클레어에 있는 소중히 가꿔온 집에서 샴 고양이들과 500여 그루의 실내 식물, 학문과 종교, 영성 관련 고전 도서들로 채워진 기분 좋은 도서관, 그리고 자신이 수집한 많은 불교 유물과 불상, 그림들과 함께였다. 글쓰기는 그녀의 열정이었다. 이미 여섯 권의 책을 집필했고 다섯 권을 더 편집했으며 출판된 논문은 열거하기 힘들 정도로 많다. 그러나 샴발라 출판사에서 법(法, dhama, dhamma)에 대한 책을 출간하는 것이 꿈이었고, 이 책은 그녀의 모든 노력의 정점을 보여준다. 나의 가까운 친구이자 동료인 리타의 이 책을 여러분들께 소개할 수 있어 큰 영광이다.

종교 공동체들과 격동의 역사를 겪은 후에 리타는 불교에 입문했다. 그녀는 위스콘신 북부에서 독일계 루터교회의 전통 안에서 성장했고, 그녀만의 날카로운 호기심과 독립성으로 인해 21살에 파문되었다. 첫 번째 결혼에서는 잠시 유대교로 개종했었는데, 그 가부장적 구조에 몹시 불편함을 느끼면서도 유대교의 의례와 공동체주의를 계속 높이 평가했다. 인도에서는 변화무쌍한 여신들의 신전에 매료되었고 평생에 걸쳐 힌두교와 사랑에 빠졌지만, 제도적인 참여는 피해 왔다. 1976년, 그녀는 불교와 명상에 매료된 점을 탐구하고자 콜로라도주 볼더로 이사하여 나로파 연구소(Naropa Institute)를 찾았고, 마침내 그곳에서 영적 안식처를 발견했다. 좌선 수행은 평화로운 피난처가 되었고 티베트불교의 장막 아래서 하는 공부는 그녀의 지칠 줄 모르는 지적 욕구를 채워주었으며, 구루(guru)의 헌신은 그녀의 마음을 빼앗았다. 리타는 초걈 트룽파 린포체(Chögyam Trungpa Rinpoche)의 제자가 되었고 샴발라(Shambhala) 불교 전통의 엄격한 수행에 들어갔다.[2]

불교도가 되었을 때 리타는 신선한 "외부 분석가"의 관점을 갖게 되었다.[3] 그녀는 페미니스트 학자였고 1971년 〈미국종교아카데미〉(American Academy of Religion)의 여성위원회 창립 멤버 중 한 명이었다. 1960년대 시카고 대학교 신학대학원에서는 몇 안 되는 여자 대학원생 중 한 명이었는데, 대담하게도 종교 연구가 인류 절반의 종교 경험을 무시한다고 주장했고, 호주 원주민 여성의 종교적 삶이라는 주제로

---

2 [역자주] 린포체는 티베트어로 "귀한 분"이라는 뜻으로, 티베트불교 전통에서 가장 존경받는 고승(lama)에게 주어지는 경칭이다. 초걈 트룽파(1940~1987) 린포체는 티베트 동부 출신의 명상가이자 명상 스승, 예술가로, 티베트 서르망(Surmang) 사원의 원장이였으며 18세에 이미 티베트불교의 박사 학위에 해당하는 켄포(khenpo) 학위를 받았다. 1970년에 미국으로 이주하여 나로파 대학교와 샴발라 인터내셔널을 설립했다.(rigpawiki.org) 한편 샴발라는 티베트불교 경전에서 언급된 신화 속의 영적 왕국으로, 제임스 힐튼의 소설 『잃어버린 지평선』(Lost Horizon, 1933)에 샹그릴라(Shangri-La)로 등장한다.

3 Nancy Falk, "Rita as Colleague and Collaborator," Journal of Buddhist-Christian Studies 31(2011): 56.

여성학이라는 신생 분야에서 처음으로 학위논문을 완성했다. 종교 연구에서 여성의 목소리에, 즉 개인 서사와 전기, 평신도 의례 실행, 인류학적 사례 연구에 의존하는 새로운 방법론을 만들어 내는 리타의 명확성과 끈기 그리고 대담함에, 남자 교수들은 놀라움을 금치 못했다. 그녀는 이러한 혁신을 페미니스트 동료들과 공유했고 새로운 여성학 분야가 탄생했다.[4]

종교 공동체에서 경험한 가부장적 편견으로 인해, 리타는 새롭게 접한 불교 공동체에 신중하고 비판적인 자세로 접근했다. 그녀는 이렇게 썼다. "기독교와 유대교라는 두 성차별적 종교를 이미 겪었기 때문에, 그 경험을 다시 반복할 생각은 없었다. 가부장적인 종교 제도는 이제 그만!"[5] 이후 불교가 자신에게 얼마나 깊이 다가왔는지 언급하면서 불교도가 되는 것을 피할 수 없었다고 설명했다. "불교는 너무나 심오해서, 가부장들이 그것을 저항 없이 차지하도록 두고 볼 수는 없었다"라고 나중에 쓰기도 했다.[6]

리타와 내가 1978년 초 샴발라 불교 공동체에서 친구가 되었을 때, 우리는 페미니즘과 명상, 그리고 해방적인 불교 가르침에 대한 열정을 나누었다. 나 역시 당시 학계와 사회에서 가부장제의 파괴적

---

[4] Rosemary Reuther, "Rita Gross as Pioneer in the Study of Women and Religion," *Journal of Buddhist-Christian Studies* 31(2011): 75-78.

[5] Rita Gross, "I Am Speechless: Thank You, Colleague Friends," *Journal of Buddhist-Christian Studies* 31(2011): 93.

[6] Rita Gross, "Being a North American Buddhist Woman," in Rita Gross, *A Garland of Feminist Reflections: Forty Years of Religious Exploration*(Berkeley: University of California Press, 2009), 313.

효과를 경험했고, 페미니스트 작가인 캐롤 플린더(Carol Flinders)의 표현을 빌리자면, 영적 허기와 페미니스트로서의 갈증을 조화시키려고 고군분투했다.[7] 1980년 봄에 리타와 나는 석 달간 진행된 안거(安居, retreat)를 함께 마쳤고, 우리는 둘 다 마음을 단정시키고 가슴을 열며 지성을 다듬는 수행의 힘을 느꼈다. 이는 깊은 대화와 많은 질문으로 이어졌고, 평생 우정의 기초가 되었다.

리타와 나는 1985년까지 함께 책을 쓸 계획을 세우고 뉴욕주립대학 출판사에 (리타가 맡을) 페미니즘 관점에서의 불교 비평과 (내가 맡을) 불교에서의 페미니즘 비평을 제안했다. 리타는 이미 두 권의 책, 『남성 중심주의를 넘어서』(Beyond Androcentrism, 1977)와 『말하지 않은 세계: 여성들의 종교적 삶』(Unspoken Worlds: Women's Religious Lives, 1980)을 편집한 바 있었으며, 후자는 서로 다른 문화권의 여성들에 대한 최초의 사례 연구 모음집이라는 점에서 획기적이었다. 나는 몇 편의 논문을 냈을 뿐 출판계에는 알려지지 않았기에, 그 공동 프로젝트를 제안해 준 리타의 관대함이 매우 고마웠다. 우리는 계약 내용을 조율하고 일을 시작했다.

책의 윤곽을 잡아 나가면서 우리는 결국 이 공동 저작 프로젝트를 해체하게 될 차이들과 맞닥뜨렸다. 리타는 페미니스트의 관점에 대해 더 강한 친화력과 신뢰를 느꼈고, 불교 경전과 전통적 제도, 티베트의 출가 생활, 미국의 불교 공동체, 그리고 샴발라 불교 자체의 가부장적 구조를 아주 구체적으로 날카롭게 비판했다. 우리의 공동

---

[7] Carol L. Flinders, *At the Root of This Longing: Reconciling a Spiritual Hunger and a Feminist Thirst*(San Francisco: HarperOne, 1999).

스승인 초감 트룽파 린포체에게는 의심 없이 헌신하였지만, 그를 둘러싸고 그의 조직을 운영하는 남성 집단을 분명히 볼 수 있었고, 적어도 일시적으로나마 권력의 자리에 오른 여성이 직면한 장애물들을 보았다.

나 역시 이런 관점을 공유했지만, 개인적으로 수행과 해방적 가르침 자체, 그리고 결속력 강한 공동체에 속해 있다는 경험에 깊이 감명 받아 그 부당함을 감수하고 나아갈 수 있었다. 돌이켜보면 트룽파 린포체의 제자로서 볼더에 도착했을 당시, 나는 페미니스트 전장에서 겪은 경험들로부터 도피했던 것임을 깨닫는다. 그 경험들은 아마도 리타가 직접 겪었던 것보다 더 강렬했을 것이다. 혹은 내가 그녀만큼 강인하지 않았을지도 모른다. 나는 〈인권위원회〉가 대학을 상대로 제기한 집단 소송과 그에 따른 반발로, 이유 없이 대학에서 해고당하는 굴욕을 겪었다. 해고 후 나는 삼 년 동안 강간 위기 센터를 운영하며 병원과 법정에서 성폭행 피해자들의 대변인으로 활동했고, 실험적인 대면 중재 과정에서 수감된 강간범들과 만나기도 했다. 이러한 경험들로 어떤 면에서는 나의 페미니스트 감수성이 고취되었지만, 동시에 개인적으로나 감정적으로 황폐해졌다. 나는 영적으로 굶주려 있었다. 수행과 공부, 그리고 봉사의 엄격한 요구에 전념하는 것은 내게 엄청난 치유와 해방을 가져다주었다. 나는 페미니즘이 내 가장 깊은 고통을 해결해 줄 수 없다는 것을 깨달았고, 그럴 수 있는 영성을 찾고자 했다.

리타는 1993년 출간된 자신의 독보적인 저서인 『가부장제 이후의 불교』(*Buddhism after Patriarchy*)를 집필하면서, "외부 분석가에서 내부

비평가이자 옹호자로의 변신"을[8] 분명히 드러냈다. 그 책에서 그녀는 자신이 "예언자의 목소리"를 냈다고 표현했다.[9] 여성학과 페미니즘 방법론을 따라, 리타는 역사적으로 가부장적인 전통 안에서 페미니스트의 수행을 지지할 수 있는 불교 전통의 얽힌 실타래를 세심하게 풀어냈다. 그녀는 불교의 해방적 가르침을 높이 평가하면서도, 그러한 가르침이 여성의 진정한 해방을 이루지 못하게 방해하는 가부장적 구조를 강하게 비판했다. 그렇게 함으로써 그녀는 불교가 여성에 대해 보여 온 양면성을 명확하고 일관되게 다루었다.

붓다의 가르침은 근본적으로 남녀 모두의 해방을 동등하게 목표로 했다는 것이 분명했다. 리타는 초기 불교 경전뿐 아니라 대승불교(Mahayana)의[10] 가르침도, 여성의 깨달음 가능성과 수행 능력, 그리고 깨달음에 대한 헌신을 말하면서 여성 해방을 보장했다는 점을 하나하나 증명하며 보여주었다. 인도의 기초적인 가르침을 살펴보면서 리타는 의식적으로 불교를 "재평가"했는데, 이는 불교 제도가 아무리 성차

---

[8] Falk, "Rita as Colleague and Collaborator", 66.

[9] Rita Gross, *Buddhism after Patriarchy: A Feminist History, Analysis, and Reconstruction of Buddhism*(Albany: State University of New York Press, 1993), 134-35.

[10] [역자주] 산스크리트어로 "큰 수레"를 뜻하는 마하야나는 한자로는 대승大乘으로 번역되며 기원전 1세기 무렵 인도에서 시작되었다. 불교 교단이 정착 생활을 하면서 안정화되자 불교 교리에 대한 학문적 연구가 가능해지고 부파불교의 시대가 전개된다. 붓다의 가르침인 법을 복잡하고 치밀하게 연구하는 아비담마 불교가 번잡한 이론 전개로 일부 출가자들의 전유물이 되자, 대승불교는 이를 비판하면서 보살 사상을 강조하는 불교 운동으로 등장하였다.(참고: 한국민족문화대백과사전, "대승불교" 항목)

별적으로 보일지라도 그 전통 전체가 회복 불가능할 정도로 성차별적이지는 않다고 판단했음을 의미한다.[11] 그래서 자신의 책의 목적이 불교 수행에 전념하는 페미니스트 수행자들이 의지할 수 있는 "정확하고 유용한 과거"를 되찾는 것이라고 하였다.[12]

그런데도 인도 사회에서 비롯된 인간이 만든 가부장적 구조가 불교에 스며들어, 여성 출가자들은 낮은 지위로 강등되고, 여자들은 지도자로서 거의 역할을 하지 못했으며, 교육과 명상 훈련에서도 배제되었다. 리타는 이것이 어디서나 나타나는 가부장적 종교의 패턴이며 종교로서 불교는 붓다가 의도했던 매우 근본적인 가르침을 부정하고 있음을 시사한다고 주장했다. 이런 이유로 그 근본적인 가르침에 내재한 약속을 이행하기 위해 불교는 "페미니즘적 재구성"이 필요하다고 보았다.

불교를 폭넓게 비판하고 재구성하면서 리타는 불교의 근본적인 해방적 관점과 제도적 보수주의를 구별했으며, 재구성의 내용은 "두 성으로 된"(two-sexed) 모델로 불교를 생명력 있고 창조적인 영적 전통으로 만들 것을 구상했다. 그녀는 이를 "양성적"(兩性的, androgynous) 불교라고 불렀으며, 여기서 여성과 남성은 함께 살아 있는 전통을 공동 창조해 나간다. 리타는 여자와 남자 모두에게 "젠더 역할의 감옥"으로부터 자유로워져야 한다고 요구했으며, 이것이 그녀가 정의한 페미니즘이었다. 그녀는 자신의 학문적 경력과 명성이 크게 위협받을 것을 알면서도 생애 마지막까지 양성적 불교를 위해

---

11 앞의 책, 3.
12 앞의 책, 4, 17-28.

헌신했다.

    리타는 종교계의 페미니스트 집단에서 가부장제와 남성 중심주의에 대한 비판으로 널리 알려져 있었지만, 서양과 아시아 불교 공동체의 많은 사람들은 그녀의 획기적인 작업이 자신들에게 미친 영향을 잘 알지 못한다. 『가부장제 이후의 불교』가 출판된 직후 나는 이 책의 광범위한 영향에 대해 토론토 대학의 한 학회에서 발표했다. 그곳에서 페미니스트 발표자들은 리타가 희망이 없는 가부장적 종교를 실천하고 옹호한다고 사납게 공격했다. 그들은 붓다는 남성이며 불교의 가부장적 구조는 붓다 자신의 편견을 반영한다고 주장했다. 또한 그들은, 실제와 상상 속에서 저질러진, 불교의 성차별적 죄악을 구체적으로 나열했다. 리타와 같은 정통 페미니스트가, 어떻게 양심적으로 자신의 신념을 그렇게 철저히 져버릴 수 있느냐고 그들은 따져 물었다.

    이전 페미니스트 동료들로부터 거부당했음에도 불구하고 리타는 이후 수십 년 동안 불교 페미니즘의 대변인이 되어 불리한 처지에 있는 여성들을 위해 북미와 전 세계를 여행했다. 그녀는 아시아의 불교도 여성들 사이에서 그들을 옹호하는 활동으로 널리 알려졌으며, 북미의 주요 수행 계보에 속하는 담마 센터에서도 자주 강연했다. 수십 년 동안 리타는 전 세계의 비구니와 여성 불교도의 리더십 역할과 교육을 옹호하는 〈세계불교여성협회〉 샤카디타(Sakyadhita) 학회에서 정기적으로 발표했다.[13] 결국 자신이 불교 제도 내부에서 더욱

---

13 〔역자주〕 "붓다의 딸들"이라는 뜻의 샤카디타는 1987년 인도 보드가야에서 열린 제1차 회의를 통해 설립되고 1988년에 미국 캘리포니아에 등록한 비영리단

중심적인 지도자 역할을 맡게 되었다. 처음에는 샴발라 인터내셔널(Shambhala International)에서 선임 교사이자 명상 지도자로 활동했다. 이후에는 티베트 닝마(Nyingma)파 불교의 마인드롤링(Mindrolling) 계보를 서구에서 이끄는, 보기 드문 여성 툴쿠(tulku)[14] 환생자인 제쭌 칸드로 린포체(Her Eminence Jetsun Khandro Rinpoche)를[15] 대표하여, 권한을 부여받은 스승인 로뽄(lopon)으로[16] 활동했다. 리타는 사망할 때까지 버지니아주 셰넌도어 계곡에 있는 칸드로 린포체의 명상센터 중 가장 중심이 되는 곳에서 가르치고 명상 수행을 이끌었다. 이는 그녀가 법을 배우는 학생들을 돌보고 그들의 공부와 수행을 이끌면서

체로, 2년마다 전 세계의 재가자와 승려들이 만나는 국제회의를 열면서 전 세계 여성 불교도에게 혜택을 주기 위한 여러 활동들을 한다. 홈페이지는 https://www.sakyadhita.org/. 한국지부의 홈페이지는 http://sakyadhita.kr/

14 〔역자주〕 툴쿠는 환생을 의미하는 티베트어로, 일반적으로 환생한 라마를 지칭할 때 사용된다. 환생한 스승을 인정하는 전통은 12세기 초 티베트불교의 카르마파(Karmapa: 티베트불교 카르마 카규파의 최고의 영적 스승[lama]) 계보에서 시작되었다.(rigpawiki.org)

15 〔역자주〕 제쭌 칸드로 린포체(1967~)는 두 살 때 티베트불교의 제16대 카르마파로부터 다키니(dakini: 깨달은 에너지의 여성적 구현)였던 칸드로 우겐 초모(Khandro Ugyen Tsomo, 1897~1961)의 환생으로 인식되었다. 가장 뛰어난 스승들로부터 여러 가르침을 전수받고 인도와 미국의 여러 명상센터에서 가르치고 있으며, 현재 서구에서 활동 중인 가장 저명한 티베트불교 스승 중 한 명이다.(rigpawiki.org)

16 〔역자주〕 티베트어로 로뽄, 산스크리트어로 아차리야(acharya)는 금강승불교 수행을 이끌 수 있는 기술과 경험을 가진 스승이나 강사를 말하며, 셰드라(shedra)라는 불교 교육원의 과정을 이수할 때 주어지는 학위이기도 하다.(rigpawiki.org)

그녀의 삶에서 가장 충만하고 기쁨이 가득한 시기였다. 리타는 칸드로 린포체를 흠모했고, 그 서구 계보의 기둥인 닝마파의 가르침을 충실히 실천했다.

주변부에서 홀로 목소리를 내기 시작한 것이 리타를 지도력을 갖춘 내부자로 성숙시켰다. 후기의 저서에서는 불교 페미니즘을 현대 서양 불교의 주류로 끌어올렸으며, 2009년에 쓴 『페미니스트 성찰의 화환』(A Garland of Feminist Reflections)에서는 40년에 걸친 자신의 탐구를 회고한다.[17] 이제 활동가의 목소리는 경계를 넘어서려 했던 세월을 되돌아보는 원로의 생각 깊은 목소리로 바뀐다. 리타는 페미니즘과 여성학에 관한 지적 작업과 글쓰기에 지나치게 집중하는 것을 주저해왔다고 하면서, 그것은 모두 "어떤 우연적이고 마지못해 한 성격"을 띠고 있었다고 말했다.[18] 하지만 학계와 세상에 만연한 남성 중심주의와 가부장제를 고려할 때 이러한 작업은 그녀가 온전한 인간으로서 제대로 기능하는 데 필요했으며, 자신이 말하는 "상황과 필요성"으로 인해 그렇게 할 수밖에 없었다.[19]

이전의 책들에서 리타는 예언가의 목소리로 불교도들에게 법을 완수할 필요성을 일깨웠다. 그녀는 붓다의 핵심이 되는 해방적 가르침을 바탕으로 하여 불교도 여성들이 지도력과 권위, 배움의 자리를 차지할 수 있도록 남성 중심적 제도의 구조를 비판했다. 이 책에서

---

[17] Rita Gross, *A Garland of Feminist Reflections: Forty Years of Religious Exploration*(Berkeley: University of California Press, 2009).

[18] 앞의 책, 4.

[19] 앞의 책, 14.

그녀는 또 다른 과업으로 나아가는데, 바로 그 불교도 여성들이 젠더 역할이라는 감옥에서 완전히 해방될 수 있게 법의 가르침에 몰입하도록 돕는 것이다. 그녀는 법을 가르치는 선임 교사로서 목회적 관점과 지혜롭고 세심한 조언으로 이를 실천한다. 이 책을 읽으면서 우리는 그녀 자신이 이 길을 걸어왔다는 것을, 그리고 우리가 오랫동안 갈망해 온 깊은 영적 양식을 어떻게 찾아야 할지 그녀가 보여주고 있다는 것을 알게 된다. 모든 길을 다 거치고 그녀는 마침내 처음의 자리로 돌아왔다.

이 책에서 리타는 현대 서구의 여성과 남성이 젠더에 과하게 집착하고 젠더 고정관념으로 자신과 타인을 가두는 것을 질타한다. 젠더 역할에 끄달리는 것이 여성과 남성 모두에게 헤아릴 수 없는 고통을 가져왔다고 주장하며, 깨달음에 이르는 길의 핵심은 진정으로 존재한다고 여겨지는 젠더가 무아(無我, egolessness)임을, 즉 참으로 공(空, emptiness)함을 성찰하는 것이라고 말한다.

그렇지만 리타가 제시하는 길은 단순한 영적 회피가 아니다. 즉 젠더는 의미가 없거나 중요하지 않다고 가정하고, 어떤 신념적 도약으로 젠더를 넘어선 마음에 다다를 수 있다고 생각하는 것은 도움이 되지 않는다. 자유를 찾기 위해서는 몰입도 높은 훈련과 엄격한 성찰이 필요하며, 그 과정에서 절대적 진리도 상대적 진리도 모두 부정하지 말아야 한다고 경고한다. 이 책은 젠더 정체성이라는 관점으로 본 사성제(四聖諦, the Four Noble Truths)에[20] 대한 고전적 연구이다.

---

[20] 〔역자주〕 영어로는 "네 가지의 성스러운 진리"로 소개되는 사성제는 고집멸도苦集滅道라는 불교의 기본 가르침을 말한다. 즉 인생은 고통이며, 고통의 원인은

첫 번째 장에서는 이전의 저작에서 많은 부분을 요약하여 제시하면서, 여성과 남성이라는 젠더 역할이 어떻게 불교 수행자들을 감옥에 가두는지, 즉 사성제에서 첫 번째의 고귀한 진리를 다시 설명한다. 여자들은 가르침과 수행 기회를 접하는 데이 제한받아 왔다. 전통 사회에서는 남편과 가족을 돌보는 것을 최우선으로 하고 독립적인 삶은 멀리하도록 경고받는다. 그들의 몸은 생리와 임신, 출산, 육아를 감당해야 한다. 또한 남자들에게 성적 대상으로 여겨지면서 품위를 잃는다. 외모에 높은 가치를 두는 사회에서는 노화가 여자들의 지위에 직접적인 위협이 된다. 남자들 역시 젠더 역할에 갇혀 있으며 여기에는 경제적이고 문화적, 성적, 신체적 성공에 대한 기대가 포함된다. 여성적인 것이 폄하되는 문화에서는 남자들 또한 여성화되는 것에 대한 두려움으로 고통받는다. 리타는 남성의 젠더 역할이 실제로 남자들을 죽음으로 내몰 수도 있다고 진단한다. 책에서 이 부분의 목적은 일상생활 속의 젠더 역할에 얽혀 있는, 놓음(renunciation)에 대한 고전적인 불교적 열망을 불러일으키는 것이다.

리타는 이러한 고통의 원인이 여자와 남자 모두가 자신의 젠더 정체성에 생각 없이 끄달리기 때문이라고 즈장한다. 페미니스트들 역시 다른 사람들과 마찬가지로 자신의 여성 정체성에 지나치게 집중하면서 이러한 끄달림에 빠질 수 있다. 이러한 끄달림은 피해 의식에 대한 고착뿐만 아니라 여성으로 태어난 것에 대한 오만으로도 이어진다. 또한 이는 페미니스트들이 비페미니스트나 남자를 존중하지 않을

집착으로 인한 번뇌이며, 고통의 원인인 번뇌를 멸해야 열반에 들 수 있으며, 열반에 이르는 길은 여덟 가지 바른 길(八正道)이라는 점을 말한다.

때처럼, 다른 이들에게 고통을 주기도 한다. 리타는 끄달림을 놓아버리는 것이 젠더 역할이라는 감옥에서 고통받는 것을 벗어나는 열쇠라고 상기시키면서, 이를 위해 고전적인 불교 수행 방법을 제안한다. 윤리적으로 우리는 주위에 해를 끼치지 않을 것과 성적으로 잘못된 행동을 삼갈 것을 마음에 새길 필요가 있다. 이것이 엄청난 해방을 가져올 것이라고 그녀는 약속한다.

젠더 역할이라는 감옥을 벗어난 자유가 어떤 것이냐는 질문에, 리타는 다시 한 번 더 불교의 고전적 가르침을 제시한다. 이러한 자유는 생활 스타일을 전통적이거나 진보적인 것으로 바꾸는 것이 아니라 마음을 바꾸는 것에서 온다. 깨달은 마음은 평정하나 무관심하지 않다. 깨달은 마음은 여전히 불의와 가부장제, 남성 중심주의를 본다. 그러나 분노에 기대지 않으면서 여기에 도전하고 바꾸기 위해 움직인다. 그녀는 불교가 항상 남성 지배에 반대하는 페미니스트 맥락을 가지고 있었으며, 페미니즘이 불교에 토착적인 것이었다고 주장한다.

그 과정에서 리타는 사회 참여 불교가 페미니즘의 대의를 받아들일 것을 요구하면서, 왜 불교 운동에서 이러한 요소가 그토록 부족했는지 의문을 제기한다.

우리는 리타가 글을 다 끝내지 못한 것은 아닌가 하는 생각을 하기도 한다. 그녀는 혼자서 책 작업을 하는 경향이 있었고, 나는 이 책의 초고도 그녀가 세상을 떠날 때까지 본 적이 없었다. 내가 좀 더 일찍 볼 수 있었더라면 아마도 다음과 같은 질문을 리타에게

했을 것이다.

리타, 여자와 남자뿐만 아니라 그 어느 쪽에 속하지 않는 사람들도 억압하는 젠더 이분법 비판에 대해 더 해줄 수 있는 말은 무엇일까? 트랜스젠더 수행자들에 대해서도 해줄 말이 있는지? (샴발라 편집자들은 사실 리타가 이 주제에 대한 부분을 짧게라도 포함하려 했으나 끝내지 못했다고 내게 말해주었다.)

인종과 종족성(ethnicity), 계급, 능력주의 그리고 연령주의라는, 사회적으로 만연한 감옥을 만들어 내는 서로 갖물린 억압을 분석하는, 교차성(intersectionality)에 대해서는 어떤 관점을 발전시킬 수 있을까? 제3물결 페미니즘이 여자들은 다양한 사회문화적 위치, 즉 흑인, 갈색인(brown), 퀴어, 빈곤층, 비영어권 등의 출신 배경을 가진다고 인정하는 것을 당신도 알고 있을 것이다. 분명 여기에는 젠더의 구성적 본질을 이해하고 불교 제도에 포함되는 것 이상의 의미가 있을 것이다. 그 감옥은 젠더 역할 그 이상의 것이 아닐까?

리타, 중관학(中觀學, Madhyamaka)의[21] 논리나 대승불교에서 공(空)을 성찰하는 고전적 계보를 따라 젠더 정체성의 구성적 본성을 연구하는 좀 더 명확한 사례를 제공해 줄 수 있을까? 이 책은 붓다의 길을 공부하는 것은 자아(the self)를 공부하는 것이고, 자아를 공부하는

---

21 [역자주] 중관학으로 번역되는 마디야마카는 "중간의 길 또는 중도주의"를 뜻하는 산스크리트어이다. 이는 인도의 승려 용수(龍樹, Nāgārjuna: 150~250)가 『중론(中論)』(Madhyamaka śāstra)을 통해 설파한 사상으로 인도 대승불교의 종파이다. "연기의 다른 이름이 곧 '공'이라는" 반야경(般若經)의 공(空) 사상에 기초한다.(참고: 한국민족문화대백과사전, "중관사상(中觀思想)" 항목)

것은 그것을 잊기 위한 것이라는 도겐(Dogen) 선사의[22] 가르침으로 시작된다. 자아를 잊기 위해 우리는 어떻게 자아를 공부해야 하는지 좀 더 구체적으로 설명해 줄 수 있을까?

전체적으로 볼 때 이 책은 오랜 시간에 걸친 리타의 생각과 글, 명상, 가르침의 내용을 하나의 흐름 있는 서사로 모아, 어떻게 우리가 젠더 역할에 대한 끄달림으로부터 자유로워질 수 있는지를 법의 관점에서 공유하고자 한다. 결국 이것이 그녀가 가장 중요하게 여긴 것이며, 자유주의 페미니스트에서 급진적 페미니스트로, 그리고 선임 불교 교사이자 페미니스트 원로로 이어지는 그녀의 인생 여정에서 가장 중심에 있던 주제이다. 이 책은 일생에 걸친 빛나는 분석과 완강한 결의, 그리고 법이라는 해방의 길에 대한 진심 어린 헌신에 걸맞은 결말이라 할 수 있다.

* * *

주디스 심머-브라운은 콜로라도 주 볼더의 나로파 대학교 명상종교학과의 석좌교수이며 초감 트룽파 린포체와 사경 미팜(Sakyong Mipham) 린포체의 샴발라 불교 계파에서 아차리아(Acharya)를[23] 역임하고 있다. 리타는 "주디스는 지난 모든 세월

---

22 〔역자주〕 도겐(道元, 1200~1253년) 선사는 중국에서 조동종曹洞宗을 배우고 계승하여 일본 선종의 주류가 되는 일본 조동종을 창시한 승려이다.
23 〔역자주〕 아차리아는 각주16)에서 설명한 티베트어 로뽄에 해당하는 산스크리트어이다.

동안 나의 가장 가깝고 가장 오래된 불교도 친구이다. … 페미니즘과 법의 세계, 종교 간 교류, 그리고 학문 등 내 열정의 매우 많은 부분을 공유하는 유일한 사람이다. … 이 네 가지 관심사에 아마도 인도에 대한 우리의 공통된 애정도 덧붙일 수 있을 것이다"라고 쓴 적이 있다.[24] 주디스가 저술한 『다키니의 따뜻한 숨: 티베트불교의 여성 원리』(*Dakini's Warm Breath: The Feminine Principle in Tibetan Buddhism*: Shambhala Publications, 2001)는 원래 리타와 함께 기획했던 책이다. 프랜 그레이스(Fran Grace)와는 『명상과 교실: 종교학을 위한 관상적 교육법』(*Meditation and the Classroom: Contemplative Pedagogy for Religious Studies*: State University of New York Press, 2011)을 공동 편집했다.

---

[24] Gross, "I Am Speechless," 93.

일러두기 : 번역어와 역자주에 대해

◆ 남녀와 성을 지칭하는 용어는 원문에서 서로 다른 단어를 사용한 경우, 가능한 그 구분을 살리되 한국어의 일상 용법과 혼동되지 않도록 하면서 일관성을 살려 번역하고자 하였다.
 - 'women과 men'은 한국어로 비공식적인 어감을 주며 구체적인 사람들을 지칭하는 '여자와 남자'로도, 다소 공식적인 어감을 주며 추상적 사회범주를 지칭하는 '여성과 남성'으로도 번역이 가능하다. 이 책에서는 문맥에 따라 이 두 가지 한국어 표현을 혼용하였다. 그러나 'female'은 '여성'으로 'male'은 '남성'으로 번역하였다.
 - 'gender'와 'sex'는 한국에서 일부 젠더 연구자들이 각각 '성별'과 '성차'로 구분하여 번역하기도 하나, 일상적으로 (예를 들어 병원 진료 기록이나 정부의 개인 등록 문서 등에서) '성별'을 sex의 의미로 사용하는 경우가 많기 때문에, 이 책에서는 이 방식을 따르지 않았다. 대신, gender는 '젠더'로, sex는 문맥에 따라 '섹스'나 '성별', '성'으로 혼용하였고, 'sexuality'는 '섹슈얼리티'로 번역하였다.
◆ 'west(ern)'와 'east(ern)'는 번역 시 '서양과 '서구', 그리고 '동양과 '아시아'를 혼용하였다.
◆ 'buddhist'는 불교계에서는 보통 '불자'라고 하지만, 여기서는 보다 객관적인 용어인 '불교도'로 번역하였다.
◆ 원문의 불교 용어와 인물, 경전 명칭 등은 영어, 팔리어, 산스크리트어, 티베트어 등으로 소개된다. 이 책에서는 한국어(한자) 번역어가 검색 가능한 경우 이를 우선적으로 사용하였다.
 - '다르마'(dharma)는 붓다가 깨닫고 가르치신 자연의 법을 뜻하는 산스크리트어로, 팔리어인 '담마'(dhamma)와 혼용되며, 한국 불교에서는 한자어 '법'法으로 번역된다. 이 책에서는 주로 '법'으로 번역하였고, 문맥에 따라 드물게 '불법佛法'이나 팔리어 '담마'를 사용하였다.
  오늘날 불교의 주요 세 유형인 테라와다(Theravada)는 '상좌부上座部불교'로,

마하야나(Mahayana)는 '대승大乘불교'로, 바즈라야나(Vajrayana)는 '금강승 金剛乘불교'로 번역하였다.

불교 경전 명칭 중 한국어(한자어) 번역어가 확인 가능한 경우에는 한국어로 표기하고 괄호 안에 원문에서 사용한 산스크리트어나 팔리어 명칭을 함께 기재하였다.

◆ 비불교도 독자에게 낯설게 느껴질 수 있는 용어나 명칭에 대해서는 〔역자주〕를 달아 간단한 배경 설명을 덧붙이고자 하였다. 특히 금강승불교의 용어는 티베트불교 온라인 백과사전인 Rigpa Shedra Wiki(https://www.rigpawiki.org)를 주로 참고하였으며, 출처는 rigpawiki.org로 표기하였다.

발간사 • 5
출판사의 글 • 7
주디스 심머-브라운의 소개글 • 8
일러두기 • 24

제1장 자아를 공부하고 자아를 잊는 불교 29
끄달림에서 벗어나기 • 32
왜 젠더를 넘어서야 하나? • 38

제2장 정체성과 무아, 그리고 깨달음 45
성별 분리와 정체성 • 48
절대적 관점과 상대적 관점의 정체성을 넘어서 • 51
궁극적 도전: 어려운 상황과 실망에 대처하기 • 54

제3장 젠더 역할이라는 감옥 59
젠더 역할이라는 감옥의 탐구 • 64
젠더 역할에 대한 관습적 불교의 관점 • 70
비교 관점에서 본 젠더 역할 • 80
남성과 젠더 역할의 감옥 • 89
여성의 성적 대상화와 여성의 공모 • 94
어머니 역할과 그 현대적 한계 • 102
어머니 또는 아버지로서 부모에 대한 불교의 관점 • 121
결론 • 126

제4장 젠더 역할의 감옥에서 벗어나기 129

어떻게 자아를 공부할 것인가: 붓다의 가르침 · 131
여자와 남자는 근본적으로 다른가에 대한 불교의 관점 · 136
젠더 역할의 감옥에서 벗어나는 것에 대한 일반적 오해 · 155
젠더 역할의 감옥에서 벗어난 자유는 어떤 것일까? · 164

제5장 토착 불교 페미니즘 183

학문의 정치 · 186
붓다 주변 여성들에 관한 이야기의 변화 · 198

제6장 나의 청중과 목적 219

"페미니즘"과 서양 불교 또는 아시아 불교 · 220
한 사람의 해방으로 모두가 해방된다: 누구의 해방이 가장 중요한가? · 233

참고 문헌 · 243
찾아보기 · 247
역자의 말 · 263

제1장 자아를 공부하고 자아를 잊는 불교

일본의 큰 스승 도겐 선사는 붓다의 길을 공부하는 것은 자아를 공부하는 것이며 자아를 공부한다는 것은 자아를 잊는 것이라고 했다. 영감을 주는 이 말은 젠더 정체성이나 그 밖의 다른 정체성에 끄달리는 것이 왜 문제가 되는지 그리고 그 문제를 어떻게 극복할 수 있는지를 정확하게 설명해 준다. 불교는 자아를 공부함으로써 그것을 잊게 하는 영적 수행이다. 이렇게 말하면 자아와 자기 정체성의 문제가 있는 측면을 함께 잊는 것이 해결책인 것처럼 들릴 수 있는데, 그렇다면 어떻게 자아를 잊을 수 있는가? 오직 그것을 공부함으로써 가능하다. 따라서 젠더 정체성에 대한 끄달림이 어떻게 깨달음을 그르치는지 이해하려면, 불교 담론과 수행에서 젠더가 어떻게 논의되었는지 그리고 세속적 관습이 젠더를 어떻게 구성해 왔는지를 둘 다 공부할 필요가 있다.

위빠사나(vipassana)[1] 센터 한 곳에서 나는 "젠더 정체성에 대한 끄달림이 어떻게 깨달음을 그르치는가?"라는 제목의 강연을 하게 되었다. 이는 내가 자주 강연하는 주제이다. 그 센터의 존경받는 지도 교사가 청중에게 나를 소개하면서 "젠더가 어떻게 깨달음을 그르치는가?"에 대해 이야기할 것이라고 말할 때, 그의 목소리와 표정에서는 혼란과 당혹감이 느껴졌다. 나는 진행을 가로막으면서, "아니요. 젠더가 아니라 **젠더 정체성에 끄달리는 것이** 어떻게 깨달음을 그르치는지입니다"라고 그의 말을 정정해야 했다. 여기서 중요한 단어는 "젠더"가 아니라 "끄달림"이다.

또 다른 기회에 나는 암스테르담의 릭빠 센터(Rigpa Center)에서 같은 주제로 강연을 했다. 강연이 끝나자, 한 남자 청중이 내게 다가왔다. 그는 내 강연이 도전적이었다고 느꼈지만, 그것은 자신이 남자(남성 인간)라는 사실 때문이 아니라, 불교적 이해와 깨달음에 대한 도전이었다고 말했다. 그는 무아에 대한 불교의 핵심적 가르침, 즉 영구하고 지속적이며 단일한 정체성의 부재에 대한 자신의 이해가 여전히 부족하다는 것을 깨달았다. 그 이유는 자신이 경험하는 우발적이고 덧없는 측면들을 여전히 실질적이고 실재하는 것으로 강하게 자신과 동일시

---

1 〔역자주〕 위빠사나는 사물을 있는 그대로 "명료하게 보기" 또는 "통찰"한다는 의미의 팔리어로, 한국 불교에서는 觀으로 번역되기도 한다. 무상·고·무아라는 자연의 진정한 본성을 통찰하기 위한 초기 불교의 수행법으로 상좌부불교(Theravada) 전통을 통해 이어져 왔다. 초기 경전인 『대념처경』(*Maha Sati Patthana*)에서 이는 몸·느낌·마음·법이라는 네 가지 대상을 알아차리는 (사념처) 수행법 중 하나로 설명하며, 선정의 고요함을 얻는 "사마타"(samatha) 수행에 이어져야 할 지혜 수행으로서 깨달음을 얻어 열반을 성취할 수 있는 유일한 길로 언급된다(참고: 법보신문, 2004년 8월 10일, "⑩ 위빠사나(Vipassana)"; 법보신문, 2005년 7월 5일, "위파사나는 어떤 수행인가요").

하고 있었기 때문이다. 또한 그는 그 덧없는 정체성의 요인들이 남성성과 우연히 관련되어 있다는 사실이 중요하지 않다는 것도 깨달았다. 이와 같은 생각은 여성이 의미하는 관습적 관념에 여자들이 끄달리는 경우에도 적용된다. 이는 또한 성적, 국가적, 문화적, 종교적 정체성과 같은 다른 모든 정체성에도 적용된다. 사람들은 이러한 정체성을 궁극적으로 중요한 문제인 것처럼 또는 실재하는 것처럼 여기고 그것에 끄달리는데, 이는 단지 겉모습일 뿐이다. 중요한 것은 그가 여전히 그러한 덧없는 요인들에 의존하여 자신을 정의하고 그런 요인들을 실제보다 훨씬 더 중요하고 실재하는 것으로 받아들여 깨달음을 그르치는 전형적인 실수를 저지른다는 점이다. 이어서 그는 아주 열정적으로 내 강연 내용을 짧은 책으로 써주면 도움이 될 것이라고 말했다. 즉 법에 대한 기본서를 쓰되 "끄달림"(clinging)과 "무아"와 같은 일반 불교 용어를 섹스와 젠더에[2] 적용해달라는 요청이었다.

불교도를 포함하여 사람들은 섹스와 젠더에 대해 생각할 때 보통 법의 핵심 가르침을 무시하고 대신 세속적인 관습에 의존하는 경우가 많다. 언젠가 내가 한 강연에서 실제로 한 청중은, 섹스와 젠더가 자신에게는 너무도 명확하게 드러나며 생물학적 근거가 있으니 그것은 진짜이고 실제로 존재하며 결정적인 것이어야 한다고 주장했다. 불교를 깊이 배운 불교도조차도 실재와 겉모습을 혼동하는 것은 흔한

---

2 [역자주] 인간을 남녀로 구분하는 성 범주로서 섹스(sex)는 신체적 특징에 기반한 생물학적 개념이고 젠더(gender)는 사회문화적 요인으로 형성된 개념으로, 이는 20세기 중반 이후 학계에서 구분하여 사용되기 시작했다. 'sex'에 대한 번역어는 앞의 "일러두기: 번역어와 역자주에 대해"를 참고하기 바란다.

일이다. 이러한 혼동은 의도치 않게 우리가 자신에게 가하는 모든 고통의 핵심이다.

끄달림에서 벗어나기

사성제의 두 번째 진리가 전달하는 법은 매우 단순하고 기본적이다. 고통은 무작위적이거나 설명할 수 없는 것이 아니며 외부의 행위자로 인해 발생하는 것도 아니다. 그것은 끄달림, 움켜쥠, 고착됨의 결과이다. 이 단어들은 트리슈나(*trishna*)를[3] 번역하는 여러 단어 중 하나인데, 아마도 현대적으로 가장 적절한 번역어는 "중독"(addiction)일 것이다. 그런데 이 가르침의 기본 요점을 파악하기 위해서는 엄청난 양의 수행과 관조가 필요해 보인다. 현상, 사물 자체는 문제가 **아니다**. 문제는 그런 현상을 가지고 우리가 무엇을 하는가이다. 우리는 그런 현상을 실제보다 훨씬 더 실재하는 것으로 받아들이고, 섹스와 젠더를 둘러싼 관습에 너무 집착하여 **젠더 역할이라는 감옥**을 만들고 거기에 끄달리어 고통을 만들어 내고 깨달음을 그르친다. 관습적으로 우리는 섹스 또는 젠더 정체성을 실재하고 영원히 지속되는 자아로 만들며, 불교가 항상 부정해 온 에고나 자아의 한 유형으로 여긴다.

    붓다 자신의 가르침을 제외하면, 조동종(曹洞宗, Soto Zen) 불교의 토대를 세운 13세기의 위대한 스승 도겐 선사의 글보다 더 명확하게,

---

3 〔역자주〕 트리슈나는 "갈증을 느끼는"이라는 의미의 산스크리트어로 팔리어 탄하(tanha)와 같은 뜻이며, 한국 불교에서는 보통 애착愛着이나 갈애渴愛로 번역한다.

젠더 정체성에 대한 끄달림과 젠더 역할이라는 감옥에서 벗어나기 위해 무엇을 해야 하는지를 보여주는 텍스트나 가르침은 없을 것이다. 『정법안장』(正法眼藏, *Shobo Genzo*)에서⁴ 선사는 다음과 같이 설명한다.

> 깨달음의 길을 공부하는 것은 자아를 공부하는 것이다. 자아를 공부하는 것은 자아를 잊는 것이다. 자아를 잊는 것은 무수한 것들에 의해 실현되는 것이다. 무수한 것들에 의해 실현될 때 너의 몸과 마음은 물론 다른 이들의 몸과 마음도 떨어져 나간다. 깨달음의 흔적은 남지 않으며 이런 흔적 없음은 끝없이 이어진다.⁵

여기서 핵심 문구는 "깨달음의 길을 공부하는 것은 자아를 공부하는 것"이라는 말이다. 그리고 나서야, 자아를 **공부한 이후에야** 비로소, 우리는 자아를 잊을 수 있다. 자아를 철저하게 공부하기도 전에 잊으려고 한다면 우리는 자아를 무시하거나 억압하게 될 뿐이다. 불교의 가르침이 분명히 말해주는 것은 자아의 억압된 측면은 항상 되돌아와 우리를 파괴한다는 것이다. 모든 불교 학파의 교육 과정 역시 분명하고 확실하다. 현상계를 초월하는 방법, 즉 현상계에 갇히지 않는 방법을

---

4 〔역자주〕"진실한 눈의 보고"라는 뜻의 이 책은, 도겐 선사가 13세기 송나라 선원의 수행 방법, 의식, 청정한 규칙, 가람 배치, 수계, 전법, 생활상 등 선종문화를 총망라하여 집필한 방대한 분량의 저서이다.

5 Dogen, *Treasury of the True Dharma Eye: Zen Master Dogen's "Shobo Genzo,"* ed. Kazuaki Tanahashi(Boston: Shambhala Publications, 2012), 30.

알기 위해서 우리는 늘 현상계가 어떻게 작동하는지를 공부한다. 불교의 점진적인 교육 과정에서 우리는 먼저 오온(五蘊, *skandhas*)과 십이처(十二處, *ayatanas*), 십팔계(十八界, *dhatus*), 십이연기(十二緣起, *nidanas*)를 공부하며, 그 안에서 자아를 찾으려고 노력한다.[6] 그러고는 반복해서 묻는다. 마음에는 색깔이 있는가? 인종의 색깔이나 젠더의 형태 등등은 있는가? 그것은 몸 안에 있는가 아니면 몸 밖에 있는가? "찾아라! 찾아라!" 네가 실재한다고 받아들이고 생각하는 자아의 본질을 찾으라고 불교 스승들은 끈질기게 요구한다. 그 탐색을 철저하게 끝내고 어떤 상대적 정체성도 궁극적이고 영속적인 기준에 맞지 않다는 것을 알게 된 후에야 비로소, 우리는 무아라는 평화 속에서

---

6 불교에서 오온은 지각있는 존재를 구성하는 다섯 가지 무더기이다. 이 다섯 가지 요소는 물질(form, 色), 느낌(sensations, 受), 인식(perceptions, 想), 심리현상들(mental activity, 行), 알음알이(consciousness, 識)이다. 각 무더기를 분석함으로써 집착할 수 있는 자아가 없다는 것을 발견하게 된다. 십이처는 여섯 가지 감각 기관과 여섯 가지 감각 대상이다. (마음은 여섯 번째 감각이다.) 고통은 감각과의 접촉에서 발생하는 감각 느낌에서 발생한다. 이 과정에 대한 통찰은 고통을 끝내는 데 도움을 줄 수 있다. 십팔계는 십이처를 포함하며 각 감각 기관에 대한 의식 요소(눈 의식, 귀 의식, 마음 의식 등)가 추가된다. 십이연기는 의존적 기원 또는 의존적 발생의 고리라고도 한다. 이들이 고통과 윤회의 순환을 영속화한다. 이를 분석하면 그 순환이 끊어져 고통의 종식으로 이어질 수 있다. 이 열두 고리는 무명(ignorance, 無明), 상카라(formation, 行), 식(consciousness, 識), 정신과 물질(name-and-form, 名色), 여섯 감각토대(the sense faculties, 六處), 접촉(contact, 觸), 느낌(sensation, 受), 갈애(craving, 愛), 취착(grasping, 取), 존재(becoming, 有), 태어남(rebirth, 生), 늙음과 죽음(old age and death, 老死)이다.(번역 용어는 붓다선원의 『사마타 위빳사나 수행교재』[2015, 미간행] 중 71, 75, 103, 124쪽을 참조함)

쉴 수 있다. 따라서 젠더나 다른 어떤 정체성이 현혹되어 우리 자신의 깨달음을 망치지 않는 것이 자아를 **공부하는 것**과 **잊는 것** 모두에 있어서 중요하다. 무언가를 잊을 수 있으려면 먼저 상당히 많은 공부나 관조가 필요할 때가 많다.

무아는 불교의 근본적인 가르침이다. 이보다 더 기본적인 가르침을 찾기는 어려울 것이다. 그러나 이는 또한 매우 어려운 가르침이기도 하다. 사람들은 무아에 대해 처음 들으면 종종 믿지 못하겠다는 태도를 보인다. 한 번은 참여 불교와 사회문제에 관한 박사학위논문 구술심사에 참여한 적이 있었다. 심사위원회 중 위원 한 명은 종교학 관련 분야의 전문가였지만 불교에 대해서는 거의 알지 못했다. 박사학위 후보자와 나, 그리고 다른 위원들이 무아가 논문과 어떻게 관련되는지에 대해 평소처럼 논의했다. 그러자 그 위원은 무아, 즉 영구적인 정체성이나 자아가 없다는 주장이 잘못되었다고 생각하여 심사 절차를 중단하고 싶어 했는데, 그로 인해 그 학위논문 전체가 부정될 수도 있는 상황이었다. 심사위원 중에서는 내가 이름있는 불교학자이자 수행자였기 때문에, 나는 그에게 단호히 말해야 했다. 무아는 불교의 확립된 가르침이며 우리는 이 자리에서 그 타당성에 대해 논쟁하지는 않을 것이라고 말이다.

불교도들은 대체로 좀 더 나은 편이긴 하다. 그렇지만 한 번은 주거형 명상센터에서 몇 주간의 중급자 코스를 가르칠 때, 불교의 핵심 가르침을 개괄하는 과정에서 무아라는 주제가 나오자 한 학생이 매우 혼란스러워하며 충격을 받았다. 그는 금강승불교(Vajrayana),[7] 즉 티베트불교 수행을 시작하는 준비 과정에 참가하고 있었음에도 불구하고 무아가 법에 포함될 수 있다는 것을 끝까지 믿으려 하지 않았다. 나는 그에게 무아에 대한 가르침을 받아들이지 않으면서 어떻게 불교에 헌신하며 현 단계까지 오게 되었는지 물었다. 그는 자신이 다니던 잘 알려진 도시 명상센터의 한 강좌에서 이 주제가 다루어졌지만, 그 개념이 너무 터무니없다고 생각하여 무시했었다고 답했다.

그러나 아주 초보자가 아닌 이상 대부분의 학생들은 무아를 믿는다고 내세우는데, 왜냐하면 그렇게 배웠기 때문이다. 하지만 그들이 친구나 가족에게 그 가르침을 제대로 설명할 수 없다면, 이는 아직 완전하게 이해하지 못한 것이다. 불교에서 말하는 무지는 우리의 상대적 정체성 중 소중히 여기는 어떤 측면이 무아라는 깨달음의 상태까지 함께 갈 수 있다고 여기는 것이다. 또는 우리의 상대적 존재 중 어떤 소중한 측면이 실제로는 궁극적이고 변하지 않는 영원한 의미를 가진다고 여기는 것이다. 젠더는 이 목록에서 높은 순위를 차지한다. 남녀를 불문하고 많은 사람들은 특정한 젠더 표식과 특징 없이는 자신이 어떤 존재인지 상상조차 할 수 없다. 또한 확실하고 명백한 젠더 표식이 없는 사람과는 어떻게 관계를 맺어야 할지 몰라 혼란스러워하고 방어적으로 반응하며 가능하면 외면하고 싶어 한다.

---

7 〔역자주〕 산스크리트어 바즈라야나는 "금강승金剛乘불교"로 번역되며, 티베트 대승불교 전통의 핵심 가르침이자 수행법이다. 시각화와 만트라(진언) 암송, 명상을 통해 일상적 인식은 성스러운 관점으로 전환되며, 모든 것을 그 본질 그대로 순수하게 보고 경험하고자 한다. 대승불교 안에서 이러한 수행은 특별한 방편을 취하는 것으로 이해된다. (rigpawiki.org)

1970년대와 1980년대 제2물결 페미니즘 초기에 아기에게 노란색 옷을 입힌 부모들의 이야기가 돌았다. 다른 사람들은 이렇게 "젠더가 없는" 아기와 상호작용하기를 거부했는데, 이는 아직 아기일지라도 남성이나 여성으로 여겨지지 않는 인간과는 관계 맺는 방법을 몰랐기 때문이었다. 인간성은 젠더 안에 묻혀버리는데, 이는 관습적이고 윤회를 따르는 상호작용에서 자주 일어나는 일이다. 내가 또 다른 도시 명상센터에서 불교와 젠더에 관한 주말 프로그램을 가르칠 때였는데, 한 상냥한 청년이 프로그램이 끝날 무렵 다가와 이렇게 말했다. "제 콧수염과 생식기가 없다면 전 제가 누군지 전혀 모를 거예요!" 나는 "바로 그겁니다! 마침내 이해했군요! 관습적인 젠더 표식을 아주 가벼이 여기면서 거기 머무세요"라고 외치고 싶었다.

어느 쪽을 선택할 것인가? 젠더 (또는 다른) 정체성에 끄달릴 것인가, 아니면 깨달음을 얻을 것인가? 팔리어로 된 초기 경전에서 붓다는 종종 제자들에게 그들이 동일시하는 관습적인 삶의 모든 측면을 철저히 살피라고 말씀하셨다. 자신의 것이라고 느끼는 것, 중요하고 신뢰할 만하고 영속적이라고 생각하는 것들을 말이다. 그렇게 살피기를 계속할 때 그들은 자신과 동일시하거나 자신이 누구라고 생각하는 것이 무엇이든, 영속적이고 신뢰할 수 있는 정체성이나 자아의 기준에 도달할 수 없다는 것을 알게 되었다. 이렇게 식별 가능하고 파악할 수 있는 모든 장애를 넘어설 때야 비로소 진정한 자유를 찾을 수 있었다. 이러한 언어는 끊임없이 불교 전통 속에서 이어져 내려왔으며, 오늘날까지도 상좌브불교(Theravada)[8] 숲 전통과 선불교의 스승들, 마하무드라(Mahamucra),[9] 그리고 족첸(Dzogchen)의[10] 가르침에 이르기까지 변함없이 이어진다. 사성제 중 세 번째 진리는 고통의 소멸이 무엇을 가져오는지를 분명하고 확실하게 설명한다. "그것은 바로 그 갈망의 남김 없는 사라짐과 중단, 그것에 대한 포기와 단념, 그것으로부터의 자유, 그것에 의존하지 않음이다."[11]

왜 젠더를 넘어서야 하나?

내가 "젠더 역할의 감옥"이라고 부르는, 생물학적 성이 반드시 특정한

---

8 [역자주] 산스크리트어로 장로들의 가르침을 뜻하는 테라바다는 "상좌부上座部불교"로 번역되며, 최초의 불교 승가 전통을 따르고자 하는 교파로 스리랑카와 미얀마, 태국, 미얀마와 라오스에서 널리 행해진다. 붓다처럼 자신의 노력으로 깨달음을 얻고자 하며, 재가자와 출가자의 역할 구분이 뚜렷한데 재가자가 깨달음을 얻는 것은 어렵거나 불가능하다고 보는 경향이 있다.(참고: Britannica, "Theravada" 항목)

9 [역자주] 마하무드라는 산스크리트어로 "위대한 봉인"을 뜻하며, 티베트불교 카규파 전통에서 시작된 명상 수행법이다. 무드라는 윤회와 열반, 수행의 길을 포함하는 모든 현상이 그 안에 봉인되어 있음을 의미하며, 마하무드라 수행은 경전 공부와 탄트라 요가 수행, 마음 본성을 깨닫는 명상 수행 등으로 구분된다.(rigpawiki.org)

10 [역자주] 족첸은 티베트어로 "위대한 완성" 또는 "완전한 충만"을 뜻하며, 티베트불교 전통에서 가장 오래되고 직접적인 영적 수행이다. 이는 마음의 깊은 본성을 직접 인식하여 진정한 본질을 깨닫는 방법으로 현대 서구 사회에도 널리 전파되었다.(rigpawiki.org)

11 "Setting in Motion the Wheel of the Dhamma", *Samyutta Nikaya* 56.11.1, in *The Connected Discourses of the Buddha: A Translation of the Samyutta Nikaya*, trans. Bhikkhu Bodhi(Boston: Wisdom Publications, 2000), 1844.

의미를 가진다는 생각보다 더 사람들의 상상력을 크게 사로잡거나 제한하는 "그런 것"이 과연 있을까? 불교 문헌에서 흔히 "세속적인 중생衆生"이라고 부르는 거의 모든 일반인과 다수의 불교도는 섹스와 젠더가 확실하고 논란의 여지가 없는 무언가를 의미해야만 **한다**는 생각을 굳게 고수한다. 무아를 믿는 신심 깊은 불교도들이 젠더가 법, 즉 담마와 무관할 리 없다고 내게 단호하게 주장했던 횟수는 셀 수 없을 정도이다. 그들에게 젠더는 여러 정체성 중에서도 가장 실재하는 요인으로 느껴졌기 때문에 반드시 **무언가를 의미해야만** 한다. 실제로 한 저명한 불교 저자가 내게, 여성의 깨달음 경험에는 어떤 독특한 점이 있는지 글을 써달라고 요청한 적이 있다! 그 제안을 거절하면서 나는 "젠더 정체성에 끄달리는 것이 어떻게 깨달음을 그르치는가?"라는 글은 기고할 수 있다고 대응했다.[12] 여성의 깨달음 경험에 독특한 무언가가 있을 수 있다고 상상하는 것은, 젠더 정체성이 일시적이고 궁극적으로 실체 없는 것이 아니라 실재하는 것이라고 가정하는 것과 같다. 이는 젠더 정체성이 조건 지어진 현상 중 유일하게 본질적 존재로서 공하지 않으며 진정으로 존재한다고 주장하는 것이 된다. 그러니 젠더 정체성에 끄달리면서 젠더에 대한 관습적인 생각이 자기 삶을 지배하도록 놔두는 것은 불교의 모든 핵심 가르침에 모순된다. 그러면서 무아도 젠더화되어 있다고 주장한다면 이는 자기 모순적

---

12 Rita Gross, "How Clinging to Gender Subverts Enlightenment," in *Sati Journal*, vol. 2, *Women's Contributions to Buddhism: Selected Perspectives*, ed. Nona Olivia(Redwood City, CA: Sati Center for Buddhist Studies, 2014), 7-14. First published in *Inquiring Mind* 27, no. 1(fall 2010), 18-19, 32.

이고 비논리적인 명제가 될 것이다. **영구적으로 존재하는 자아(또는 에고)는 없지만 그런데도 젠더는 실재한다는**, 모순의 양쪽 끝을 모두 고수하려 한다고 상상해 보라. 이 명제가 비논리적임에도 불구하고 많은 사람들은 여전히 이를 고수하려는 것 같다.

무아를 젠더화된 것으로 간주하는 것이 그토록 터무니없고 젠더 정체성에 끄달리는 것이 실제로 깨달음을 방해한다면, 왜 젠더 역할의 감옥은 여전히 그토록 강력하게 남아 있는 것일까? 불교의 관점에서 이러한 판단 오류는 대개 분석과 숙고가 불충분하여 생기며, 진지한 분석과 숙고가 부족한 한 지속될 것이다. 그리고 붓다를 비롯한 그 누구도 우리의 상대적이고 윤회하며 세속적인 정체성의 **상대적 특징을 온전히 깨우치기** 위해 필요한 분석과 숙고가 쉽거나 빠를 것이라고 말한 적이 없으며, 할 수 있는 것보다 더 많은 것을 기대하지 말라고 말한 적도 없다. 우리가 자유로워지기를 원한다면 기대하는 바를 바꾸고 넘어서는 것은, 그것이 아무리 어렵다 할지라도 반드시 성취해야 할 일이다. 지혜로운 불교 스승 한 분이 이렇게 말하는 것을 들은 적이 있다. 붓다가 이해한 것을 우리가 한두 시간, 심지어 일이 년, 또는 혹시라도 일이십 년 안에 깨우칠 수 있다면, 그것은 아마도 크게 가치 있는 것이 아닐지도 모른다고 말이다. 젠더 역할의 감옥을 포함하여 기존 관습을 벗어나는 자유를 맛본 적이 있는 사람은 그 누구도 여기에 필요한 시간과 수련이 가치 없다고 말한 적이 없다.

불교의 수련은 이러한 진리에 대한 성찰과 그것을 더 잘 인식해 나가는 발전을 포함해야 한다. 그러나 페미니즘이나 젠더, 여성 평등, 기타 관련 주제에 대한 언급만으로도 비웃음과 적대감을 불러일으키며, 이러한 논의는 여자들만이 관심 가질 만한 것이고 남자들은 무관하다는 식의 가정이 뒤따른다. 남자도 여자만큼이나 젠더화된 존재임에도 불구하고 말이다. 젠더 관련 주제를 제기하는 사람들을 배척하는 이러한 일반적인 방식은, 젠더에 대한 질문을 무시하고 억압하는 것이 곧 법의 올바른 대응인 듯한 인상을 준다. 특히 자신감을 가지지 못한 (대개 여성인) 학생이 젠더와 불교에 대해 질문할 때, 스승들의 일반적인 반응은 전통적인 불교의 방식으로 젠더 문제를 다루는 것에 의문을 제기하는 것은 불법佛法에 충분히 헌신적이지 않은 사람만이 하는 생각임을 강력히 시사하는 것이다. 즉 훌륭한 수행자는 그런 문제를 제기하지 않으리라는 것이다.

존경받는 스승들이 질문자들에게 다소 화를 내며, "아직도 그걸 넘어서지 못했는가!" 또는 "깨달은 마음은 남성도 여성도 아니며 젠더를 넘어서니, 젠더에 대한 고민은 불필요하고 부적절하다는 것을 모르겠나?"라고 답변하는 것을 수도 없이 들었다. 새로 서양에 온 아시아 스승은 충격받은 목소리로 "하지만 아시아에서 우리는 어머니들을 정말 존경합니다"라고도 한다. 또는 경험이 부족한 스승의 전형적인 답변은 "그냥 좀 더 수행하십시오. 좌선이 모든 문제를 해결합니다. 수행이 충분해지면 결국 젠더 차별도 신경 쓰지 않게 될 것입니다"이다. 법에 대한 그 어떤 다른 질문도, 그 질문을 일으킨 원인을 무시하는 것이 법에 더 가깝다는 이런 대답을 만들어 내지는 못할 것이다!

젠더에 관한 이런 질문 속에 묻혀 있는 깊은 고통을 헤아린다면, 관습적인 윤회적 자아를 초월하여 얻어질 평화에 대해 조금씩 깨달아가기 시작하는 학생들에게, 그 고통을 이미 초월했어야 한다는 말보다는 더 나은 대답을 해주어야 한다. 또한 스승들은, 여자와 남자 모두에게 있어 윤회적 자아의 고통이 젠더화된 자아와 얼마나 얽혀 있는지를 훨씬 더 깊이 탐구해야 한다. 사실 우리는 "관습적" 자아와 "윤회적" 자아, 그리고 "젠더화된" 자아라는 세 가지 용어 모두를 같은 의미로 보고 호환할 수 있는 것으로 사용해야 한다.

하지만 불교 스승들이 젠더 질문에 대해 그런 식으로 답할 때 그들의 방어적 태도와 곧바로 무시하라는 권고로 이어지는 모습은, 그들이 질문 자체를 완전히 이해하지 못했을 가능성을 나타낸다. 서양 학생들을 가르치는 아시아 스승들은 남녀평등에 대한 최근의 피상적 모습에 속아, 서양에는 평등이 실제보다 훨씬 더 깊이 자리 잡았다고 생각할 수도 있다. 우선, 서양 학생들은 "깨달은 마음은 남성도 여성도 아니며 젠더를 넘어선다"라는 가르침을 받아 본 적이 없다. 서양의 종교나 문화유산 어디에도 "남성도 여성도 아닌 젠더 너머의" 마음 상태에 대해 암시하는 것은 전혀 없다. 최초의 인간에서부터 신에 이르기까지 모든 것은 성별화되어 있으며, 그 성별은 남성이다. 서양 문화에서 가치 있는 모든 것은 남성이 독점해 왔다. 그렇다면 어떻게 서양의 학생이 불교 스승이 이미 알고 있어야 한다고 기대하는 것을 자신에게 진정 가능한 일로 받아들일 수 있겠는가? 일부 아시아 스승들은 서양 학생이 여성의 열등함에 대한 서양의 고정관념을 얼마나 내면화했는지, 그리고 종교적 양육으로 인해 얼마나 깊게 상처받았는지를 거의 알지 못하는 것 같다. 게다가 대부분의 아시아 남성 스승은 자신의 문화에서 법을 공부하는 여성 학생과 깊이 있게 일해

본 경험이 거의 없다.

깨달은 마음은 젠더를 넘어서니 젠더를 둘러싸고 깊이 자리 잡은 관습의 불편함을 무시해야 한다고 권고하는 모든 존경받는 스승들과는 달리, 도겐 선사는 우리에게 젠더화된 자아를 진정으로 잊기 위해서는 그것을 먼저 철저히 공부**해야만** 한다고 말한다. 그리고 자아를 공부하지 않으면 자아를 잊을 수도 없고 잊지도 못할 것이라고 말한다. 공부한 후에 잊기라는 순서가 자아의 다른 모든 측면에 적용되듯, 젠더화된 자아에도 적용된다는 점은 분명하다. 전통적 분석에서 "색色"이나 "형태"를 사용하여 진정한 자아라는 우리의 가정을 무너뜨릴 때, "남성"이나 "여성"이라는 용어를 절대로 같은 방식으로 사용하지 않는다는 점은 의아하다. 이러한 생략으로 인해 사람들은 무아는 쉽게 믿으면서도 관습적인 젠더 규범과 고정관념에는 끄달리게 된다. 색이나 형태로 부여된 자아를 부인하는 것만큼이나, 남성이나 여성의 형태를 기반으로 하는 자아를 부인하는 것도 유용하지 않을까? 그렇게 분석의 해체적 힘이 강화되면 무아가 이론적 신념이 아니라 훨씬 더 "눈앞에 있는" 현실이 된다. 이 추가적인 단계 없이도 사람들은 전통적인 수련을 할 수 있고 무아를 진정으로 믿을 수 있지만, 여전히 젠더에 상당히 집착할 수 있다.

그러나 우리 모두가 깨달은 마음, 즉 본래의 마음 상태는 젠더를 넘어선다고 믿는다면, 왜 그렇게 젠더를 철저히 해체하는 일이 여전히 중요한 것일까? 스승들이 젠더 이슈를 제기하는 학생들에게 깨달음은 젠더 너머에 있다는 구호를 반복하며 꾸짖을 때, 그들은 중요한 점을 놓치고 있다. 무아에 대한 가르침을 처음 들었을 때 사람들이 그 진리를 즉각적이고 직관적으로 이해하더라도 자아 집착을 바로 버릴 수 없는 것과 마찬가지로, 그 자리에서 "젠더를 넘어선" 마음 상태에 도달할 수는 없다. 이러한 변화에는 많은 시간과 노력이 필요하다. 사람들이 실제로 무아에 도달하기 위해서는 훈련이 필요한 것처럼, 젠더 역할의 감옥을 벗어나는 데에도 훈련이 필요하다. 그리고 실제로 이는 무아의 상태 속으로 편안히 들어가는 것과 **같은 것**이다. 둘 다 그냥 되는 것이 아니다.

또한, 자아 집착의 상당 부분은 단순히 에고에 대한 집착이 아니다. 그것은 남성 몸이나 여성 몸으로 사는 것에 깊이 조건화된 자아에 집착하는 것이며, 많은 사람에게는 그 몸의 남성성이나 여성성이 인간성보다 더 우선시된다. 많은 사람들은 젠더 역할이 할당되는 자리에서 실제로 살아가고 있기 때문에, 바로 그 지점에서 그들을 파악하는 것이 중요하다. 그러한 집착이 끊기기 전까지는 사람들이 아무리 무아를 믿더라도 에고에 끄달릴 것이다. 상대적 질문에 대해 절대적인 답변을 제시하는 것은, 장기적으로는 그것이 사실이라 할지라도, 단기적으로는 미숙한 것이다. 대신, 우리는 도겐 선사의 조언에 따라 먼저 젠더화된 자아를 철저히 공부하고 그 현실과 의미를 깊이 탐구해야 한다. 비록 여러 세대의 불교 스승들이 그렇게 해왔다고 해도, 그 젠더적 측면을 공부하지 않고도 자아를 공부할 수 있다고 주장하는 것은 무의미하고 순진한 생각이다.

제2장 정체성과 무아, 그리고 깨달음

나는 한때 이 책의 제목을 "(젠더) 정체성에 끄달리는 것이 깨달음을 어떻게 그르치는가?"로 할까, 생각한 적이 있었다. 괄호를 사용한 이유는, 젠더 정체성과 젠더 역할의 감옥이 나의 주요 관심사이긴 하지만, 그러한 관심이 정체성 전체의 문제와 우리가 다양한 정체성을 얼마나 절대화하고 거기에 끄달리는지에 대한 더 큰 논의 속에 포함된다는 점을 강조하고 싶었기 때문이다. 그러나 이런 제목은 너무 혼란스럽고 번거롭다고 판단했다. 법의 관점에서 보면 이 책의 주요 주제는 젠더가 아니라 정체성이다. 젠더 정체성은 정체성의 한 형태이며, 때때로 "정체성의 곤점"이라고 불리는 자기 정체성에 대한 끄달림을 불교에서는 심각한 장애로 보기 때문이다. 우리는 이미 "자아를 잊는 것"이 불교의 핵심이라는 것을 살펴보았다. 사람들이 종종 무아의 의미에 대해 혼란스러워하기 때문에, 무아에 대한 가르침은 자아를 갖거나 누군가가 된다는 일상적인 감각을 부정하는 것이 아니라는 점을 다시 한 번 분명히 해야만 할 것이다. 개인의 정체성은 분명하게 **나타나며** 궁극적이지 않은 방식으로 중요하다. 부정되는 것은 자아의 실재, 즉 자아의 영속성과 궁극성이다. 이러한 한계는 국가나 종교, 문화, 젠더 등 모든 정체성에 적용된다.

지배 집단(남성, 백인, 이성애자 등)에 속하지 않는 사람들은 종종 자신의 정체성을 너무 의식한다는 비난을 받곤 한다. 예를 들어, 자신의 정체성과 관련하여 "다수자" 정체성을 지닌 사람들과 동등한 대우를 받지 못한다고 지적할 때, 그들은 종종 "인종 (또는 계급이나 젠더) 카드를 꺼내는" 것처럼 여겨지는 것이다. 반면, 지배 집단에 속한 사람들은 "미국인"이나 "기독교인"과 같은 자기 정체성의 일부는 인정하면서도 종종 자신의 지배적 정체성이 가져다주는 이점에 대해서는 부정한다. 어떤 사람들은 "라디오 아나운서는 모두 나처럼 말하니까" 나는 억양이 없다고 주장할 수도 있고, 자신들이 문화적 전제로 인해 제약받는다는 사실을 인식하지 못할 수도 있다. 그들은 모든 사람에게 각자의 억양과 문화가 있다는 점을 인정하고 싶어 하지 않을 뿐이다. 비록 그것이 지배적인 정체성이라고 해도 말이다. 남성이나 백인, 이성애자인 사람들은 종종 자신은 이러한 정체성에 영향을 받지 않으며 그저 "정상적인" 사람이라고 주장한다. 젠더와 관련해서는 특히 그렇다. 남자들은 많은 경우 자신이 남성이라는 특정한 젠더에 속한다고 생각하지 않는다. 자신들은 그렇지 않지만 여자들에게는 젠더가 있다고 그들은 전제하는데, 이는 그들의 행동에서도 자주 드러난다. 나는 "젠더"에 관한 강연을 할 때마다 이러한 점을 자주 실감하곤 했다. 청중의 상당수가 여성인 경우가 많은데, 여성뿐 아니라 모든 사람이 어떤 젠더에 속한다는 점을 고려하면 그래서는 안 되는 일이다. 또한 나는 불교에서의 젠더 차이를 자주 논의한다는 이유로, "법을 젠더化한다"고 비난 받기도 한다. 그러나 나는 이렇게 답할 수밖에 없다. "제가 그런 것이 아닙니다! 저는 단지 불교 경전과 불교 기록에 분명히 나와 있는 내용을 지적하고 있을 뿐입니다. 만약 그 내용이 불편하시면, 좀 더 깊이 자신의 내면을 살펴보셔야 할 것입니다. 하지만 그 메시지를 다루고 싶지 않다고 해서 메신저인 저를 비난하지는 말아주시기 바랍니다"라고.

어쨌든 불교의 기본적인 가르침에 따르면, 어떤 정체성을 가진 사람도 무아에 대한 가르침과 정체성에 끄달리는 것의 부정적 영향에서 벗어날 수 없다. 이는 물론 페미니스트 정체성에도 적용된다. 그러나 내가 만난 일부 신생 페미니스트들은 새롭게 발견한 자신의 정체성이 다른 정체성보다 우월한 가치나 타당성을 가진다고 믿는다. 이는 마치, 다른 모든 관점과는 달리 "진짜로 진리인" 이념이나 신조 또는 역사 해석을 찾으려는, 그러나 항상 실패로 끝나는, 시도와도 같다. 이 책의 핵심 요지는, 정체성에 끄달리는 것이 깨달음을 그르친다는 것이다. 젠더 정체성은 그저 하나의 정체성일 뿐이지만, 많은 경우 사람들은 그것이 정체성이라는 사실을 또는 자신이 그것에 끄달리고 그로 인해 혜택을 누린다는 사실을 인식하지 못한 채 당연하게 받아들인다. 그리고 이런 논점은 특히 남성 정체성에 확실히 적용된다.

성별 분리와 정체성

아기가 아직 태어나기도 전에, 많은 경우 그보다 훨씬 이전부터, 아기에게는 성 정체성이 덧붙여지고 젠더 정체성과 그에 따르는 젠더 역할의 감옥 또한 부여된다. 이런 라벨은 외부의 생물학적 표식에만 근거하며, 그 표식은 미래에 이 아이가 정자를 생산할지 아니면 난자를 생산할지를 가리킬 뿐이다. 아이의 아이큐나 업으로 인한 가능성, 능력, 관심사, 잠재력에 대해서는 아무것도 알려주지 않는다. 이 아기를 포함한 모든 아기들의 존재는 강요된 성 정체성에 의해 압도된다. 대부분의 전통적 불교 사회를 포함한 많은 사회에서 아이는 남녀가 완전히 다른 역할과 관심사를 가진 서로 다른 두 생물학적 종에 속하는 존재인 것처럼 취급되는 세계에서 살게 된다. 성적 이형성(dimorphism)이 극도로 강조되며, 젠더 분리 속에서 공통된 인간성은 사라진다. 성별 분리는 강력하여 여자와 남자는 주로 성관계를 맺고 생식을 하기 위해 서로 만난다. 이러한 성별 분리 속에서 가장 가치있게 여겨지는 문화 활동, 즉 대부분의 학문과 영적 수행은 여자에게는 제한되고 남자에게만 적합한 것으로 간주된다. 반면 여성은 남성을 섬기고 돕는 존재로 만들어진다.

　이러한 성적 분리는 여자는 중요한 일에 집중하려는 남자를 방해하며, 남녀가 자유롭게 어울리게 되면 곧 성적 문란이 뒤따를 것이라는 주장으로 정당화된다. 이러한 주장에 대해 나는 종종 다음과 같이 답해 왔다. 남녀가 상호작용할 수 있는 유일한 상황이 성관계의 서막처럼 여겨진다면 당연히 남녀는 주의를 끌며 상대를 산만하게 할 테지만,

만일 그들이 서로의 존재 속에서 중요한 활동을 함께 하도록 배우면 곧 서로를 잠재적인 성적 파트너가 아니라 인간으로서 상호작용하는 법을 배울 것이라고 말이다. 또한 흔히 성적 유혹에 직면하면 "남자는 자신을 통제할 수 없다"는 이유로, 여자가 눈에 띄지 않게 사적 영역에서 보호받아야 한다는 주장도 있다. 이에 대해서도 나는, 남성이 왜 자신을 성적으로 통제할 수 없는데도 세상을 통제할 권한을 부여받아야 하는지 종종 의문이 들곤 했다. 만연한 강간이라는 문제를 일반적으로 해결하는 방법이 여성을 격리하는 것이라면, 왜 여성이 아니라 강간범인 남성을 격리하지 않는 것일까? 그런데도 모든 사회에서, 어떤 식으로든 남성의 통제되지 않는 성적 욕망의 대한 대가를 여성이 치르고 있다.

극단적인 성적 이형성과 강요된 이성애 규범주의 그리고 남성 특권이 뒤섞인 치명적인 혼합물에 대한 반응으로, 페미니스트 여성이나 페미니즘을 지지하는 남성, 혹은 LGBT(레즈비언과 게이, 양성애자, 트랜스젠더)라는 약어로 표현되는 대안적 젠더 정체성을 개발하는 사람들이 많은 것은 놀라운 일이 아니다. 이러한 대안적 정체성은 관습적인 젠더 질서에 들어맞지 않는 사람들에게 안도감을 주는 경우가 많다. 우리가 사는 "정체성의 정치" 시대에는, 기존의 젠더 질서가 설득력이 없다고 생각하는 사람들뿐만 아니라 다른 많은 억압받고 주변화된 집단이 자기 목소리를 내고 존엄성과 존중, 평등한 대우를 요구하며 자신답게 살아갈 자유를 주장한다.

어떤 불교적 관점에서 보더라도 이러한 전가는 긍정적으로 평가되어야 할 것이다. 왜냐하면 불교제도 역시 관습적인 사회제도와 억압적인 위계질서를 용인함으로써, 불교의 핵심 가치인 자비를 저버린 채 적지 않은 해악을 끼쳤기 때문이다. 그러나 정체성 정치도 법의 관점에서 보면 한계가 있다. 정체성은 흔히 절대화되고 끄달림의 대상이 되는데, 그렇게 되면 다른 상대적이고 우연적인 구성 요소들에 끄달리는 것과 마찬가지로, 사람들은 오히려 더 큰 고통에 빠지게 된다. 사회적 불의로 인한 고통에서 해방되는 것이 아무리 중요하다 할지라도, 불교가 제시하는 궁극적인 해방은 그것이 아니다. 사회적 불의를 주의 깊게 살피고 거기서 자유로워지기 위해 노력하는 것이 "자아를 공부하는 것"의 중요한 부분이 될 수는 있지만, 다시 한 번 도겐 선사의 명언을 인용하자면, 그것은 아직 "자아를 잊는 것"은 아니다. 가부장제와 이성애 규범주의 그리고 극단적인 성적 이형성이 없는 세상에서는 의심할 바 없이 더 많은 사람이 덜 고통받겠지만, 그런 세상에서도 집착으로 인한 고통, 특히 자기 중심성과 자아에 끄달리어 생기는 혼란은 진정으로 "자아를 잊지" 못한 모든 사람을 계속해서 괴롭힐 것이다. "정체성"에 대한 관심은 "에고" 또는 자기애와 거의 구별되지 않는다. 불교에서는 이를 우리가 특히 집착하기 쉬운 네 가지 중 하나로 꼽으며, 결국 이는 우리 자신을 실망과 좌절의 함정에 빠뜨린다.[1] 불교의 가르침이나 우리 자신의 갈망과 실망에 대해 조금만 성찰해 보아도, 욕망과 집착은 결코 완전한 만족과 평화를 가져다주지 않는다. 결국에는 언제나 실망만 안겨준다. 현재와 달라

---

[1] 나머지 세 가지는 감각적 쾌락을 갈망하고, 익숙한 의식과 규칙이 우리를 구원해주리라는 생각에 의존하며, 우리의 이념과 신념이 절대적으로 진실하고 옳다고 믿는 것이다.

지기를 바라는 고통보다 더한 고통이 있을까? 하지만 이미 갖추어진 원인과 조건으로 인해 현재는 달라질 수 없다. 자신의 고통이 사실은 만족할 줄 모르는 갈망에서 비롯된 것임을 인식하면 즉각적인 안도감을 얻을 수 있다. 그것이 바로, 페미니스트 자아나 게이 또는 레즈비언 자아, 트랜스젠더 자아까지를 포함하는, "자아를 잊는 것"에서 오는 평화이며 또 다른 질서의 평화이다. 그렇다고 그러한 상대적인 실천들이 중요하지 않다는 뜻은 아니다. 다만 그것들은 "자아를 잊는 것"이 주는 평화를 가져다 줄 수도 가져다주지도 않는다는 의미이다.

절대적 관점과 상대적 관점의 정체성을 넘어서

깨달은 마음에는 남녀가 없고 젠더를 넘어서기 때문에 관습적인 젠더 질서를 걱정할 필요가 없다는 스승들의 주장과 불교 제도 내 남성 지배 사이의 관계를 파악하려 할 때, 우리는 절대적 진리와 상대적 진리 간의 관계라는 난제와 정면으로 마주하게 된다. 불교는 오랫동안 모든 것을 하나의 절대적 진리로 환원하려는 시도는 실현 불가능하다고 주장해 왔다. **절대적** 진리는 비개념적인 것으로, 공간과 침묵 속에서 경험할 수는 있지만 말이나 개념적 논의로는 영원히 포착될 수 없다. 반면 우리가 일상에서 만나는 수많은 현상을 다루기 위한 개념적 차원의 **상대적** 진리가 있다. 불교는 언제나 이 두 진리가 분리될 수 없으며, 이 둘 사이의 균형을 달성하는 것이 온전한 수행의 삶에서 가장 어려운 과제 중 하나라고 말한다.

젠더에 관한 한, 절대적 진리는 젠더가 궁극적으로 무의미하며 조건 지어진 상대적 현상이라는 것이며, 이는 적어도 원칙적으로는 모든 형태의 불교에서 동의하는 점이다. 젠더는 특정한 원인과 조건의 상호 의존적 결과로서 조건 지어진 상대적인 것이며, 깨달음이나 본연의 마음 상태에 아무런 영향을 미치지 않기 때문에, 우리가 너무 많은 관심을 기울여서는 안 된다. 문제는 사람들 대부분이 자신이 받아들인 상대적 진리에 매우 집착하게 된다는 것이다. 상대적인 것을 절대화하는 경향은 매우 유혹적이며, 종교인들조차도 이러한 유혹에서 결코 자유롭지 않다. 남성 지배는 절대적인 영역이 아닌 상대적인 영역에 속하지만, 모든 불교 전통의 종교 제도는 사실상 이를 절대화해 왔다. 그 결과 태어날 때 부여받은 젠더 정체성이 한 사람의 삶을 완전히 지배하는 유일한 요소가 되며, 젠더 정체성과 함께 주어지는 젠더 역할의 감옥이 모두에게 적합하고 만족스러우며 유용한 삶을 가져다줄 것이라고 가정된다. 그러나 문제는 많은 사람에게 그 정체성도 그 역할도 맞지 않는다는 것이다.

대부분 사회에서 젠더 역할은 매우 엄격하며 융통성이 없다. 그럴 뿐만 아니라 남녀 간의 아주 작은 차이도 과장한다. 이러한 과장이 젠더 역할이라는 감옥의 가장 억압적인 특징 중 하나이다. 대부분의 인간관계에서는 상대방의 성별이나 젠더를 알 필요가 없지만, 극단적인 옷차림과 머리 모양이 대부분의 사람들에게서 젠더화된 자아를 잊을 수 없게 만든다. 우리가 젠더를 바로 파악할 수 없는 사람들을 마주할 때, 처음에는 다소 당황스럽지만 동시에 신선한 느낌이 들지 않는가. 동일한 복장과 머리 모양을 하는 불교의 승가가 전달하는 잠재적 메시지를 생각해 보라. 불교의 비구와 비구니에게 부과된 인위적인 제도적 차이에도 불구하고, 그들은 출가와 금욕이라는 동일한 생활 방식을 산다. 우리가 만나는 모든 사람과 젠더에 따른 상호작용을 끊임없이 협상하지 않아도 된다면, 얼마나 자유로울지 생각해 보라. 많은 사람이 생각하는 것처럼 젠더가 절대적으로 고정되어 있다면, 호르몬이나 복장 전환, 수술로 겉보기상의 여자를 겉보기상의 남자로 또는 그 반대로 바꾸는 것이 불가능할 것이라는 사실을 생각해 보라. 역사 속의 많은 사회는 정해진 젠더와 젠더 역할이 모든 사람에게 꼭 맞는 것은 아니라는 사실을 인식해 왔다.

역사적으로 형성된 불교의 문제점은, 불교도들이 상대적인 젠더 관행에 대해 불교 윤리 그리고 품위 및 공정함의 일반 기준에 부합하는지 묻는 대신, 주변 사회에 만연한 젠더 고정관념을 의문 없이 성찰 없이 받아들였다는 점이다. 그러나 남성 지배와 여성 혐오, 가부장제가 팔정도와 같은 기본적인 불교 윤리와 맞지 않는다는 것을 부인하기는 어렵다. 왜 이러한 기본적인 질문을 한 번도 하지 않았는지, 그리고 왜 불교도들은 그 대신 젠더의 궁극적 무의미함에 대한 고양된 관점을 제시하는 데 만족할 뿐 그것을 실천하려 하지 않았는지, 의문을 가질 수밖에 없다. 이러한 가치들이 세속적 삶을 사는 보통 사람들의 일상 윤리 수준에서는 일관되게 권장되었음에도 불구하고, 상대적 수준의 젠더에 대한 불교 관행은 능숙하지도, 지혜롭지도, 자비롭지도 않았다는 결론을 피할 수 없다.

궁극적 도전: 어려운 상황과 실망에 대처하기

불교의 스승들은 장애와 실망이 결국에는 자아를 잊고 깨달음을 얻는 과정에 도움이 된다는 주장을 즐겨 한다. 하지만 이러한 조언은 듣고 있거나 감사하게 받아들이기 어려울 수 있다. 나 역시 여러 좌절과 불쾌한 삶의 상황에 대해 불평할 때, 그런 조언을 해주신 스승들에게 불만을 느꼈던 기억이 있다. 관습적인 관점에서는 규칙을 지키고 양심을 따라 사는 사람은 마땅히 특정한 것을 누릴 자격이 있다고 여겨진다. 그런데 그런 것이 주어지지 않으면 사람들은 속은 기분이 들 수 있다. 이러한 상황에서 사람들은 쉽게 불교에서 말하는 세 가지 독, 즉 혐오나 공격성, 탐욕이나 욕망과 끄달림, 그리고 무지의 감정에 완전히 몰입하게 된다. 이러한 가르침은 아주 오래된 것으로, 아마도 역사 속의 붓다 시대로까지 거슬러 올라갈 것이다. 이 가르침은 또한 그 유명한 티베트불교의 윤회 수레바퀴(wheel-of-life) 그림의 중심에도 자리 잡고 있다. 불교에 따르면, 아마 붓다 자신도 그렇게 생각하셨을 텐데, 이 세 가지가 삶의 윤회 중심에 자리하고 있어서 필연적으로 고통과 좌절의 삶을 살며 만족스럽지 못하게 된다고 한다. 우리가 원하거나 받아 마땅하다고 여기는 것을 얻지 못할 때, 유혹되는 이러한 감정들은 일시적으로 감정적 해방감을 제공한다. 그러나 결국에는 불쾌감을 주고 우리가 추구하는 오래가는 안도감을 제공하지는 못한다.

특히 우리가 원하는 것이나 받아 마땅하다고 생각하는 것을 얻지 못할 때, 비난할 사람이나 어떤 것을 찾아서 그 사람이나 상황에 분노를 표출하고 싶은 유혹이 든다. 하지만 그렇게 한다고 해서 문제가 해결되거나 상황이 나아질까? 공격성이나 혐오의 독은 지옥에 있는 것을 상징하는 불교의 기본 이미지일 정도로 부식성이 강한 것으로 알려져 있다. 불교 페미니스트 신학자로서 내가 가장 중요하게 기여한 것 중 하나는 "페미니스트 분노"의 작동 불가능성에 대한 논평이었다.[2] 나에게 있어 페미니스트 분노가 녹아내린 것은 불교 수행의 가장 놀랍고 예상치 못한 결과 중 하나였으며, 동시에 가장 도움이 된 일이기도 했다. 초기부터 내 작업의 특징이었던 점은, 이 작업이 다른 불교도 여성이나 페미니스트 신학을 연구하는 기독교 동료들로부터 항상 환영받은 것은 아니라는 점이다. 그들은 종종 화나 분노 없이는 아무것도 긍정적으로 변할 수 없다고 주장하거나, "자신에게는 의로운" 화나 분노라고 부를 수 있는 것이 있다는 견해를 고수하거나, 자신의 분노가 가져온 안도감이 실제로 상황을 개선하는 데 효과적인지 분석하는 것을 꺼리기도 했다.

상황이 달라지기를 강렬히 원하고 현재 가질 수 없는 것을 원하는 것과 같은 욕망이나 탐욕의 독은 너무도 불쾌하여, 어째서 누구나 번번이 그런 느낌을 탐닉하는 것인지 의아할 정도이다. 이는 깊이 내재된 습관적인 패턴이다. 자신의 욕망이 정당하고 합리적이라고 해서 이런 현실이 바뀌는 것은 아니다. 내 경우, 상황이 달라지기를 간절히 원하였기에 더 고통이 심해진 것을 처음으로 직접 경험한 것과 그에 대한 단순한 깨달음이 가져다준 안도감을 통해, 불교의

---

[2] 내가 1980년 초에 쓴 논문과 *Garland* 235-44쪽에 실린 최신 개정본인 "화의 명료함"(The Clarity in the Anger)을 참조하기 바란다.

반직관적인 가르침이 실제로 옳다는 것을 확신하게 되었다. 그 후로 나는 절대 뒤돌아보지 않았고, 주어진 환경에 저항하고 싸우는 것이 상황을 더 악화시킬 뿐이라는 앎은 내게 거의 만트라 같은 주문이 되었다.

세 가지 독 중 세 번째인 무지와 관련해서는 불교적 감수성을 비판하는 사람들이 더 설득력있는 주장을 펼칠 수 있을지도 모른다. 장애물은 인내와 관용, 감사, 용서, 그리고 무엇보다도 평정심을 길러주며, 이러한 가치는 불교도가 아니더라도 매우 소중히 여길 수 있다. 불교도들은 어려운 상황에 직면했을 때 평정심을 중요하게 생각한다. 이러한 평정심이 외부인에게는 수동성으로 보일 수 있지만, 불교도들은 불의에 대한 지나친 관심이 영적 수행의 길에 해로울 수 있다고 주장한다. 내게는 최근에 불교 신자가 된 한 페미니스트 친구가 있다. 페미니스트 대부분을 괴롭히는 몇 가지 사안을 토론할 때면, 그 친구는 눈에 띄게 짜증을 낸다. 나도 이런 문제들로 괴롭지만, 내 마음은 평온하고 반응하지 않는다. 이를 알아차린 그 친구는 "넌 나보다 더 평정심이 있구나"라고 말한다. 나는 "그래, 평정심이 더 많으면 덜 괴롭지"라고 답한다. 그 친구는 여기에 동의하면서도 여전히 짜증으로 인한 긴장을 느낀다.

앞서 언급한 요점을 다시 말하자면, 나는 역사적으로 불교도들이 주변 문화의 젠더 관행을 비판 없이 받아들이면서, 그것이 불교의 기본적인 윤리적 기준에 부합하는지를 묻지 않았다고 생각한다. 이런 수준의 무시는 평정심으로 이어지는 것이 아니라, 오히려 젠더 역할이라는 지역적 감옥에 기반한 비윤리적 억압으로 이어진다. 동시에,

결국에는 자신의 불행과 불공정한 삶의 결과에 대한 좌절에 삶이 그저 잠식되도록 놔둘 것인지 아니면 그럼에도 불구하고 어느 정도의 행복과 만족을 경험해 볼 것인지 사이에서 선택해야만 한다. 나의 경우, 간절히 원했던 몇 가지 중요한 것들을 얻지 못했음에도 불구하고, 기쁨과 평화, 만족을 찾는 법을 배워야만 한다는 것을 알게 되었다. 즉 대부분의 사람들이 완전한 삶을 위해 당연하고 마땅하다고 여길 만한 것들, 이를 테면 나를 진심으로 이해해주는 인생의 동반자와 국내외에서 인정받은 업적에 따른 직업적 발전이 없더라도 말이다. 동반자들을 만나기는 했지만 그들의 죽음이 너무 때 이르게 찾아왔다. 그 후 나는 억울하게 불행의 희생자가 된 나의 이야기를 믿는 것이 실제로는 어떤 특정한 순간에 겪고 있는 경험 그 자체보다 더 고통스럽다는 것을 배워야 했다. 어려운 상황에서 오는 트라우마는 불행한 사람이라는 정체성을 기꺼이 포기할 의지가 있을 때만 치유될 수 있다는 것을 배웠다. 심각한 질병으로 인도의 한 병원에서 이 글을 쓰고 있는 지금 나에게, 이전에 배운 이런 교훈들이 도움이 되고 있다. 외국의 병원에 있다는 것은 매우 두려운 일이다. 그럼에도 불구하고 어려운 상황에서 인내심을 기르는 것은 공격성이나 혐오 또는 상황이 실제와 달라지기를 바라는 극단적 탐욕보다 훨씬 낫다. 그래서 나는 성숙한 수행자가 된다는 것은 실망과 힘든 상황을 피해자처럼 느끼지 않고 받아들이는 것임을 믿게 되었다.

제3장 젠더 역할이라는 감옥

나는 소녀 시절, 그러니까 십대 초반과 사춘기 시절에 너무 불행했다. "왜, 정말 왜, 난 여자아이여야 하지? 여자아이들은 재미있거나 중요한 건 아무것도 할 수 없어!"라고, 나는 여러 번 한탄했다. 페니스 선망을 가진 것은 아니었다. 남자아이의 몸을 원한 건 아니었다. 내 머리를 써서 공부하고 세상을 탐험하고 싶었다. 나는 똑똑했다. 그 무엇보다 학교를 좋아했다. 1950년대 북부 위스콘신의 문화적으로 소외된 농장 소녀였던 나는, 고등학교를 졸업하지 못한 부모님 밑에서 자랐다. 부모님은 낙농업으로 근근이 경제생활을 해 나가며 교육이 중요하다고 생각하지 않으셨지만, 나는 학교가 보여주는 세상 속으로 뚫고 들어갈 수 있기를 원했다. 그러나 어머니는 내가 농부와 결혼해서 가족 농장을 물려받고, 어머니의 여생 동안 30미터 정도 떨어진 곳에서 살기만을 바라셨다. 어머니는 내가 학교를 너무 좋아한다고 싫어하셨다. 나는 남자아이의 몸을 원했던 것은 아니었지만,

그 시대와 그 장소에서 여자아이의 몸을 갖는다는 것은 공부하고 세상을 탐험하겠다는 꿈의 파멸을 의미했다. 여자아이는 전등의 먼지를 털고, 요리하고, 청소하고, 남자와 아이들을 돌보는 사람으로 자랐다. 그게 전부였다. 높은 아이큐를 가지고 자기 정신을 사용하고 싶은 열망을 가진 여자아이로 태어나는 것은, 실제로 그녀에게 주어진 선택지가 매우 제한적이라는 점에서 지나치게 잔인한 일이라고 생각하곤 했다.

어느 날 문득 통찰의 순간이 찾아왔다. 정확히 몇 살이었는지는 기억나지 않는데, 아직 고등학생이었을 수도 있고 어쩌면 그보다 더 이른 시기였을 수도 있다. 제2물결 페미니즘이 태동하기 훨씬 전이었다는 것만 기억한다. 바깥마당에서 여러 개의 우유 통 사이에 서 있던 기억이 생생하다. 내가 10대 초반일 때 농장의 다른 장소에서 배달할 우유를 싣기 시작했었기 때문에, 그 사건은 인생의 꽤 이른 시기에 일어났던 것 같다. 여자아이의 몸을 가진 운명을 한탄하다가 나는 갑자기 떠오른 통찰에 압도되어 온몸이 굳어버렸다. 그리고는 "여자아이로 태어난 건 잘못된 게 아니야"라고 스스로에게 선언했다. "시스템이 문제야! 시스템이 문제라고!"

그 통찰은 결코 나를 떠나지 않았지만, 1960년대와 1970년대에 그것을 유지하는 데는 엄청난 에너지와 규율이 필요했다. 그 후로도 오랫동안, 불교 수행으로 나를 다스리기 전까지는 전 세계의 소녀와 여성에게 일상적으로 가해지는 부당한 일들에 대한 분노로 괴로웠다. 내가 여자아이라서 느꼈던 불행만큼이나 그 분노는 고통스러웠다. 하지만 나중에 불교 수행을 통해 분노를 더 나은 방향으로 돌릴 수 있는 다른 자원을 찾기 전까지는, 내가 여자아이의 몸을 가진 것에 대해서가 아니라 시스템을 향해 분노했다는 것이 훨씬 더 정확한 감정이었다. 소녀는 남자와 아이를 돌보는 일에 온전히 헌신해야 한다고 기대하는 세상에서, 자기 정신을 사용하고 싶어 하는 소녀에게는 온갖 장애물이 가득했기 때문이다.

"그 시스템"이란 무엇일까? 몇 가지 이야기를 해보겠다. 1965년 대학에서 나는 단연코 상위권에 속해 있었고, 유망한 학생들이 장래 대학교수가 될 수 있도록 도움을 주는 우드로 윌슨 장학금 면접을 볼 예정이었다. 전에 나를 지도했으며 선의로 대해 주시는 교수 한 분이 어느 날 나를 따로 불러서, 내가 받게 될 피할 수 없는 충격을 완화해 주고자 말씀하셨다. "자네가 우드로 윌슨 장학금을 받지 못할 거라는 걸 알아야 할 걸세. 자네는 매력적인 여성이니 결혼하게 될 거고, 그러면 그 기회는 낭비되는 것이 되지. 그렇게 가치 있는 장학금을 받을 거라고 기대할 수는 없을 걸세."

자, 나는 보통의 외모에 특별히 매력적이지 않으며, 데이트를 원하거나 결혼하자는 남자들에게 둘러싸인 적이 없다. 그런데도 나와 데이트할 위치에 있지도 않으면서, 남자들에게는 일반적으로 부여되는 특권에서 내가 배제되는 것을 정당화하려는 남자로부터, 갑자기 "매력적"이라고 평가받은 적이 여러 번 있었다. (그리고 나는 우드로 윌슨 장학금을 받았다.) 그 교수가 젠더 역할의 감옥이 규정하는 행동을 기준으로, 더 자격을 갖춘 여자보다 덜 자격을 갖춘 남자가 장학금을 받는 시스템에 편안함을 느꼈던 것은 분명하다. 더욱 어이없으면서도 중요한 사실은 미래에 결혼할지도 모른다는 이유로 장학금을 받지 못한 남자는 한 명도 없었다는 사실이다. 오직 여성만이 결혼과 출산의 부담과 불리한 점을 감당해야 하며, 남성은 오히려 미래의 결혼과 출산으로 덜 자격 있는 사람이 아니라 더 자격을 갖춘 장학금 수혜자가 된다.

그러니 수 세기 동안 부모들은 학업 능력이 그저 그런 아들은 교육하려 애쓰면서도, 똑똑한 딸에게는 아들의 교육자금을 벌기 위한 허드렛일을 시키는 일이 계속되었다. 왜 아들에게 그런 특혜를 줄까? 딸과 아들 모두가 결혼하여 자녀를 낳을 가능성에는 큰 차이가 없을 것이다. 각각의 자녀는 부모로부터 동등한 양의 유전적 유산을 물려받는다. 딸의 자녀는 그녀 남자 형제의 자녀들과 마찬가지로 부모로부터 유전적 유산의 사분의 일을 물려받게 된다. 논리적으로나 생물학적으로나 이들은 동등해야 한다. 그런데 왜 그렇게 아들을 선호할까? 아들은 자기 자녀를 돌봐 줄 아내가 있지만, 많은 가족 시스템 안에서 딸은 아내가 **되어** 다른 부계 혈통에 속하는 자녀를 돌보게 되므로 자신의 출신 가족에게 크게 기여할 수 없기 때문이다. 그리고 이런 현상은 전 세계에서 계속되고 있다. 저녁 뉴스를 보기만 해도, 소녀들이 신체적 공격을 당하고 납치되어 결혼 노예로 팔려가며, 교육받을 기회를 박탈당한 채 남자와 아이들을 돌보는 것 외에는 선택의 여지가 없는 삶으로 내몰린다는 사실을 알게 된다. 세상의 너무나 많은 곳에서 이런 일들이 정상인 것처럼 여겨진다는 것은 비극이다. 왜 부모는 딸보다 아들을 선호하는지, 왜 사람들은 여성에게서 교육과 행위자성을 박탈하기 위해 그렇게 열심히 힘쓰는지, 또는 왜 자원의 통제권을 거의 갖지 못하는 여성이 사회 기능 유지에 필요한 번거롭고 반복적이고 지루한 일을 특히 육아를 포함하여 그토록 많이 해야 하는지, 사람들이 의문을 품지 않는다는 것은 비극이다.

　이야기를 하나 더 해보자. 불교학자이자 수행자로 사는 삶을 처음 시작했을 때 나는 이미 불교도 여성에게 핵심이 되는 문제는 남성이 스승의 역할을 거의 독점하다시피 하는 상황이라고 파악했다. 불교에서 스승의 역할은 단연코 가장 중요하기 때문에, 불교 스승의 절반 정도가 여성이 되기 전까지 불교는 젠더 평등과 형평성의 측면에서 큰 결함을 안고 있을 것이다. 그래서 불교에 입문한 초기에, 나는 스승 중 한 분께 왜 모든 스승은 남자인지를 물었다. (지금은 상황이 다소 변했지만 1980년에 내가 그 질문을 했을 당시 서양 불교계에서도 스승 대부분은 남성이었다.) 그분은 충격을 받은 표정으로 "누군가는 아이들을 돌봐야 하잖나!"라고 성급하게 대답했다. 당시 나는 제대로 반박할 준비가 되어 있지 않아서 다음과 같이 말하지 못했다. "스승님과 다른 아버지들이 아이 돌보는 일을 공평하게 나누어서, 여자들도 스승이 될 준비를 할 수 있는 시간을 가지면 어떨까요?"라고. 그분은 그리고 나서 훨씬 더 적절한 답변을 덧붙였다. "자네가 아직 스승이 되지 못했기 때문이 아닌가!"라고. 그러나 그런 일의 성사 여부는 누군가가 나를 기꺼이 불교 교사로 인정해 주는 것에 달려 있다. 결국 그 일은, 지금 나의 티베트 스승이자 여성인 그분이 나를 여섯 명의 서양인 교사 중 한 명에 포함시켰을 때 이루어졌다. 어느 남성 불교 스승이 나 같이 공개적인 페미니스트를 교사로 인정해 줄 의향이 있었을는지, 나로서는 알 수 없다.

젠더 역할이라는 감옥의 탐구

나중에 추상적 사고에 더 능숙해지면서 나는 내가 경험한 고통에 대한 이름을 붙일 수 있게 되었다. 무엇보다도 나의 정신을 사용하고 싶었으나 그렇게 할 수 없다는 메시지를 이미 내면화한 여자아이가 경험했던 그 고통을 나는 "젠더 역할의 감옥"이라고 부르게 되었다. 그 과정에서 나는 또한 "여성도 인간이다"라는, 놀랍도록 단순한 결론에 도달했다. 즉 필수적인 신체 부위가 모자란 불완전한 인간이 아니라, 온전한 인간이라는 것이다. 그 결론은 너무나 단순하고 설득력이 있어서, 교육을 받는 것, 자신만의 영적인 삶을 사는 것, 재생산 기능을 넘어서는 활동을 하는 것 등과 같이, 충만한 인간의 삶에 필요한 많은 것들이 여성에게는 어떻게 그렇게 일상적으로 거부될 수 있는지 상상하기 어려울 정도이다. 여성들은 여전히 그런 많은 상황에 처해있다. 불교든 서양이든 관계없이 남성 지배와 가부장제 아래에서 여성은 온전한 인간성을 부정당하는 것이 사실이다. 나는 또한 "젠더 역할의 감옥으로부터의 자유"를 페미니즘의 본질로 정의하게 되는데, 그 라벨은 그 감옥에서 벗어나는 것에 비하면 중요하지 않다. "페미니즘"이 경멸적인 용어, 거의 욕설에 가까운 말이 되면서, 나는 이 말을 점점 덜 사용하게 되었다.

비판적 불교도이자 건설적인 사상가로서 나는 불교 사상과 제도가 젠더 역할의 감옥을 허물기보다는 오히려 조장할 수 있는 가능성에 대해 철저히 탐구하는 것이 중요하다고 생각한다. 전통적인 불교 기관, 특히 승가에서는 성별 분리가 규범이며, 비구니는 비구보다 경제적으로나 교육 수혜의 측면에서 적극적으로 지원받지 못하는 경우가 많다. 승가의 규칙에 따르면 모든 비구니는 가장 최근에 수계를 받은 비구에게도 복종해야 하며, 승가의 모든 모임에서 낮은 지위를 가지게 된다. 불교의 핵심적 가르침이 이러한 제도화된 성차별을 지지하지 않음에도 불구하고, 이는 여전히 계속된다. 불교의 가르침은 젠더 중립적이며 젠더로부터 자유롭지만 불교의 제도는 극도로 남성 중심적이라는, 이 두 가지 사실은 깊이 그리고 정직하게 들여다보면 너무도 명백하여, 내가 젠더와 불교에 대해 여러 번 반복해 내린 결론으로 이끌었다. 고전적 불교는 **젠더 중립과 젠더 평등의 가르침** 그리고 **남성 지배적 제도 사이의 용납할 수 없는 모순**을 제시한다. 그러나 관점과 실천은 서로를 지원해야지 서로를 훼손해서는 안 된다!

불교의 가르침은 진정으로 젠더 중립적이고 젠더에서 자유롭기 때문에, 다른 주요 종교들보다 젠더에 관한 관점과 실천 사이의 갈등이 더 깊을 수 있다. 그런 갈등에서는 분명 관점이 제도적 실천을 능가해야 한다. 그들이 그렇게 하지 않는다는 것은 곧 젠더 역할의 감옥이 불교 지식인들에게 얼마나 강력한 영향력을 행사하는지를 보여준다. 이것은 불교계의 문제적 실천을 옹호해야 하는 스승들의 당혹스런 반응을 설명한다. 그들은 깨달은 마음은 젠더를 넘어서므로 불교에서 젠더는 아무런 문제가 되지 않는다는 구호를 외운다. 그러나 이런 의견은 사실과 매우 동떨어져 있다. 오히려 우리가 매우 실재하는 것으로 느끼는 자아를 해체하는 데 사용되어 온 오온, 십이처, 십팔계, 그리고 다른 모든 불교적 방법이 젠더 역할과 젠더 규범으로 구성된 자아에도 적용되어야 한다. 이 자아가 무엇보다도 더욱 실재하는 것으로 느껴지기 때문이다. 도겐 선사의 말씀을 반복하자면, "깨달음의 길을 공부하는 것은 자아를 공부하는 것이다. 자아를 공부하는 것은 자아를 잊는 것이다." 불교의 모든 수행은 우리가 오랫동안 믿어 왔고 우리에게 많은 고통을 주는 "자아를 잊는 것"이라고 말할 수 있다. 그 자아를 잊는 유일한 방법은 먼저 자아를 철저하게 공부하는 것이라고, 우리는 일반적으로 알고 있다. 그런데도 우리는 왜 젠더화된 자아를 공부하는 것을 주저할까?

따라서 젠더 정체성에 끄달리는 것이 깨달음을 어떻게 그르치는지를 보여주기 위해, 우리는 먼저 젠더 역할의 감옥을 철저히 살펴보아야 한다. 그 후에야 우리는 실제로 적용한다면 젠더 역할의 감옥을 무너뜨릴 수 있는 불교의 가르침과 실천에 대해 자부심을 가질 수 있다. 그렇지 않으면, 한 친구가 말했듯이, 우리는 젠더를 해체할 수 있는 엄청난 잠재력을 가진 불교가 있지만 그 잠재력은 거의 실현되지 않는다. 이러한 응시를 통해 드러나는 것은 그다지 기분 좋은 것들이 아니다. 여자와 남자 모두를 젠더 역할의 감옥에 가두어 온 모든 남성 중심주의와 남성 지배, 여성 혐오를 받아들이는 것은 어렵다. 이 깊은 응시에는 여자들 스스로가 자신을 성적 대상화하는 것을 포함하여, 젠더 역할의 감옥을 유지하는 데 동조하는 모든 방식을 탐구하는 것이 포함된다. 남자들은 종종 자신이 만들지도 통제하지도 않은 일에 대해 비난받는다고 느끼기 때문에 페미니스트 언어에 좌절감을 느끼는데, 그런 주장에도 타당성은 있다. 대체로 남자가 여자보다 젠더 역할이라는 감옥에서 더 많은 것을 얻기는 하지만, (그래서 남자는 종종 그러한 역할을 포기하려 하지 않지만) 그 감옥은 여자와 남자가 함께 만드는 것이다. 한 성별이 단독으로 그 감옥을 무너뜨리게 될 가능성은 거의 없다.

관습적인 젠더 접근 방식의 문제는, 우리가 누군가를 남자 또는 여자라고 즉각적이고 종종 피할 수 없이 인식할 때, 즉시 수많은 가정과 기대 그리고 제약이 따라온다는 점이다. 즉각적인 인식 자체에는 문제가 없다. 젠더 명칭은 관습적이고 합의된 라벨로서 해를 끼치지 않으며, 다소 유용하다. 마치 단어와 라벨이 그 자체로 문제가 아니며 일상적인 의사소통에 필요한 것처럼 말이다. 인간 대부분이 남성 아니면 여성이라는 것을 부인하기는 어려울 것이다. 단순한 명칭이 젠더 역할이라는 감옥을 여는 것은 아니다. 문제는 관습적인 젠더 고정관념에 대한 오랜 훈련으로 인해 그 인식에 부과된 모든 무거운 짐에 있다.

예를 들어, 내 경험을 생각해 보면, 나는 내가 여성의 몸을 가지고 있다는 것을 알고 있으며, 내 체격이 풍만한 편이라서 그 사실은 다른 사람들에게도 매우 분명하다. 하지만 그것이 실제로 사람들에게 나에 대한 신뢰할 만한 정보를 제공하지 않으며, 나를 여성 젠더 역할의 고정관념에 연관시킬 어떤 정보도 주지 않는다. 이는 내가 반드시 아이를 낳아야 한다거나, 나아가 낳을 수 있다는 것을 의미하지 않는다. 내가 아이를 좋아한다거나 정말 사랑한다는 의미도 물론 아니다. 내가 온화하고 비공격적인 성향을 가지며, 폭력적이거나 고약한 성격이 아니라는 의미도 아니다. 심지어 나의 기본적인 성적 지향을 보장하지도 않는다. 실제로 남녀 모두 내 성적 지향에 대해 추측할 때, 거의 절반의 확률로 맞추거나 틀렸다. 여성이라는 나의 성별은 내 관심사와 걱정거리에 대한 신뢰할 만한 지침이 되지 못한다. 나는 여자들이 관심을 가질 만하다고 여겨지는 많은 일에 별로 신경을 쓰지 않지만, 일반적으로 남자보다 여자가 더 관심을 가질 것으로 생각되는 몇 가지에는 흥미를 느끼기도 한다. 간단히 말해서, 성별이 나에 대해 가장 먼저 인식되는 사실이기는 하지만, 나에 대해 다른 사람들에게 알려주는 것은 거의 없다. 특히 내가 스스로에 대해 중요하다고 여기는 것들을 사람들이 알게 하는 것과는 전혀 관련이 없다. 그런데도, 여성의 몸이 나에 대한 본질적인 무언가를 의미하지 않는데도, 사회와 종교 그리고 내 몸의 형태가 나에 대해 본질적으로 존재하는 어떤 것을 드러낸다고 믿는 이들에 의해 수많은 의미와 한계가 그것 위에 투영되어 왔다. 그들은 내 몸의 형태에 온갖 의미와 제한을 부여하는 것이 타당하다고 생각한다. 그것이 바로 단순한 인식이 끄달림으로 바뀌어 사람을 가두는 방식이다. 그것은 누군가의 성별을 **단순히 주목하는** 것과는 다른, 젠더 역할이라는 **감옥**이다.

현상과 우리가 거기에 부여하는 의미 사이의 관계를 의심하는 것은 잘 알려진 불교의 수련법이다. 가장 잘 알려진 기본적 가르침은 우리의 생각에 관념적으로 집착하지 말고 그저 그것이 우리의 의식을 통과하도록, 그것에 집착하지 않으면서 알아차리라는 것이다. 이 가르침을 학생들에게 전달하는 내 방식은 이렇다. "네게 어떤 생각이 떠오른다고 해서 그것을 믿어야 한다는 것은 아니다." 이 수련은 좌선 방석 위에서든 밖에서든 지속되어야 한다. 사실 좌선을 하지 않을 때 이 가르침을 잊어버리는 것이 우리 불행의 상당 부분을 초래한다.

젠더 역할의 감옥을 허물기 위해서는 누군가에 대한 우리의 자동적

반응과 생각에 이 수련법을 엄격히 적용해야 한다. 우리가 만나는 모든 것에 대해, 사람들의 성과 인종, 피부색, 문화, 나이, 혹은 여성스럽거나 남성스러워 보이는 태도 등, 외모의 어떤 측면에 기반하는 반응과 생각에서 말이다. 그러나 우리의 지각에 너무 많은 것을 투사하지 않으면서 사람들의 성별을 주목하는 데에만 이 수련법을 적용하는 것조차 어렵다. 왜냐하면 그것이 우리의 불교 수행 목록에 포함되지 않았기 때문이다. 앞서 언급한 노란 포대기에 싸인 아기의 예와 같이, 성별을 확실히 알지 못하는 사람들과 상호 작용해야 하는 상황을 맞닥뜨리는 것은 유익하다. 이러한 상황을 더 자주 접할 수 있다면 아주 도움이 될 것이다. 어른의 경우, 다른 문화권의 젠더별로 다른 이름에 익숙하지 않은 사람이 이름을 통해 성별을 바로 알 수 없는 사람과 글로만 의사소통하는 것은 흥미로운 일이 될 수 있다. 일부 문화권에서는 남녀가 같은 이름을 가질 수 있다. 우리는 왜 누군가와 상호작용하기 위해서는 그 사람의 성별을 알아야 한다고 생각할까?

  누군가의 성별에 대한 우리의 지각과 그에 대한 수많은 기대 사이의 연결고리를 끊기 위해 필요하고 가능한 모든 수단을 동원하여 자신을 수련한다면, 적어도 우리는 젠더 역할의 감옥에서 조금씩 벗어나기 시작한 것이다. 우리는 더 이상 "그 애는 여자아이야. 과학기술계의 전문가가 아니라 엄마가 될 거야"라고, "저 애는 남자아이야. 인형이 아니라 트럭을 가지고 놀아야지. 거칠고 공격적으로 자라야 해. 바이올린이 아니라 축구를 해야 해"라고, 말하지 않을 것이다. 불교도들에게 훨씬 더 중요한 것은, 여자는 스승이 될 수 없다고 가정하거나, 일부 수도원에서 하듯이 스승이 되더라도 남자를 가르치는 것을 금지하지 않을 것이라는 점이다. 티베트의 상황에서는, 사람들이 더 이상 여자 아기를 보고 "이 아이는 여자잖아. 우리가 찾는 스승의 환생일 리가 없어"라고 결론지을 수 없게 될 것이다. 현 달라이 라마(Dalai Lama)는 차기 달라이 라마가 여성이면 기쁘겠다고 말한 바 있다.[1] 하지만 매우 남성 지배적인 티베트불교도들이 그런 모습을 자신들의 지도자라고 인정할 수 있을까? 아니면 (여자아이라면 달라이 라마가 아니라는) 지각과 투사 사이의 연결고리가 너무 강하여, 깨달은 마음은 남성도 여성도 아니며 젠더를 넘어선다는 분명한 가르침에도 불구하고 젠더 역할의 감옥은 확고하게 살아남게 될까?

젠더 역할에 대한 관습적 불교의 관점

젠더 역할의 감옥은 여자와 남자 모두를 가둔다. 그러나 불교가 시작되기 이전부터 현재에 이르기까지 지속되어 온, 우연적이고 인간이 만든 상호 의존적 사회적 배열 속에서, 그 영향은 여자와 남자에게 매우 다르게 작용해 왔다. 남녀에게 다르게 영향을 미친 방식 중 일부는 시간이 많이 필요한 불교 수행과 불경 저술을 할 수 있는 자유와 여가를 남성에게 주었다는 것이다. 반면 이들 남성이 저술한 많은 경전에 따르면, 여성의 몸으로 불행한 환생을 하는 것에 따르는

---

[1] Cathy Newman, "Dalai Lama: I Would Be Pleased If My Successor Was Female," *Telegraph,* April 23, 2013. http://www.telegraph.co.uk/women/womens-life/10010928/Dalai-Lama-I-would-be-pleased-if-my-successor-was-female.html.

다섯 가지 비애 중 하나는 여자가 남자와 아이를 돌보는 데 모든 시간을 써야 한다는 것이다.[2] 남성에게는 매우 편리한 이런 규칙들 덕분에 남자는 불교 경전을 공부하고 저술할 자유를 가졌지만, 여자들은 매여 있는 일이 너무 많아 스스로 그런 경전을 공부하고 저술할 수 없었다. 젠더 역할에 갇힌 관습적인 세상을 남녀가 상당히 다르게 경험한다는 점을 고려할 때, 여성도 그런 기회를 가질 수 있었다면 지금과는 상당히 다른 내용의 경전을 저술했을지도 모른다.[3] 젠더 역할의 감옥은 남자보다 여자를 훨씬 더 억압하고 가둔다. 남자들은 젠더 역할이 여자들에게만 적용된다고 종종 느낄 정도로, 남성에게 그 무게는 아주 가볍다. 남성은 자신을 젠더에 구애받지 않는 그냥 정상적인 인간이라고 여기거나 그렇게 주장하는데, 자신들이 그렇게 느끼기 때문에 그렇다. 그래서 그들은 젠더 역할의 감옥을 뚫고 나갈 필요를 느끼지 못하는 경우가 많다. 이러한 남성의 오만함은 남성 지배 사회에서 남성의 젠더 역할을 수행하는 것과 관련된 관습적 자아와, 남성도 여성도 아니며 젠더를 넘어선 깨달은 마음 사이의 차이를 인식하지 못하도록 한다. 그래서 그들은 젠더 역할의 감옥에 갇힌 젠더화된 자아를 철저히 분석하지 않고도 젠더를 넘어선 깨달은 마음에 대해 어느 정도 통찰을 얻으면서, 자신들이 접근할 수 있는 범주를 통해 자아에 대한 철저한 분석을 비교적 쉽게 해왔을는지도

---

[2] 불교의 이해에서 지속적으로 등장하는 이 목록은 팔리 경전들(the Pali nikayas)로 거슬러 올라간다. *Samyutta Nikaya* 4.37.3, Connected Discourses, Bodhi, 1287.
[3] 내가 쓴 다음의 논문을 보라. "Buddhist Women and Teaching Authority," in *Garland*, 281-90.

모른다. 그 통찰에도 어느 정도의 해방과 깨달음이 수반될 것이다. 그러나 우리는 일부가 자유롭지 않다면 아무도 진정으로 완전히 자유롭지 않다는 불교의 원칙 또한 기억해야 한다. 젠더화된 자아를 구속하는 한계에 대해 명확히 설명하려면, 젠더 역할의 감옥을 더 밀접하고 억압적으로 경험하는 사람들의 의견이 필요할 것이다.

그 오랜 역사 속에서 젠더에 대한 불교의 관점은 쉽게 요약된다. 한편으로, 보다 규범적인 관점은 깨달은 마음은 남성도 여성도 아니며 젠더를 넘어서기 때문에 궁극적으로 젠더는 무의미하다는 것이다. 그러나 이러한 관점은, 불교 제도나 일상생활에 거의 영향을 미치 못했다. 더 대중적이고 널리 퍼진 관점은 젠더는 매우 중요하며 여자보다는 남자인 것이 훨씬 더 운이 좋다는 것이다. 실제로 전통적인 불교도들은 여자의 몸으로는 깨달을 수 없고 먼저 남자로 다시 태어나야 한다고 믿었다. 따라서 여자들은 다음 생에 남성으로 환생할 수 있도록 도와주는 수행과 기도를 권장받았다.

불교와 젠더에 대해 강연할 때, 나는 종종 하와이 대학교에서 열린 불교와 기독교 간의 대화를 주제로 한 국제회의에서 처음으로 "불교와 페미니즘"에 대해 발표했던 이야기를 한다. 회의에 참석한 일본 불교계의 남성 참가자들은 나와는 말을 하지 않고 나의 서양 남성 동료들과만 대화를 나눴다. 전해 들은 바로는 나에 대해 다음과 같이 말했다고 한다. "저 미친 미국 여자는 대체 뭡니까? 페미니즘이 불교와 관련이 있다고 생각하다니요. 기독교 여성에게 문제가 있다는 것은 우리도 이해합니다. 결국 사제도 모두 남자이고 예수님도 남자였으니까요. 하지만 우리 불교도들은 오래전에 그 모든 문제를 해결했습니다.

자격을 갖춘 여자는 남자로 환생하니까요."

서양 여성들은 불교에서 여성으로 태어나는 것은 부정적인 업의 결과라고 가르친다는 사실을 처음 접할 때, (나 역시 그랬던 것처럼) 종종 분노한다. 하지만 전체적인 상황은 훨씬 더 미묘하다. 우선, 그런 가르침은 종종 부정확하게 언급된다. 가장 정확한 표현은, 전통적인 불교의 가르침에 따르면, 여성으로 환생하는 것은 **불행한** 일이지 **열등한** 일이 아니라는 것이다. 이 점에 대한 불교의 가르침을 정확하게 설명하는 것이 중요한데, 불행한 것은 열등한 것과 같은 의미가 아니다. 우리 서양 여성들도 남성 지배적인 문화적 맥락에서 사회화되었는데, 어려서부터 남성보다 열등하다고 명확하게 교육 받았다. 열등함은 열등한 재료로 만들어졌다는 의미이며, 전통적인 서구 사상에서는 이 점에 대해 어떤 미묘한 해석도 존재하지 않는다.[4] 반면 불행함은 존재 자체에 필연적으로 내재된 속성이 아니라, 단순히 어려운 상황에 우연히 직면하는 경험을 의미한다.

불교의 가르침에서 여성으로 태어나는 것이 열등하다고 여겨진다면, 그것은 거기에 너무 많은 불행과 비애가 따르기 때문이다. 소녀들이 교육을 받아도 그것을 활용할 수 없다는 이유로 교육을 박탈당한 상황에서, 이는 그리 비합리적인 결론이 아니다. 아마 소녀들은 사춘기나 그 이전에 결혼하게 될 것이며, 그들의 삶은 출산과 육아, 가사와 농업 노동에 전적으로 헌신하게 될 것이다. 그들의 자녀 중 많은

---

[4] 관련된 관점으로는 다음을 보라. Julia O'Faolain and Lauro Martines, eds., *Not in God's Image: Women in History from the Greeks to the Victorians*(New York: Harper and Row, 1973).

수가 사망하고 그들도 출산 중 사망하는 경우가 많을 것이다. 많은 여성들이 다처제를 받아들여야 할 것이다. 다른 선택지가 있다면 대체 누가 그런 삶을 원하겠는가! 그러나 이는 여전히 전 세계 많은 여성들이 겪고 있는 삶이며, 최근까지도 여성 대다수가 견뎌왔던 현실이다. 불교도들에게 이러한 상황은 참으로 불행하고 비통한 일이다. 왜냐하면 그러한 상황을 견뎌야 하는 사람은, 남성도 여성도 아니며 젠더를 넘어선 깨달은 마음 상태에 도달할 가능성이 훨씬 낮기 때문이다. 불교 스승들이 즐겨 언급하는 그 깨달음의 상태 말이다. 이것이 바로 젠더 역할의 감옥을 무너뜨리는 것이 법을 따르는 불교도들에게 시급한 일이 되어야 하는 이유이다.

불교 전통에는 여자의 삶이 행복에 미치지 못하는 요인에 대한 더욱 세부적인 가르침이 포함되어 있다. 우선 여자는 "세 가지 복종"을 받아들여야 한다고 당연하게 여겨졌다. 이것은 불교 고유의 사상이 아니라 당시의 인도 문화로부터 온 것이다. 이후 불교가 전파된 동아시아 문화에도 널리 퍼졌다. 이 규범에 따르면 여자는 결코 독립적이거나 자기 삶을 스스로 책임져서는 안 된다. 젊었을 때는 아버지가, 성년기에는 남편이, 노년기에는 아들이 그녀를 통제해야 한다. 실제로 많은 불교 이야기에서 중요한 역할을 맡는 독립적인 여자들은 매춘부들뿐이었다. 여성은 항상 남성의 통제 아래 있어야 한다는 이 원칙이, 아마도 연장자 비구니를 가장 신참인 비구에게 종속시키는 그 악명 높은 "팔중법"(八重法, the eight heavy rules)의 배경이 되었을 것이다.[5]

---

5 〔역자주〕 팔중법은 팔경법八敬法이라고도 하며 비구니가 비구를 공경해야 할 8가지 계율을 말한다. 붓다가 양모이자 이모인 마하파자파티(Mahapajapati)를

제3장 젠더 역할이라는 감옥 75

이는 붓다가 비구니의 승가 입문을 허용하는 대신 부과한 규칙이라고 전해지지만, 그 이야기의 진위를 의심하는 사람이 많다.

"여성은 이룰 수 없는 다섯 가지 지위"라는 목록도 있다. 즉 힌두교의 신 중 브라다(Brahma)와 인드라(Indra), 위대한 왕, 황제, 불퇴전(irreversible) 보살은 될 수 없다는 것이다.[6] 이것의 목적은 현재의 삶에서 여성을 제한하려는 것이 아니라 왜 붓다는 절대로 여성이 아닌지를 설명하기 위한 것이었다. 붓다가 되려면 먼저 이 목록에 있는 모든 윤회처를 거쳐야 했는데, 이 중 어느 것도 여성은 도달할 수 없는 것으로 여겨졌다. 그러나 여성 붓다가 존재하는 것은 여전히 논리적으로 가능하다 즉 한 존재가 남자로서 이 모든 지위를 얻은

위시한 여성에 출가를 허락하면서 조건으로 제시했다고 알려져 있으며 그 내용은 다음과 같다. ①비록 백 세 비구니일지라도 처음으로 수계한 연소 비구를 보거든 마땅히 일어서서 맞이하고 예를 갖추어야 한다. ②비구승이 없는 곳에서 하안거를 해서는 안 된다. ③비구니는 비구승에게서 보름에 한 번씩 법을 듣는다. ④비구니가 단거를 마치면 비구승에게 가서 보고 듣고 의심한 것을 자자自恣해야 한다. ⑤비구니는 승잔죄僧殘罪를 범하였으면 이부승 앞에서 참회해야 한다. ⑥비구니는 비구로부터 비구니계를 수계해 줄 것을 청해야 한다. ⑦비구를 욕하거나 꾸짖어서는 안 된다. ⑧비구니는 비구의 죄를 드러내거나 자백시키지 못한다.(참고 낸시 아으어 포크, 조은수 역, "왜 인도에서 비구니가 사라졌는가", 불교평론, 2011년 9월 15일. 한편, 비구니 승가 존립 과정 속에서 팔중법이 등장하고 붓다 입멸 후 변질되는 역사적 과정에 대한 훌륭한 경전 연구서로, 아닐라요 스님(Bhikkhu Analayo)의 『비구니 승가 설립의 역사』(김철 옮김, 2022, 운주사)가 있다.

6 Gene Reeves, trans., *The Lotus Sutra*(Boston: Wisdom Publications, 2008), 252-53.

다음, 이후 여자로 다시 태어나 그 생에서 붓다가 될 수 있을 것이다. 그러나 이 가능성은 충분히 탐구되지 않은 것으로 보이는데, 그 이유는 아마도 역사적으로 불교도 대부분이 올곧고 공덕 있는 삶을 살았던 남자는 다시는 여자로 태어나지 않을 것이라고 믿었기 때문일 것이다.

세 번째 목록인 "다섯 가지 비애"는 가장 중요하다. "다섯 가지 비애"란 월경, 임신, 출산, 남편의 가족과 살기 위해 출신 가족을 떠나야 하는 것, 온 힘을 다해 남편과 자녀를 돌보아야 하는 것이다. 이 중 세 가지는 생물학적인 것이고 두 가지는 사회적인 것이므로, 이를 개선하기 위해서는 각각 다른 방법이 필요하다. 사회적 비애는 명백하게 인간이 설정해 놓은 사회제도로 인해 발생하므로 변경될 수 있다. 생물학적 비애는 여성의 생물학에 대한 남성의 평가를 나타내며, 여자들이 특히 자신의 생식력을 통제할 수 있을 때는 이러한 평가에 동의하지 않을 수도 있다.

이 목록에서 나에게 항상 인상적이었던 것은, 전통 불교도들이 남성 지배 아래 여자들의 삶이 "비참하고" 심각한 문제가 있으며 불만족스럽다는 것을 **인정한다는** 점이다. 이는 다른 어떤 남성 지배적인 종교도 인정하지 않는 부분이다. 다른 종교에서는 남성 지배 아래 여자들의 삶이 낭만화되고 미화되지만, 불교는 더 현실적이다. 전통적인 불교도들은 남성 지배가 여성에게는 불쾌한 일이라고 외치는 페미니스트 주장에 동의한다! 자비를 중시하는 불교도들은 여자로 태어난 현존재들의 고통을 덜어줄 방법을 찾아야 했다. 현대인이라면 "사회제도를 바꿔라"라고 말할 것이다. 사실 페미니스트들의 주장은 본질적으로 이와 같다. 그러나 전근대적 조건에서는 사회제도를 남성 지배적이지 않도록 바꾸는 것보다는 여자를 남자로 바꾸는 것이 더 가능해 보였을 것이다. (성전환은 불교 이야기에 자주 등장하는 모티브이다.) 현대 의학과 믿을 만하고 널리 이용할 수 있는 피임법이 출현하기 전, 불교도들이 사회제도를 덜 남성 지배적인 것으로 변화시켜야 한다고 생각한 것은 잘못된 것이 아닐 것이다. 그러므로 여성 불교도가 비구니가 되어 비재생산적인 생활 방식을 선택할 수 있는 대안을 가진다는 것은 매우 혁명적이고 중요했다. 이것이 모든 불교 계통에서 비구니 수계가 다시 허용되어야 하는 매우 중요한 이유 중 하나이다.

불교도 여성들은 여성에 대한 이러한 전통적인 평가에 동의할까? 내가 페미니스트라는 사실을 알게 된 일부 서구 여성들은 경솔하고 우월한 태도로 "하지만 난 여자인 게 좋아요!"라고 말해왔다. 마찬가지로 보다 전통적인 불교도 여성들은 아마 자신의 상황에 개의치 않을 것이다. 그렇다면 그들은 동의하지 않는 반대 의견을 서구 페미니스트들이 대신 제기하고 있는 것일까? 불교 경전에는 여성에 대한 많은 묘사가 나오지만, 『테리가타』(*Therigatha*, 장로 비구니의 게송)를 제외하면[7] 여성이 작성한 내용은 거의 없다. 그러나 최근의 연구 성과는 이전 서양 불교도들이 접할 수 없었던 정보를 우리에게 제공한다. 그중 하나가 17세기 말에서 18세기 초, 현재의 네팔 산악지대에 살았던

---

7 〔역자주〕 팔리 경전인 "테리가타"는 한국 불교에서는 "장로니게長老尼偈경"으로 번역된다. 초기 불교 시대의 비구니 101명이 읊은 552게송으로 구성되었으며, 한국어본은 전재성의 번역과 주석으로 『테리가타-장로니게경』(한국빠알리성전협회, 2017)의 제목으로 출간되었다.

오르기안 초키(Orgyan Chokyi)라는 비구니의 자서전이다.[8] 그녀의 이야기에 대해 말할 것은 많지만, 여기서는 여성으로 태어난 것에 대한 언급에 초점을 맞추려 한다.[9] 일부 현대의 아시아 불교도와 서구 사회과학자들은 남성 지배 아래 여성의 삶에 대한 불만이 서구 페미니즘의 영향을 받은 것이라고 주장하지만, 여성으로 태어난 것에 대한 오르기안 초키의 평가는 서구 페미니즘보다 수 세기 앞서 있다는 점에서 매우 중요한 의미를 가진다. 그녀의 전형적인 논평은 여성의 몸과 남성의 성적 욕망 모두에 대한 환멸을 결합한 것이다.

우리 여성의 몸을 깊이 생각하면
슬프다. 무상함이 분명하게 드러난다.
남자와 여자가 결합하여 더 많은 생명을 창조하면
행복은 드물지만 고통의 느낌은 오래 간다.
다시는 여성의 몸으로 태어나지 않게 하소서.
암말이 암말로 태어나지 않게 하소서.
수말은 그러나 다른 암말을 따라간다.
남자들의 뻔뻔함을 보면,
〔나는 생각한다〕 계율을 지킬 수 있는 몸으로 태어나게 하소서.[10]

---

[8] Kurtis R. Schaeffer, *Himalayan Hermitess: The Life of a Tibetan Buddhist Nun*(Oxford: Oxford University Press, 2004).

[9] 이 텍스트에 대한 나의 분석은 다음을 보라. "A Relevant Role Model: An Ordinary Woman Who Became Enlightened," in *Eminent Buddhist Women*, edited by Karma Lekshe Tsomo(Albany: State University of New York Press, 2014), 229-40.

또 다른 유용한 연구는 2004년에 발표된 것으로 현대 라다크에서 수년간 진행한 현장 연구를 기반으로 한다.[11] 저자는 인도에서도 인구 밀도가 낮은 이 지역에서 비구니들이 직면하는 어려움을 상세하게 설명한 후, 여자로 태어난 것에 대한 현지의, 즉 남자와 여자 그리고 출가자와 재가자의 태도를 정리한다. "결론은 분명하다. 온전한 정신을 가진 불교도는 여성의 몸으로 태어나길 원하지 않는다."[12] 이런 보고서를 읽는 것은 힘들고 슬픈 일이다. 그러나 아시아 불교도든 서양 불교도든 "페미니즘"이 불교도와 무관하다고 주장하기 전에, 여성 불교도의 삶과 전통적인 조건에서 여성으로 태어나는 것에 대한 그들의 태도에 대해 냉정하고 감상에 치우치지 않는 시각을 갖는 것이 중요하다. 여자든 남자든 누가 그런 조건에서 살고 싶겠는가?

여성으로 태어나는 것의 비애에 대한 이러한 널리 퍼진 의견 및 보고들과 함께, 그에 못지않게 권위있고 중요한 다른 견해도 있다. 여자의 삶이 비참하다고 평가되는 조건과 이에 저항하는 불교의 전통 또한 잘 확립되어 있다. 불교가 시작된 이래 역사 전반에 걸친 또 다른 흐름이 있는데, 이는 여성을 폄하하고 여성이 인간으로서 깨달음을 얻을 수 없다고 주장하는 이들의 생각이 잘못되었다는 것이다. 여기서는 같은 이야기라 하더라도 이전의 버전에서는 거의 언급되지 않던 여성의 지위를 높이는 이야기들이 전해진다. 내가 "토착

---

10 Schaeffer, *Himalayan Hermitess*, 142.

11 Kim Gutschow, *Being a Buddhist Nun: The Struggle for Enlightenment in the Himalayas*(Cambridge, MA: Harvard University Press, 2004).

12 앞의 책, 17.

불교 페미니즘"(indigenous Buddhist feminism)이라고 부르기 시작한 이 다른 전통은 여성으로 태어난 것을 비참하다고 평가하는 지배적인 전통을 대체한 적이 없는데, 그 이유는 부분적으로 불교 제도가 남성 지배적 전통을 훨씬 더 충분하게 지원했기 때문이다. 이러한 전통과 텍스트들은 "페미니즘"이 외래적이고 불교와 무관하며, 불교에 불필요하다는 주장을 효과적으로 반박하기 때문에 중요하다.

그러나 이 다른 전통은 서양 불교도들에게는 훨씬 덜 알려져 있다. 5장에서 논의할 서구 학자들의 정신에 굳건히 자리 잡은 남성 중심적 인간 모델은, 그들이 자신의 남성 중심주의에 맞지 않는 많은 자료를 보지 못하게 만들었다. 『테리가타』를 시작으로 이러한 자료들이 서양 불교도들에게 더 잘 알려지면, 서구의 불교 이해에서 이미 확립된 많은 일반화들은 수정될 것이다.

비교 관점에서 본 젠더 역할

젠더 역할의 감옥은 언제나 생물학적 제약에 근거하여 정당화되어 왔다. 하지만 남자는 수정하고 여자는 출산한다는 사실이 젠더 역할에 얼마나 많은 제약을 가하는 것일까? 이러한 사실이 여자들은 남자들에게는 요구되지 않는 방식으로 남자와 아이들을 돌봐야 하지만, 남자는 책을 쓰고 불교 교사가 되기 위해 준비하고 다른 흥미롭고 중요한 일에 정신을 쏟으며 자유롭게 시간을 보낼 수 있다는 것을 의미하는가? 여성들이 육아와 일상적인 가사 노동에 대해 불평등하고 훨씬 더 무거운 의무를 져야 한다는 전제는, 내가 소녀의 몸을 가진 것에 대해 젊은 시절 느꼈던 절망과 여성보다는 남성이 되는 것이 더 운이 좋다는 불교적 논평의 근원이다. 사실, 암수 간의 양육 책임이 불평등한 것은 포유류 종에 만연한 것으로 보이며, 그 정도라면 어느 누가 "지적 설계"를[13] 주장할 수 있을지 의문이 들 정도이다. 적어도 동등한 양육에 있어서는 포유류보다 조류가 훨씬 더 진화된 것으로 보이기 때문이다! 그리고 양육 책임을 공유하는 것은 남녀 모두에게 더 공평할 뿐만 아니라 아이들에게도 심리적으로 더 건강할 것으로 보인다.

비인간 동물의 행동 비교 연구와 전 세계 인간 사회의 연구를 통해, 일반인이나 불교도에게 최선이 되는 섹스와 젠더에 관한 유용한 실천을 배울 수 있을까? 비인간 동물, 특히 다른 포유류의 행동에서는 첫인상에 엄중한 경고가 포함되어 있다. 수컷은 주로 암컷에 대한 성적 접근을 위해 그리고 이차적으로는 영역을 차지하기 위해, 다른 수컷과 싸우는 데 막대한 에너지를 쏟는 경향이 있다. 그 결과 소수의 수컷만이 짝짓기를 한다. 나머지 수컷들은 어떻게 생활하는지, 왜 암컷과 수컷이 비교적 비슷한 수로 태어나는지 궁금하다. 가축화된 종에서 이 여분의 수컷들에게 어떤 일이 일어나는지는 분명하다. 이들 중 짝짓기를 하는 경우는 거의 없다. 공격성을 길들이기 위해

---

[13] 〔역자주〕 지적 설계(intelligent design)는 기독교의 창조설을 논리적인 것으로 설명하기 위한 가설로, 미국의 생화학자 마이클 비히(Michael Behe)가 제기하였다. 기계제품을 분해 후 재조립할 수 있는 것과는 달리, 유기체는 환원 불가능한 고도의 복잡성을 가졌으므로 진화 과정에서 생성된 우연한 세포들의 조합으로 볼 수 없고 어떤 정교한 설계에 따라 형성되었다는 주장이다. (참고: 한겨레, 2012년 6월 24일, "〔유레카〕 지적 설계/ 곽병찬")

이들 대부분은 거세되어 인간에게 유용하게 쓰이는데, 특히 이는 말과 소에게 흔한 운명이다. 내가 사랑하는 세 마리의 수컷 고양이도 거세되지 않았다면, 나와 함께 실내에서 살 수 없었을 것이다. 그렇게 하지 않으면, 악취 나는 비말로 영역 표시를 하는 것은 물론이고, 끊임없이 서로 싸웠을 것이다. (분명히 말하자면, 이는 수컷이 우월한지 암컷이 우월한지의 문제가 아니다. 암컷 고양이도 좁은 영역을 공유하는 것에 큰 어려움을 겪을 수 있다.) 다른 경우에는 대부분 수컷이 인간의 식용으로 도살된다. 내가 자란 농장에서는 우유를 생산하기 위해 태어난 송아지의 절반은 수컷이었다. 이들은 예외 없이 생후 8주가 되면 고기용 송아지로 팔렸다. 그 외에는 쓸모가 없었다. 1950년대 변두리의 작은 농장에서도 황소는 비싸고 위험하다는 이유로 키우지 않았다. 인공 수정 서비스가 훨씬 더 실용적이었다. 몇 년 전 나는 젠더 역할에 대해 상상력을 발휘하여 폭넓게 생각해 보는 소규모 교수 세미나에 참여했었다. 한 남성 참가자는, 낙농업을 주로 하는 위스콘신주의 젖소는 수백만 마리이지만 황소는 수백 마리에 불과하다는 점에 주목하면서, 남성들이 자신의 행동과 사회에 기여하는 바를 돌아봐야 한다고 결론 내렸다. 한 종을 유지하는 데에 필요한 수컷은 소수에 불과하다!

   소에 관한 이런 관찰이 인간 사회와는 관련성이 없는 것처럼 보일 수도 있다. 그러나 인간 남성이 다른 인간 남성과의 영역 싸움에 얼마나 많은 시간과 에너지를 소비하는지, 그리고 그 싸움이 상체 근력보다 두뇌 능력에 더 의존하기 때문에 인간 여성 또한 얼마나 많이 끌려 들어가고 있는지를 고려한다면, 생각이 달라질 것이다.

성적 약탈에는 종종 그러한 싸움이 관련된다. 내가 이 글을 쓰는 지금도, 다른 남자와 싸우다 죽임을 당한 남성 가족의 여자들을 강간하거나 노예로 삼는 일이 벌어지고 있다. 이는 과거의 일이 아니다. 그러한 행동이 우리가 아름답게 촬영된 자연 다큐멘터리에서 매일 보는 비인간 동물의 행동보다 우위에 있다고 할 수 있을까? 존재의 영역에 대한 불교적 사고는 항상 동물의 영역과 인간의 영역을 크게 구분한다. 동물은 새로운 방법을 탐구하는 능력이 부족하지만, 인간은 사물을 분별하고 선택지를 따져보고 더 나은 선택을 할 수 있는 능력이 특징이라고 한다. 하지만 한 번 생각해 볼 필요가 있다! 인간이 끊임없이 서로 전쟁을 벌이는 것이 생물학적으로 필연적인 선택일까? 남성은 정말 수컷 동물처럼 서로 쉬지 않고 싸울 수밖에 없는 존재일까? 성적 약탈, 적어도 성관계에 대한 끊임없는 관심은 남성의 몸에 선천적으로 내재된 것일까? 적어도 이러한 질문을 고민하는 일부 여성들은 인간이 어떻게 그러한 마음 상태를 정상적이거나 바람직한 것으로 간주할 수 있는지 상상하기 어렵다. 남성도 똑같이 그런 상태를 불쾌하게 여길까? 어떤 경우에는 그렇겠지만, 아마도 그러한 습관적인 행동을 멈추게 할 만큼 아직 그 수가 충분히 많지 않은 것인지 모른다.

그러나 불교도들에게는 그러한 습관적 패턴이 단순히 "타고난 것"이나 생물학적 명령, 또는 극복할 수 없을 만큼 깊이 뿌리내린 습관 때문이라고 치부될 수 없다. 오히려 우리는 불교의 가르침을 따라 싸우거나 유혹하려는 성향보다 훨씬 더 깊이 뿌리내린 습관적인 경향을 극복해야 하며, 불교는 우리에게 그럴 수 있는 능력과 수련법이 있다고 주장한다. 불교도로서 우리는 끊임없이 관습적 자아를, 즉 우리에게 매우 현실적으로 느껴지고 다른 사람들과 갈등을 일으키거나 성적·감정적 욕망을 품게 만드는 독립적이고 영속적인 개체라는 감각을, 해체하라고 요구받는다. 그런 자아를 성공적으로 해체하는 것은 분명 우리의 공격적이거나 욕망을 따르는 성향에 직접적인 영향을 미칠 것이다.

의심할 여지 없이 성적 절제는 여성과 남성 모두에게 가능하다고 여겨진다. 이는 불교 수련의 잘 알려진 부분이다. 그러나 폭력과 군사주의는 훨씬 더 심각한 문제로 보인다. 불살생不殺生에 대한 불교의 분명한 선호에도 불구하고 대다수의 불교 사회는 군대와 전쟁 없이 살아가는 데 성공한 적이 없다. 20세기와 21세기에 걸쳐 불교 인구가 많거나 주류인 사회들은 여러 차례 크게 비판받은 군사 작전에 참여해 왔다. 비록 이러한 사례들은 달라이 라마와 그의 잘 알려진 비폭력 옹호와 같은 사례로 반박할 수 있기는 하지만 말이다. 불교 사회조차도 여전히 사회 문제에 군사적 해결책을 선택하는 경향이 있다면, 자아를 해체하려는 불교 프로젝트에서 무엇이 잘못된 것일까? 아마도 젠더와 자아 사이의 연관성을 충분히 탐구하지 않았기 때문일 수 있다. 오온, 십이처, 십팔계에 대한 가르침을 통해 자아를 해체하는 것은 너무 추상적이어서 효과를 발휘할 수 없는 반면, 남녀가 젠더 역할의 감옥에 여전히 갇히기 쉬운 경향에 대해 직접 가르치는 것은 더 효과적일 수 있다. 아마도 남자는 강하고 공격적이거나 배우자를 여럿 두어야 자신의 존엄성이 지켜진다고 느끼는 경향을 어떻게 다뤄야 할지에 대해, 보다 직접적으로 들을 필요가 있을 것이다.

또한 여자는 자기 삶에 남자가 있다고 해서 반드시 행복해지는 것은 아니라는 점을 들을 필요가 있을 것이다. 이러한 젠더에 기반한 자아의 차원은 분명히 윤회를 지속시키며 깨달음을 그르친다.

젠더 역할이라는 감옥의 가장 만연하고 파괴적인 부분, 즉 여성이 대부분의 육아를 해야 한다는 요구로 돌아가 보면, 이는 근본적으로 생물학적 결정론의 문제가 아니다. 인간에게 있어 중요한 문제는 여성이 출산을 하는가의 여부가 아니라, 여성의 출산이 다른 활동을 얼마나 제한해야만 하는가이다. 남자들은 종종 아들을 간절히 원하지만, 그렇다고 해서 아무도 남자가 아버지 역할에서 완전한 성취감을 찾거나, 자신을 전적으로 부모로만 정의하거나, 그 역할 수행에 모든 시간을 바칠 것이라고 기대하지 않는다. 그렇다면 동등하게 유능하고 지적인 여자들에게는 어떻게 전적으로 부모로서만 살기를 기대할 수 있을까? 그러한 요구가 때때로 이루어진다고 해서 그것이 더 공정하거나 합리적인 것이 되지는 않는다. 경제가 서비스와 전문 직종에 기반을 둔 현대적 상황에서, 현명한 여자들은 종종 아버지가 어린 자녀 돌보기를 포함하여 적극적으로 육아를 담당하는 것이 여자의 삶을 견딜 만하게 만드는 필수적 요소라고 결론 내린다. 이는 또한 스트레스에 시달리고 경쟁적이고 공격적인 남성 젠더 역할 버전과 자신을 지나치게 동일시하는 남자들을 인간적으로 만드는 데에도 필요한 요소일 것이다.

불행하게도 남녀의 젠더 역할을 낭만화한 고정관념이 그러한 발전을 방해하는데, 이는 주로 구시대의 이상에 기초하고 있으며 이 중 대부분은 많은 사람에게 결코 실용적이지 않았다. 현대 서구의 젠더 역할에 관한 많은 이야기는 과거의 이상적 시절에 대한 환상에 기초하고 있다. 거기서는 남자가 여자와 아이를 부양하고, 수동적이며 경제적으로 의존적인 여자는 남자가 "생활비를 벌어오길"(brings home the bacon) 기다린다. 하지만 여자는 경제적으로 무능하며 남자에게 의존한다는 이러한 비현실적인 이상은, 결코 사람들 대부분이 살아온 방식도 살아갈 수 있는 방식도 아니었다. 우선 남녀 간의 이러한 노동 분업은, 가정과 직장이 전반적으로 분리되어 있고 모든 사람이 돈, 즉 임금노동에 의존하는 경제에서만 가능하다. 이는 산업화 시대와 일부 다른 사회에서 주로 상류층의 목표였다. 여성이 일하지 않을 수 있다는 것은 권력과 명성의 상징이었는데, 그러한 관행은 산업화 시대에도 중산층과 노동 계급의 사람들에게는 결코 현실적이지 않았다. 산업 및 서비스 경제가 지배적으로 되기 이전, 인류의 역사 대부분을 지탱해 온 채집과 원시 농경 그리고 농업 경제에서, 인류가 남성의 경제 활동만으로 생존하려 했다면 굶어 죽었을 것이다. 역사 전반에 걸쳐 대부분의 사회에서 여성은 단순히 경제적 역할을 포기하고 모성에서만 성취감을 찾지 않았다. 따라서 일부에게는 충격적인 통계, 즉 점점 더 많은 여성과 어머니가 집 밖에서 임금노동에 종사하는 것을 보여주는 수치는, 경제적 역할을 하지 않고 평생을 모성에 헌신하는 것보다는 훨씬 더 일반적인 상황으로 돌아간 것을 의미할 뿐이다.

또한 전통적으로 여자들이 실내의 벽 안에 고립되어 혼자 아이를 키운 것도 아니었다. 이는 많은 사람의 상상 속에서 완성된 환상이다. 남편이 "생활비를 벌어오는" 동안 아내가 집안에서 자녀와 함께 고립되는 핵가족은 최근의 규범이다. 대부분의 역사에서 사람들은 친척과 지역사회 네트워크의 도움을 받아 자녀를 양육해 왔다. 그런데도 힐러리 클린턴(Hillary Clinton)이 『마을이 필요하다』(It Takes a Village, 1996)라는 책을 썼을 때, 그녀는 보수주의자들로부터 비난을 받았다. 언제나 여자에게는 다른 선택지가 있었음에도 불구하고, 그 보수주의자들은 여자들이 집안에 고립되어 자녀에게만 매여 있기를 바랬다.

이 환상은, 그것의 성공 여부나 현실과의 일치 여부와는 무관하게, 젠더 역할이라는 감옥을 살리고 유지한다. 이 환상 속 감옥의 주된 부분은 특정 직업, 주로 고소득이고 명성이 따르는 직업은 오직 남자만 수행해야 한다는 주장이다. 이는 "생활비를 벌어오는" 역할을 남자로 제한할 수 있는 유일한 방법이기도 하다. (미국 대법원의 첫 여성 대법관인 샌드라 데이 오코너[Sandra Day O'Connor]가 스탠퍼드 로스쿨을 졸업한 후 변호사 일자리를 구할 때, 40개의 법률회사가 여성 변호사를 고용하지 않는다는 이유로 인터뷰를 거부했다. 오코너는 무보수로 카운티 부검사로 일하겠다고 제안하고 나서야 취업할 수 있었다.)[14] 남성만이 이러한 직업에 적합하다면, 페니스를 가진 것과 직업 요건 사이에 어떤 본질적인 연관성이 있어야 한다. 하지만 페니스로, 그리고 그것만으로 무엇을 할 수 있을까? 정액을 분출하지만, 발기부전 치료제에 대한 TV 광고를 보면 그조차도 그리 신뢰가 가지 않는다. 페니스를 가진 것이 성공적인 변호사가 되는 것과 무슨 관련이 있을까? 페니스를 가진 것이 농업이나 벌목, 중공업, 미식축구 같은

---

14 "'Out of Order' at the Court: O'Connor on Being the First Female Justice," *NPR: Fresh Air*, March 5, 2013. http://www.npr.org/2013/03/05/172982275/out-of-order-at-the-court-oconnor-on-being-the-first-female-justice.

일부 직종에 관련되는, 더 큰 상체 근력과 상관관계가 있을 수는 있다. 하지만 우리 사회는 이러한 직종이 아니라 두뇌 능력이 필요한 직종을 기반으로 운영되며, 페니스를 가진 것과 큰 두뇌 능력을 가진 것 사이에는 아무런 상관관계가 없다는 것이 분명하다.

남성의 생물학적 특성상 남자를 여자보다 더 나은 변호사나 의사 등으로 만드는 것은 없으므로, 젠더 역할의 감옥을 유지하기 위한 유일한 수단은 남자가 육아를 분담하기보다 여자가 그 일의 대부분을 맡아야 한다고 주장하는 것이다. 남자들은 필요할 때만 시간제 육아를 하면서 자신의 경력을 제한하고 싶어 하지 않지만, 여자들에게는 그러한 손실이 문제로 여겨지거나 심각하게 받아들여지지 않는다. 같은 일을 해도 여성이 남성보다 더 적은 임금을 받는 것을 정당화하는 한 가지는, 여성은 가족을 돌보느라 남성보다 휴가를 더 많이 내고 일을 쉬기 때문에 승진 기회를 잃는다는 것이다!

개인도 부부도, 사회 전체나 고용주로부터, 가족을 돌보면서 경력을 유지할 수 있게 조율하는 방법이나, 또는 (경력보다 생계유지에 더 관심이 있는 피고용인들은) 남녀 모두가 스트레스 없이 더 쉽게 일할 수 있도록 조율하는 방법에 대해 거의 도움을 받지 못하고 있다는 점을 인정해야 한다. 제2물결 페미니즘의 초기에 우리는 일자리 공유와 더 짧은 근무시간을, 그리하여 원하는 모든 이들이 인간다운 삶에 필요한 중요한 요구 중 하나인 의미 있는 일뿐만 아니라 아이들과 놀아주고 문화를 창조하는 등 다른 일을 할 수 있기를, 꿈꿨던 것을 기억하라. 그때 우리는 결국 젠더 역할이라는 감옥의 해체를 구상했었다. 아직 갈 길이 멀다!

남성과 젠더 역할의 감옥

여성이 젠더 역할의 감옥이나 성차별과 가부장제에 관해 이야기할 때, 그것이 여성에게만 영향을 미치고 남성은 전혀 영향을 받지 않는 것처럼 들릴 수 있다. 젠더 역할의 감옥이 남자들에게 미치는 부정적인 영향에 대한 인식은 훨씬 낮으며, 그런 부정적 측면을 인정하려는 의지도 훨씬 적다. 하지만 그 감옥을 해체하려면 양쪽 모두에서 그것을 살펴보는 것이 매우 중요하다. 나는 세상을 탐구하는 데 내 정신을 사용하고 싶었지만 남자와 아이를 돌보는 여성의 젠더 역할을 강요받던 소녀였던 것에 대한 고통을 자주 언급해 왔다. 하지만 내가 남자아이였다면 그 농장에 남아 극도로 힘든 노동을 하면서 간신히 생계를 유지해야 하는 엄청난 압박에 직면했을 것이다. 내가 커서 농장에 남지 않겠다는 계획을 세운 것에 대해 어머니는 자신의 삶을 망쳤다고 심하게 꾸짖었지만, 적어도 나는 어머니의 눈에 농장과 함께 그녀가 절실히 물려주고 싶어 했던 생활 방식을 당연히 이어받아야 할 남자아이는 아니었다. 다행히 어머니가 나와 결혼하길 바라던 농부 소년도 끝내는 나타나지 않았다.

대학에서 젠더학 과목을 가르칠 때 나는 종종 학생들에게 남녀 젠더 역할의 장단점에 대한 의견을 물어 보곤 했다. 이런 과목의 수강생 대부분은 여자였고, 그들은 여성 젠더 역할의 단점과 남성 젠더 역할의 장점을 지적하는 데 능숙했다. 여성의 이점이나 여성 젠더 역할의 장점에 대해서는 많은 수강생이 임신하고 아이를 갖게 될 것이라는 점이 기쁘다고 말했다. (이를 앞에서 언급했던 임신과 출산에 대한 불교도 남성의 평가와 비교해 보라.) 하지만 남성 젠더 역할의 단점에 관해서는 아무런 대답이 없었다. 아무것도.

"군복무는 어떻습니까?" 나는 우리 세대의 베트남전 참전 남자들이 남녀 간 비교 우위와 불이익에 관한 토론의 압력을 받을 때면, 비통한 어조로 하던 말을 인용하면서 되묻곤 했다. 역사를 통틀어 남자들이 전쟁의 고통을 과도하게 많이 겪었음에도, 그런 점은 잘 인식되지 않는 것 같았다. 이는 여자들이 적군 병사에게 강간당하거나, 전쟁에서 남편과 아들, 형제, 아버지를 잃거나, "부수적 피해"(collateral damage)로 목숨을 잃거나, 가정과 생계가 파괴되는 모든 비용을 감안하더라도 그렇게 볼 수 있을 것이다. 내가 젠더학을 가르치던 시기에 미국은 전원 자원입대로 군대를 운영했고 점점 더 많은 여자가 군복무를 통해 사회적 상승을 추구하고 있었기 때문에, 아마도 당시 내 학생들에게 강제 입대 군복무라는 망령은 멀리 느껴졌을 것이다.

그 질문에 대한 최고의 답변을 나는 뜻밖에도 위대한 불교 시인인 앨런 긴즈버그(Allen Ginsberg)로부터 듣게 되었다. 나는 어느 날 한 불교 명상센터에서 『가부장제 이후의 불교』의 발췌 내용을 낭독해달라는 요청을 받았다. 낭독이 끝났을 때, 앨런 긴즈버그는 내 옆에 서서 주의 깊게 듣고 있었다. 이어진 대화에서 그는 간단히 말했다. "남자가 된다는 것의 문제는 항상 강인해야(have it up) 한다는 기대를 받는 것이죠." 물론 그가 페니스에 관해 이야기한 것은 아니다. 남자는 성적으로, 경제적으로, 문화적으로, 그리고 다른 모든 면에서 항상 "성공적"(on the make)이어야 한다는 문화적 태도에 대해 말한 것이다. 광고에서 남자들은 어떻게 그려지는가? 그들은 지배적이고, 시대를 반영하며, 어떤 노력이나 사업에서도 결코 뒤처져서는 안 된다. 전능해야 하며, 어떤 일에도 당황하지 않아야 한다. 물론 남성 대부분이 그 기준을 충족할 수 없다는 점은 분명하다. 이는 여자들이 여성 젠더 역할의 요구를 충족시킬 만큼 충분히 매력적이거나 유순하고 위협적이지 않거나 양육을 잘 할 수는 없으며, 특히 남성이 상상하는 방식으로는 더욱 그렇다는 점과 마찬가지이다. 남성 젠더 역할이 말 그대로 남자들을 죽이고 있는지도 모른다. 스트레스가 많은 생활 방식으로 인해 그들의 수명은 현대 사회에서 여성보다 더 짧으니 말이다. 비교적 최근까지만 해도 이는 일반적인 현상이 아니었다.

그렇다면 남자들은 젠더 역할이라는 감옥을 진지하게 받아들일까? 그들은, "적어도 난 …보다는 낫다"라고 느낄 수 있기 위해 적어도 **누군가를 지배해야** 한다는 압박과 필요에 대해 의문을 제기할까? 위계질서 안에서 더 높은 지위를 추구하는 욕망은 강하게 나타나며, 이는 특히 학계에서 더 성공한 여성에게 전문직 남성이 왜 그토록 위협을 느끼고 질투하는지 설명하는 데 도움이 된다. 이는 또한 서로 다른 남성 집단 간의 인종 차별과 민족적 긴장을, 그리고 이런 것들이 얼마나 쉽게 갈등과 폭력으로 이어지는지를 설명하는 데 도움이 될 수 있다.

남자들은 때때로 성적 좌절감을 표현하기도 한다. 특히 그 전능한 페니스가 제 기능을 하지 못할 때, 여자들에게 "당신이 하는 일은 거기 누워 있는 것뿐이지! 모든 일을 내가 다 해야 하지"라고 불평한다. 늘 추구해 오던 성관계는 갑자기 "일"이 된다. 또는 자신들이 "부양"해야 한다는 기대, 즉 **정해진** 생계부양자인 것을 불평하면서도, 아내가 돈을 벌기 위해 일하는 것을 매우 부끄러워할 수도 있다. (하지만 그 아내들은 돈을 벌지 않아도 언제나 "일해" 왔다.) 이제는 아주 흔해진 일이지만 아내가 돈을 벌기 위해 일할 때도, 자신들이 "여자 일"이라고 정의한 집안일은 여전히 여자가 모두 해야 한다고 생각한다. 반면 자신들은 집 밖에서 힘든 하루를 보냈으니, 집에서는 휴식을 취할 수 있어야 한다고 생각한다! 여자들이 직장과 가정에서 모두 일하는 "이중 교대 근무"(double shift)를 한다는 사실은 여전히 여성들의 가장 큰 불만이자 가정 내 긴장의 원천이다. 물론 자녀 양육과 학부모회의, 자녀의 질병이나 부상과 같은 긴급 상황도 모두 아내가 관리해야 한다. 남자들이 이런 문제를 맡는다면 직장에서 불이익을 받을 수도 있을 것이다. 여자들도 자녀를 돌보느라 업무에 지장이 생기면 일자리를 잃을 수도 있는데, 남자가 주 생계부양자라는 이미지를 유지하는 것에 비하면 이는 사소한 문제로 여겨진다. 남자들이 더 평등한 방식을 선호하여 주 생계부양자의 역할을 거부할 수는 있지만 보통 그렇게 하지 않는다. 때때로 이는 고용주와 사회 전체가 어떤 식으로든 젠더 역할의 감옥을 바꾸는 것에 단호히 반대하기 때문이다.

서구에서 젠더 역할의 감옥과 관련된 상황은 매우 이상해졌다. 여자들은 이제, 전쟁에서 시신으로 돌아오는 것을 포함하여 과거 "남자 일"로 여겨졌던 거의 모든 일을 할 수 있게 되었다. 하지만 남자들은 어떤가? 그들은 여전히 "여성적"이거나 "여성화"되는 것을 강하게 두려워하는 것 같다. 여성스러움에 대한 두려움의 유머러스한 이면은 치마에 대한 두려움이다. 물론 여자가 치마를 입는 것이 아니라 자신들이 입는 것에 대해 그렇다. 바지는 편안하고 많은 업무에 적합하므로 여자들도 이제 어디서나 자유롭게 바지를 입지만, 치마도 마찬가지로 편하다. 더운 날씨에는 치마가 훨씬 시원하며 대부분의 열대 기후에서 남성의 전통 복장은 치마 형태를 띤 것이 많다. 불교도들이 몇 시간 동안 앉아서 명상하는 데에도 치마는 훨씬 더 편안하다. 치마는 아시아 및 서양의 많은 종교에서, 특히 강력한 종교 지도자들을 위한 종교 복장의 일부이기도 하다. 최근의 교황 선거에서 나는, 여성들을 억압하는 남성들이 성직자 복장의 치마를 입고 돌아다니는 모습을 보고 거의 역겨움을 느낀 적도 있다. 내가 속한 불교 공동체에서는, 선임 교사들에게 어떤 형태로든 구분되는 복장이 필요하다고 보았는데 그것은 어쩌면 수도원 풍의 치마가 될 수도 있었다. 이는 해당 남자들에게 깊은 고민거리가 되었다. 그중 한 명은 스승께 "제가 뭐든 다 할 테니, 치마만 입지 않게 해주세요"라고 말했다고 한다. 나는 남자들의 치마 공포에 대해 놀리는 것을 좋아하여, 한 남성 선임 교사에게 치마의 유용성을 자주 언급하곤 했다. 그가 다소 격렬하게 "리타, 당신은 우리가 바지를 포기하게 만들 수 없을 거예요"라고 대응하기에, 한 번은 내가 "바지를 포기하지 못하면서 어떻게 자아를 버릴 수 있을까요?"라고 답한 적이 있다. 그는 내 말에 일리가 있음을 인정했다.

치마에 대한 이러한 두려움은 더 깊은 무언가를, 남자들이 **하지 않음**으로써 자신을 **"여자가 아닌"** 존재로 만드는 무언가에 매달릴 필요가 있음을 드러낸다. 한때 남성의 전유물이던, 예를 들어 교육이나 직업적 능력에서 여성을 배제하는 것이 불가능하거나 어려워질 때, 남자들은 여전히 여자들이 하는 무언가를 하지 않는 것을 존엄성과 남성다움의 피난처로 삼아 매달리는 것 같다. 종교와 젠더 수업에서 나는 종종, 젠더 역할의 감옥을 완전히 벗어나려면 여자들이 이미 더 "남성적"이 된 것처럼 남자들도 더 "여성적"이 되어야 한다고 말하곤 했다. 내가 가르친 내용을 여학생들보다 훨씬 더 잘 "이해하는" 똑똑하고 유능한 남학생조차, 이 대목에 이르면 불편해 보였고 필사적으로 "출구"를 찾으려는 못마땅한 기색이었다. 이것이 남성 지배가 여성 혐오로 이어지는 부분이다. 즉 "여성적인 것"에 대한 두려움과 혐오, 특히 (남성에게 있어) 여성적인 존재가 **되는 것**에 대한 두려움과 혐오 말이다. 그 두려움이 해소되지 않으면, 젠더 역할이라는 감옥은 여전히 그대로 남고, 무아의 논리를 아무리 분명하게 이해하고 믿더라도 젠더화된 자아는 그 사람을 윤회의 포로로 가둔다.

여성의 성적 대상화와 여성의 공모

나를 포함한 많은 여성은 아주 어릴 때부터, 사회가 여성보다 남성을 선호하고 남성에게 더 높은 지위를 부여한다는 사실을 깨닫는다. 나의 부모님은 딸보다 아들을 더 선호한다고 말한 적이 없었고, 나는 그들이 그렇게 하지 않았다고 진심으로 생각한다. 비록 그 문제를 부모님과 이야기한 적은 없지만 말이다. 그럼에도 불구하고, 일반적으로 남아가 여아보다 선호된다는 메시지는 아마도 종교를 통해 내게 일찍 전달되었던 것 같다. 나는 유치원 시절에 세상에서 가장 중요한 존재인 하나님과 예수님이 모두 남자라는 사실에 대해 깊이 생각했던 기억이 있다. "여자아이인 나에게 그건 무슨 의미일까?" 궁금했다.

부모님이 지어주신 작은 통나무 놀이집에는, 금방이라도 무너질 것처럼 구부러진 다리로 거센 급류를 건너는 소년과 소녀, 그리고 그 두 아이를 보호하는 천사가 그려진 작은 그림 액자가 걸려 있었다. 그 천사는 눈부시게 아름다웠고 멋진 날개를 가지고 있었다. 나는 그 천사가 나와 닮아 보였기 때문에 사랑했다. "천사는 여자야! 내게도 자리가 있어!"라고 나는 행복한 결론을 내렸다.

몇 년 후, 나는 지역 목사님에게 견진 성사를 받을 준비를 하고 있었다. 목사님은 젠더 역할에 관해 설명하였다. 여자아이에게 그것은 가능한 한 결혼을 하고 자녀를 갖는 것을 의미했다. 그는 미혼 여성도 교회에서 훌륭한 일을 하지만 결혼할 수 있다면 훨씬 더 좋을 것이라고 말했다. 결혼한 여성은 모든 면에서 남편에게 순종하고 남편을 섬겨야 한다고도 했다. 왜냐고? 하나님과 예수님이 모두 남자라는 사실에서 남자가 여자보다 우월하고 더 중요하다는 것을 알 수 있기 때문이라고 말했다. 나는 손을 들고, "하지만 천사들은 여자잖아요?"라고 항의했다. "아니지,"라는 대답이 돌아왔다. "천사들도 모두 남자란다. 예술가들이 잘못 그려서 여자처럼 보이지만, 그들도 남자란다!" 그 사건은 너무도 고통스러워서 그 기억은 억눌려 있다가, 한참 뒤 내가 힌두 여신과 자신의 긍정적 이미지를 추구하는 서구 여성과의 관련성을 연구하면서 다시 떠올랐다. 부모님 집에 있던 그 그림의 커다란 사본은 이제 내 침실에 걸려 있다. 부모님 농장의 항공 사진과 나의 박사 학위증, 내가 받은 임명들, 학회 발표 포스터들, 내가 받은 상들과 함께 걸려 있다.

남성 지배적인 사회에서 사회화된 여성은, 오늘날 전 세계 대부분의 여성이 그렇듯이, 일찍부터 열등감과 수치심을 쉽게 느낀다. 우리는 더 똑똑하고 더 말을 잘 듣는데도 남자 형제들보다 덜 가치 있게 여겨진다는 것을 알게 된다. 내가 어릴 때만 해도 여자아이는 스포츠를 할 수 없었고, 신체적 능력을 키우는 것도 억제되었다. 내가 어떤 남자아이보다도 더 빨리 달릴 수 있다고 자랑했을 때, 나는 젠더 역할의 정치학에 대한 초기 교훈을 얻었다. 사람들은 내게 그런 것을 하지 말라고, 뭐든 남자아이들보다 더 잘하지 말라고 했다. 남자는 능력 있는 여자를 매력적이라고 여기지 않으니, 그러면 나중에 데이트를 하고 남편감을 찾을 때 어려움을 겪을 수 있다고 했다. 그 예측은 정확했다. 즉 젠더 역할이 남녀 모두를 얼마나 구속하는지를 보여주는 또 다른 예시였다! 남성의 젠더 역할에 갇혀 있으면 남자는 지적이고 고등 교육을 받고 능력 있는 여성을 잠재적인 인생 파트너로 인정하기 어렵다. 여자아이였을 때, 우리는 학교에서 뛰어난 성적을 받거나 신체적으로 활동적이고 강인한 것보다 남자아이들이 우리를 좋아하기를 훨씬 더 간절히 바랄 것이라는 말을 자주 들었다. 여자는 대학 학위가 필요하지 않으며 단지 "~의 아내"라는 학위를 얻기 위해 대학에 간다는 주장으로, 나 같은 여자아이들은 끝없이 놀림을 당했다.

여성이 자존감이 낮고, 주저하며, 자신감이 부족한 경우가 많다는 것이 과연 놀라운 일일까? 물론 양쪽 모두에 예외가 있겠지만, 대학생을 많이 가르쳐본 사람이라면 누구나 여학생이 더 규율 있고 공부를 열심히 하는 "더 나은" 학생일지라도, 혁신적인 사고를 좋아하지 않고 새로운 가설보다는 기존 관습을 선호하며 대담한 사고를 하지 않는 경우가 많다는 것을 쉽게 알 수 있다. 특히 남성 지배 아래서 사회화된 젊은 여성들이 하기 가장 어려운 일 중 하나는 남성의 권위에 의문을 제기하거나 저항하는 것이다. 그러한 저항은 남성으로부터 즉각적인 질책을 받기 때문에 특히 어려우며, 이러한 질책은 열등감을 강화한다. 그런 젊은 여성들은 독립적으로 사고하기보다, 즉 남자들이 승인하지 않을 수도 있는 사고를 하기보다, 그들의 기분을 맞추는 것에 더 쉽게 관심을 가지게 된다. 그래서 불교를 예로 들어보면, 지역의 남성 종교 권위자들이 비구니 수계는 필요하지 않으며 서양의 페미니즘에서 비롯된 외래 사상이라고 말하면, 지역 여성들은 대개 완전한 수계에는 관심이 없다고 결론짓는다. 그런 다음 지역의 비구들과 여성들, 종종 사미니들까지도 그런 신념을 유지한다. 불교 경전에 대한 더 광범위한 지식이 분명히 보여주듯이, 규범적인 불교 승가는 완전한 수계를 받은 비구니를 포함하여 네 유형의 제자들로 구성되며, 비구니 수계를 하지 않는 상좌부불교와 티베트 공동체의 초기 팔리 불교 전통에 나타나는 세 유형의 제자만으로 구성되지 않는데도 말이다.

 그러나 많은 여성에게 있어서, 남성에 대한 열등감을 내면화하는 초기 사회화와 그 이후 행동 사이의 연결고리는, 여성이 남성에게 성적 매력을 내세우고 성적 대상이 되는 데 동조하게 되는 정도와 관련이 있다. 이러한 행동은 여성이 남성에게 종속되어야 한다는 남성 종교 권위자의 주장에 동의하는 여성의 행동과 표면적으로는 다르게 보일 수 있다. 그러나 두 경우 모두 자존감이 낮은 여성은 남성을 만족시킬 때 안도감을 얻을 수 있다는, 공통된 더 큰 목적을 공유한다. 성적으로 매력적이고 성적으로 접근 가능하다는 것은 여자가 남자를 기쁘게 하는 가장 쉬운 방법 중 하나이다. 그러나 그 능력은 젊음과 아름다움에 달려 있으며, 이는 서로 원하는 것을 얻기 위해 서로를 이용하는 여자와 남자 모두가 쉽게 인정하는 것이다. 이러한 상호적인 게임이나 춤은 도발적인 복장에서부터 쉬운 성적 접근에 이르기까지 다양한 수준에서 진행된다.

나를 정말로 혼란스럽게 하는 것은, 직업적으로 진지하게 받아들여지기를 원하는 여자들이 그럼에도 불구하고 성적으로 도발적인 방식으로 옷을 입는다는 점이다. 여성은 보통 함께 일하는 남성보다 훨씬 더 많은 피부를 노출한다. 교향악단에서 연주하는 남성은 목에서부터 팔목과 발목까지 다 가리지만, 그 옆에서 바이올린을 연주하는 여성은 상체를 거의 드러내는 경우가 많다. 이제는 남녀가 자주 공동 진행자로 등장하는 뉴스 쇼에서도 마찬가지인데, 여자 앵커는 짧은 치마를 입는 경우가 많다. 왜 그럴까? 남녀가 같은 온도로 조절된 환경에서 일하고 있으니, 이렇게 옷차림이 다르다면 남자가 너무 덥거나 여자가 너무 추우리라는 생각이 든다. 흥미롭게도 드물지만 체격이 큰 여자가 이런 역할을 맡는 경우에는, 그렇게 피부를 많이 노출하는 경우가 드물다. 하지만 남자는 젊고 날씬하고 몸매가 좋든지, 나이 들고 뚱뚱하든지 관계없이 동일한 복장을 한다. 왜 여성은 잘못된 이유로 주목받는 것을 그토록 쉽게 허용할까? 남자는 자신이 성적 대상으로 보이도록 옷을 입지 않는 것을 선택한다. 아마도 이것은 여성이 유익하게 배울 수 있는 남성 행동 중 하나일 것이다.

복장 규정은 문화마다 상당히 다르며 많은 논란을 일으킨다. 나는 여성이 어떻게 옷을 입든지 간에, 남성의 성적 범죄 행위에 대한 책임이 여성에게 있다는 주장을 인정하지 않는다. 도발적인 옷차림은 결코 강간에 대한 정당한 변명이 될 수 없으며, 그러한 변명이 법정에서 통할 때가 있다는 것은 끔찍한 일이다. 또한 남자는 자신을 성적으로 통제할 수 없으므로 여자가 사적인 영역에서는 완전히 눈에 띄지 않아야 하고 공공장소에서는 완전히 베일로 가려 보이지 않아야 한다는 주장도 인정하지 않는다. 어떻게 남성이 우월하다고 주장하면서 동시에 여성이 보이지 않거나 머리부터 발끝까지 가려야만 자신을 성적으로 통제할 수 있다고 주장할 수 있을까? 또한 여성 해방은 공공장소에서 거의 벌거벗은 모습으로 나타날 수 있는 사안이라고 많은 젊은 여성들이 주장하는 것도 나는 인정하지 않는다. 제2물결 페미니즘 초기에 논란이 되었던 것 중 하나는, 아무런 관련이 없는 제품을 광고하기 위해 젊고 매력적이며 옷을 입지 않은 여성의 신체를 이용하는 것이었다. 우리는 이러한 관행에 강력하게 항의했다. 불도저 광고에 왜 반나체의 여성이 등장하는가? 그 둘 사이에는 아무런 연관성이 없다! 하지만 이제 젊은 여성들은 그런 성적 대상이 되는 것을 개의치 않는 것 같다. 광고는 다시 성적으로 매우 도발적이며, 심지어 성과 전혀 상관없는 완두콩 통조림 같은 것을 팔 때조차 그렇다.[15]

---

15 여기서 내가 말하는 것은 짧은 치마를 입고 자전거를 타는 여자가 등장하는 완두콩 통조림 광고이다.(https://www.ispot.tv/ad/775S/del-monte-green-beans-song-by-barry-louis-polisar). 카메라는 푸른 시골길을 자전거를 타고 달리는 여자의 허벅지에 초점을 맞추고, 그 다음 그녀의 미소 짓는 얼굴로 이동한다. 완두콩과 여성의 허벅지 사이에는 대체 어떤 관련이 있는 걸까?

피부를 얼마나 많이 노출하는지는 문제가 아니다. 남녀 간 피부 노출의 기준이 다르다는 것이 부적절하다는 것이다. 여자는 머리카락 한 가닥이 노출되는 것까지 과도하게 신경을 써야 하지만 남자는 그렇지 않다거나, 여자는 아무 이유 없이 더 도발적으로 보이기 위해 남자보다 훨씬 더 많은 피부를 노출하도록 문화적으로 권장되는 상황은 중요한 문제가 아니다. 훨씬 더 중요한 것은 남녀 모두에게 옷은 편안하고 기능적이며 과도하게 제한적이지 않아야 한다는 것이다. 둘 다에게 이는 때로는 피부를 더 많이 드러내는 것일 수도 있고, 더 적게 드러내는 것일 수도 있으며, 때로는 치마일 수도 있고, 때로는 바지일 수도 있다.

성적 호의를 거래하는 것은 아주 오랜 역사를 가지고 있으며, 매매춘은 종종 "세상에서 가장 오래된 직업"이라고 불린다. 불교에서는 고대부터 현대의 서양 불교에 이르기까지, 이러한 교환이 많은 논란과 고통을 야기해왔다. 한 경전의 이야기에서 보시를 한 여성 재가자와 한 비구 스님이 서로 만족스러운 법담을 나누고 있었다. 그 여성이 비구에게 무엇이 필요한지를 묻자, 그는 가장 도움이 되는 선물은 스님들이 얻기 어려운 성관계라고 답한다. 여성이 이에 응하려 하자 비구는 마음을 바꾸고 그녀에게 폭언을 퍼붓는다. 이 사건이 붓다께 알려지자, 붓다는 그 비구를 심하게 꾸짖는다.[16] 이와 같은 이야기는 현대 불교에서도 수천 배로 확대될 수 있으며, 심각한 추문과 법에

---

16 Alice Collett, "Pali *Vinaya:* Reconceptualizing Female Sexuality in Early Buddhism," in *Women in Early Indian Buddhism: Comparative Textual Studies,* edited by Alice Collett(Oxford: Oxford University Press, 2013), 62-79.

대한 믿음의 상실, 다른 면에서 높이 평가받던 스승에 대한 비난을 불러일으켰다. 논란의 핵심은 성관계가 합의하에 이루어졌는지의 여부가 아니다. 대개는 합의된 것이었다. 과연 그것이 적절했는가? 그러한 일에 가담했던 여성들은 나중에 자신들이 관련된 남성들에게 이용당했다고 주장하게 될 것이다. 그러나 그들 중 일부는 또한 낮은 자존감으로 인해 (내 표현이 아니라 그들 표현으로) "난잡한" 행동을 하게 되었다고 인정할 것이다. 이는 보통 자신들이 더 젊고 기회가 있었을 때 상당히 문란했었다는 의미이다. 내 나이 또래의 여성 불교도 중 일부는, 나이가 들어서야 처음으로 내가 페미니스트로서 말하는 것을 이해하기 시작했다고 말하기도 한다. 그 이전에는 남성 지배와 그것이 자신에게 미치는 장기적인 영향에 대해 걱정하기에는 남성에 대한 자신들의 성적 권력을 너무 즐기고 있었다고 한다!

내 판단으로는 이러한 상황들을 평가하는 것은 어렵다. 확실히 여자도 남자만큼 성관계를 즐기며, 여자가 남자보다 성적으로 더 제한을 받아야 할 이유는 없다. 출산 조절은 남녀 모두의 책임이다. 그리고 여성은 스스로 결정을 내리고 실수를 할 수 있어야 한다. 나는 성인 여성의 성적 선택과 행동을 부당하게 제한하는 규칙을 찬성하지 않는다. 그렇지 않다면 여성의 평등이나 자유에 관해 이야기하는 것은 무의미하다. 그러나 존엄성과 정서적 안녕은 적절한 자제를 필요로 하며, 그것은 여성에게도 남성에게도 마찬가지이다. 남자도 "문란한 사람"(slut)이 될 수 있다. 만약 비난할 일이 있다면, 그것은 여자아이에게 남자아이보다 덜 가치 있는 존재라고 분명하게 인식시켜서 낮은 자존감을 심어준 초기의 메시지에 있다. 그 메시지가 더 많이 받아들여질수록 소녀와 여성은 남성과 남성과의 관계를 모든 문제의 해결책으로 여기는 데 점점 더 중독되게 된다. 물론, 그런 결핍은 결코 장기적으로 좋은 결과를 가져오지 않는다. 여성이 성적 대상이 되는 것에 연루되지 않도록 하는 유일한 해결책은, 여자아이가 남성의 승인을 절박하게 필요로 하기보다는 인간으로서 자신을 가치 있게 여기도록 사회화되는 것이다. 어릴 때부터 여자아이가 남자 형제보다 덜 가치 있고 성공의 길은 남성의 애정과 승인을 얻는 데 있다고 배우게 되면, 여성이 적어도 성관계를 통해 그 승인을 얻을 수 있는 한, 부적절하게 "난잡한" 행동을 하게 될 것이라고 우리는 예상할 수 있다. 남성의 승인을 구하고 필요로 하는 것은, 가부장적 젠더 역할의 감옥에 갇힌 여성의 전형적인 자아가 크게 몰락하는 방식이다. 그리고 가부장적인 남성은 종종 더 유능한 여성보다 덜 유능한 여성을 선호하기 때문에, 여성은 자신을 낮추며 그들의 요구에 따른다. 여성이 자기 자신으로서 자신감을 얻고 유능해지는 것이 가장 중요한 시기일 때 특히 그렇게 된다.

어머니 역할과 그 현대적 한계

이미 분명히 드러난 것처럼, 어머니가 되어 남자와 아이들을 돌보는 의무는 젠더 역할의 감옥이 여자에게 미치는 영향을 설명할 때 높은 순위를 차지한다. 그러나 여성들이 이러한 의무를 어떻게 느껴야 하며 얼마나 중요시해야 하는지에 대해서는, 다른 사람들, 특히 남성들이 어떻게 생각하는지에 대한 정보가 훨씬 더 많다. 여성의 일인칭 서술은, 특히 역사적 기록에서 매우 드물기 때문에, 여성 스스로가

이 의무를 어떻게 느끼는지에 대해서는 우리가 아는 바가 훨씬 적다. 잘 알려진 몇 가지 이야기와 고정관념을 제외하고는 거의 알지 못한다. 대부분의 불교 문헌이 교육받은 엘리트, 즉 저자가 아닌 출가자들에 의해 쓰였기 때문에, 우리는 주어진 젠더 역할에 만족한 여성들의 이야기보다는 어떤 이유로든 모성을 포기한 여성들 또는 그들에 관한 이야기를 접할 가능성이 훨씬 더 크다.

    그런데도 불교 역사 전반에 걸쳐 대부분의 불교도 여성들은 어머니가 되었다. 피임을 하지 않은 기혼 여성들에게 그러한 결과는 거의 확정적이었다. 비구니가 되는 선택도 기술적으로는 가능했지만, 대부분의 불교 문화권에서 출가 생활은 여자보다 남자에게 훨씬 더 용인되었다. 아들이 비구가 되는 것은 가문에 명예로운 일이었지만, 딸이 비구니가 되는 것은 그렇지 않았다. 또한 비구는 비구니보다 더 나은 경제적 지원을 받았으며, 더 좋은 교육을 받았다. 승가는 일상적 필요를 재가 여성의 보시에 크게 의존했기 때문에, 비구니가 된 여성보다는 신앙심 깊고 관대하게 보시하는 재가자 여성을 훨씬 더 선호했다. 사회적 인정이라는 측면에서도, 여성에게는 어머니가 되는 것이 최선의 선택으로 여겨졌으며, 단순히 어머니가 되는 것이 아니라 아들의 어머니가 되는 것이 중요했다. 그러면 아들이 출가하도록 격려한 것을 인정받을 수 있었고, 재가 보시자의 역할을 통해 여러 면에서 승가 전체의 어머니가 되었다.[17] 이러한 역할을 수행하면서 여성은 불교의 가장 중요한 자질인 덕과 지혜를 보여주어야 했다. 아내이자

---

17 Pascale Engelmajer, *Women in Pali Buddhism: Walking the Spiritual Paths in Mutual Dependence*(New York: Routledge, 2015), 83-86.

어머니라는 역할 수행을 잘하는 것은 궁극적인 해탈을 향한 긴 여정에서 긍정적인 윤회의 결과로 이어질 수는 있겠지만, 직접적인 깨달음으로 나아가는 길은 아니다. (이 점은 남성의 부모 역할에도 동일하게 적용된다.)

불교 문헌에 나오는 어머니에 관한 많은 이야기 중에서도, 독특하고 개별적인 모성을 다룬 이야기들은 대부분 슬프고 부정적인 측면을 강조한다. 이는 추상적이고 일반화된 설명에서 모성의 긍정적인 결과가 강조되는 것과 대조된다. 장로長老 비구니들의 노래인 『테리가타』에서 우리가 만나는 많은 여성들은 아내이자 어머니였다. 그러나 그들 중 누구도 그 삶을 애틋하게 회상하지 않으며, 많은 이들은 그러한 역할에서 벗어나 얻은 새로운 자유를 기뻐한다. 사망한 자녀에게 집착하는 비애는 출가의 동기 중 하나인데, 가장 가슴 아픈 이야기 중 하나는 키사 고타미(Kisa Gotami)의 이야기이다. 사실 이 이름에는 어머니의 비애에 대한 두 가지 서로 다른 이야기가 연결되어 있는데, 가장 잘 알려진 것은 종종 『테리가타』의 실제 구절과 함께 번역되는 담마팔라(Dhammapala) 스님의 『테리가타』 주석에서 전해진다.[18] 이 유명한 이야기에서 키사 고타미는 아들의 죽음에 대한 비통함으로 실성하여 그 시신의 화장을 거부한다. 그녀를 도우려던 사람들이

---

[18] William Pruitt, trans. *The Commentary on the Verses of the Therīs: Therīgāthā-Aṭṭhakathā Paramatthadīpanī* V(Oxford: Pali Text Society, 1998), 222-32. 테리가타 시구의 가장 최근 번역은 다음을 참조하라. Charles Hallisey, trans., *Therigatha: Poems of the First Buddhist Women*(Cambridge, MA: Harvard University Press, 2015), 111-15.

붓다께 데려가자, 그녀는 붓다께 아들을 살려달라고 애원한다. 그러자 붓다는 그렇게 해주겠다고 하면서, 먼저 사랑하는 사람의 죽음을 경험하지 않은 집을 찾아가 겨자씨를 구해 오라고 한다. 그녀는 아들을 살릴 방도가 있다는 사실에 매우 기뻐하지만, 물론 그런 집을 찾는 데는 실패한다. 그 과정에서 무상에 대한 깨달음을 얻은 그녀는 아들의 시신을 내려놓고 붓다를 찾아가 비구니가 되며, 이후 붓다의 가장 칭송받는 제자 중 한 명이 된다.

11세기 티베트 민속극에 등장하는 낭사 오범(Nangsa Obum)이라는 여성의 이야기는 훨씬 후대에 쓰인 것으로, 여성에게 부과되는 모성의 제약을 표현한다. 이러한 민속극은 대중적인 오락물이었는데, 특히 여자들은 수많은 시련과 모험 끝에 마침내 해방되는 여주인공에게 자신을 투영했다. 그런데 낭사 오범은 어린 나이에 결혼하여 아들을 낳았기 때문에, 그토록 갈망하던 불교 수행의 삶을 살 수 없었다. 그녀는 아들을 돌보며 이렇게 탄식한다. "아들아, 자식은 여자를 윤회의 쳇바퀴로 끌어당기는 밧줄과 같구나."[19] 이 한마디는 어쩔 수 없이, 아마도 일찍이 아내와 어머니가 된 많은 여성들의 감정을 대변한다. 또한 평범한 가정생활은 깊은 불교 수행과 양립할 수 없으며, 이러한 의무는 아버지보다 어머니에게 훨씬 더 무겁게 지워진다는 일반적인 결론을 잘 보여준다.

모성을 가장 유명하고 사랑받는 방식으로 찬탄한 표현은, 불교의 핵심 덕목인 자애(*metta*), 즉 보편적 호의를 칭송하는 맥락에서 찾을

---

19 Tsultrim Allione, *Women of Wisdom*(London: Routledge and Kegan Paul, 1984), 77.

수 있다. 『숫타 니파타』(*Sutta Nipata*)에 나오는 가장 자주 인용되는 구절은 다음과 같다.

> 마치 어머니가 자신의 목숨을 다해
> 자기 자식을, 하나뿐인 자식을 지키듯이,
> 한없는 마음으로
> 모든 살아 있는 존재를 소중히 여겨야 하네.
> 온 세상에 온정을 발산하면,
> 위로는 하늘 끝까지
> 아래로는 저 깊은 곳까지
> 밖으로 끝없이 펼쳐내면,
> 증오와 악의에서 벗어나네.
> 서 있든 걷든 앉아 있든 누워 있든
> 졸음에서 깨어나
> 이 기억을 유지해야 하네.[20]

이 구절은 아름답긴 하지만, 하나뿐인 자식에 대한 어머니의 남다른 사랑은 이상적인 불교 수행자가 모든 존재를 어떻게 대해야 하는지를

---

[20] *Karaniya Metta Sutta: The Buddha's Words on Loving-Kindness*(Sn 1.8), 팔리어에서 Amaravati Sangha가 번역, *Chanting Book Volume One: Morning and Evening Chanting (Pūja) and Reflections*(Amaravati Publications, 2015). http://www.accesstoinsight.org/tipitaka/kn/snp/snp.1.08.amar.html. 사용 허가를 받음.

설명하는 비유일 뿐이다. 자기 자식에 대한 남다른 사랑은 자애를 키우는 씨앗이 될 수는 있지만, 단순히 자기 자식을 남다른 사랑과 연민으로 대하는 것 자체는 자애가 아니다. 이는 많은 주석가들이 어머니를 칭송할 때 간과하는 부분이다. 사실 이 비유조차도 여성 자신에게는 불리하게 작용할 수 있다. 한 여성 스승은 여자가 깨달음을 얻기 어려운 이유에 대해, 집착의 한 형태인 자기 자식에 대한 남다른 배려가 보편적 호의인 자애를 함양하는 것보다 더 강하기 때문이라고 설명한 적이 있다. 이러한 정서는 특히 어머니의 사랑과 대비되는 보살(bodhisattva)의 보편적 사랑을 칭송하는 문맥에서 자주 등장한다.[21] 이 텍스트에 의하면 우리는, 어머니의 사랑을 모방해서가 아니라, 모든 지각 있는 존재가 한때는 우리의 어머니였으며 자기 자식에 대한 집착으로 고통을 겪었기 때문에, 모든 존재에 대한 사랑과 연민을 길러야 한다. 따라서 어머니의 사랑이 지나친 집착으로 특징지어진다면, 그것은 깨달음으로 나아가기는커녕 오히려 반대의 방향을 가리키게 된다. 그러나 이러한 점을 인정하는 주석가는 드물다. 인간이 세대를 이어 생존하려면 자녀를 돌보는 것이 필수적이라는 점에서, 사랑이 아니라 집착이 문제를 일으킨다는 점은 다행스럽다. 육아에 대한 책임이 더 광범위하게 공유된다면 이 위험은 쉽게 줄어들 수 있다. 따라서 나는 일부 영어권 불교 예불에서 "나의 어머니였던 모든 지각 있는 존재"라는 훨씬 더 일반적인 문구 대신, "나의 부모였던 모든 지각 있는 존재"라고 표현하는 혁신을 환영한다.

---

21 예를 들어 다음을 보라. Gross, *Buddhism after Patriarchy*, 233.

모성과 젠더 역할의 감옥이 과거 불교적 또는 비 불교적 맥락에서 어떻게 형성되었든 간에, 우리는 지금 전통적 버전의 젠더 역할 감옥에 대한 환영할 만한 전면적 혁명의 한가운데에 있다. 특히 현대 의학은 이러한 혁명을 요구한다. 적어도 불교에서 "귀중한 인간의 삶"이라고 평가할 만한 삶을 지구상에서 계속 누리고 싶다면 말이다. 사실 상황은 아주 간단하다. 영유아 사망률은 크게 감소한 반면 동시에 수명은 현저히 증가했다. 그러나 대부분의 세계에서 출산율은 일정하게 유지되거나 증가했다.[22] 이 상황이 바뀌지 않는 한 인구는 분명 계속해서 증가할 것이다. 지구의 수용 능력에 관한 전문가들이 계산한 바에 따르면, 경제적 평등이 완전히 실현되지 않더라도 모든 사람들이 적절한 생활수준을 유지할 수 있는 지구의 수용 가능 인구는 약 20억 명이라고 한다. 이는 1930년 당시의 지구 인구였다.[23] 세계 인구는 1815년까지 10억 명에 도달하는 데에는 20만 년이, 이후 인구가 1930년까지 그 두 배인 20억 명으로 증가하는 데에는 1세기가 넘는 시간이 걸린 것으로 추정된다. 그 후 불과 100년도 채 되지 않아 인구는

---

22 〔역자주〕 사실 전 세계의 합계 출산율은 1963년 5.3명을 정점으로 하락하기 시작하여 2022년에는 2.3명으로 꾸준히 감소했다(https://data.worldbank.org/indicator/SP.DYN.TFRT.IN). 그러나 여전히 인구 대체 수준으로 알려진 2.0 이상을 기록하고 있으며, 저자의 설명처럼 영유아 사망률이 감소하고 평균 수명은 증가하여 전체 세계 인구는 여전히 (1963년의 31억 9천만 명에서 2020년의 78억 2천 명으로) 증가하고 있다.(https://data.worldbank.org/indicator/SP.POP.TOTL)

23 Alan Weisman, *Countdown: Our Last, Best Hope for a Future on Earth*(New York: Little, Brown, 2013), 91-94.

70억 명에 이르렀으며, 21세기 말까지 100억 명을 돌파할 것을 우려하는 사람들도 많다.[24] 동시에 일인당 자원 소비율도 증가했는데, 이러한 높은 소비율을 비난하는 사람은 많지만 아무도 자신의 소비를 대폭 줄이려 하지는 않는다. 사실 다른 사회의 높은 소비 수준을 비판하는 많은 이들을 포함하여 사람들 대부분은 자신의 소비는 더욱 증가하기를 원한다. 현대 기술은 점점 더 많은 자동차와 냉장고, 컴퓨터, 항공 여행, 휴대전화를 원하는 전 세계의 사람들에게 매력적이다. 이러한 상황이 지속 가능하지 않으며 계속될 수 없다는 것을 깨닫는 데는 큰 통찰력이 필요하지 않다.

현대 의학은 분명히 수많은 생명을 연장함으로써 이러한 발전에 큰 역할을 해왔다. 다행히도, 현대 의학은 여자와 남자 모두를 젠더 역할의 감옥에서 해방하는 데 크게 이바지할 수 있을 뿐만 아니라, 문제 해결에도 큰 역할을 할 수 있다. 이제 사망률이 훨씬 낮아졌기 때문에 여자는 더 이상 임신과 출산, 수유, 어린 자녀 돌보기에 평생을 보내지 않아도 된다. 여자는 교육받지 못했으니 문화적이고 영적인 삶에 쉽게 참여할 수 없다는 주장의 이유도 더 이상 타당하지 않다. 또한 이제 안전하고 비교적 신뢰할 수 있는 피임 방법을 쉽게 이용할 수 있으므로, 재앙적인 인구 증가 추세를 쉽게 뒤집는 것도 충분히 가능하다. 만일, 전 세계가 내일 당장 한 자녀 정책을 채택한다면, 21세기 말에는 세계 인구가 1900년 수준인 16억 명, 즉 높은 생활수준을 유지할 수 있는 지속 가능한 인구 수준으로 되돌아갈 것이다.[25]

---

[24] 앞의 책, 43-47.
[25] 앞의 책, 415.

이러한 인구 감소에 기아나 전쟁, 전염병 등, 피임보다 훨씬 불쾌한 방식으로 인구를 억제하는 일이 포함되지 말아야 하겠으나, 우리가 피임을 거부하면 그런 재앙이 뒤따를지도 모른다. 전 세계적으로 한 자녀 정책이 채택될 가능성은 작지만, 인구를 지속 가능한 수준으로 줄이려면 가족당 두 자녀라는 대체율보다 더 적은 인구가 필요한 것은 분명하다. 인간의 성적 욕망의 강도를 참작할 때, 피임 없이 이런 결과를 달성하는 것은 거의 불가능하다. 하지만 피임을 하면 이런 결과는 전혀 고통스럽지 않게 달성될 수 있다. 대부분의 자녀가 성인이 될 때까지 생존하는 현대의 상황에서, 누구에게나 한 명, 많으면 두 명 이상의 자녀가 필요한 이유는 무엇일까? 대부분의 사람들은 어떤 이유로든 낮은 사망률을 포기하고 싶지 않을 것이다. 그러나 모든 것에는 대가가 따른다. 낮은 사망률 및 수명 연장과 동시에 무제한의 출산율을 함께 가질 수는 없다. 우리가 더 원하는 것은 무엇인가? 누가 더 길고 더 나은 삶을 누리는 대신 무제한의 출산율을 선택할 수 있을까?

 그러나 아마도 이러한 가능성을 고려하는 대부분의 사람들은 그것이 현실화될 가능성에 대해 비관적일 것이다. 왜 사람들은 자신에게 거의 고통을 주지 않으면서도, 현재 살아 있거나 앞으로 태어날 모든 사람들에게 훨씬 더 나은 미래를 보장할 수 있는, 간단한 조치를 취하는 것을 그토록 꺼릴까? 제2장에서 논의한 개념인 무시와 꾀달림에 그 답이 있다. 사람들은 금욕에 기반한 성교육이 효과가 없다거나, 여성이 특히 교육을 받고 경제적 선택권이 있는 경우 일반적으로 출산을 제한하고 싶어 한다는 등의 사실을 일상적으로 무시한다.

분명히 과도하게 출산하는 사람은 자신이 낳겠다고 고집한 자녀가 직면하게 될 심각한 결과를 무시하는 것이다. 정말 그런 부모들이 존재하는지 궁금하다! 끄달림은 사람들이 전망의 실현을 주저하게 만드는 데 있어 더욱 중대한 역할을 한다. 어떤 사람들은 "하지만 전 (더 많은) 자녀를 원해요"라고, 그 집착이 충족될 때의 결과를 완전히 무시하며 선언한다. 많은 사람은 이 요구를 마치 논란의 여지가 없는 도덕적 권위를 지닌 것처럼, 그리고 사람들이 갈망하는 다른 모든 욕망과 달리 분석되거나 비판받아서는 안 된다는 식으로 받아들인다. 1960년대와 1970년대에 젊은 여자로서 아이를 낳지 않겠다는 의사를 표명했을 때, 나는 늘 "이기적"이라고 비판받았다. 하지만 인구 과잉인 세상에서 아이를 낳지 않는 것이 어떻게 이기적인가? 내가 아이를 둘을 낳든 열을 낳든, 단순히 세상에 그런 신체들이 필요한 것은 아니다. 하지만 내가 재생산에 참여하지 않은 삶을 통해 학문과 가르침으로 기여한 것은 세상에 필요하다. 세상이 지속되기 위해 자신의 유전 물질이 필요하다고 생각하는 사람은 큰 자아 문제를 안고 있다. 만약 그들이 아이 키우는 것을 너무 좋아하고 잘해서 더 많은 아이를 키우는 것이 세상에 이롭다면, 세상에는 그들의 도움이 필요한 버려진 궁핍한 아이들이 많다!

우리는 사망률을 크게 낮추고, 수명을 늘리고, 피임을 쉽고 간편하게 만든 현대 의학의 발달로 인해 관습적 젠더 역할에 대한 오래된 가정에 전면적 수정이 필요하다고 결론 내려야 한다. 이러한 현대적 발전의 결과로 여성의 삶은 극적으로 변화했으며, 이러한 변화는 전체적으로 상호 의존적인 매트릭스로 젠더 역할이 변화될 것을 요구한다. 지구와 우리의 미래를 파괴하고 싶지 않다면, 여자들은 더 이상 평생의 에너지를 재생산에 사용할 **필요**가 없을 것이며, 그렇게 할 수도 없을 것이다. 그러기에는 여자들의 수명이 이제 너무 길어졌고, 지구에는 그렇게 많은 아이들이 필요하지 않다. 더 이상 남자와 아이를 돌보느라 평생을 보내지 않아도 된다는 것은, 여자에게 큰 축복이다. 이는 불교의 초기부터 현대에 이르기까지, 불교 경전에 기록된 여성의 다섯 가지 비애 중 다섯 번째에 해당한다. 모든 사람이 쉽게 사용할 수 있는 안전하고 효과적인 피임법의 개발보다 여자에게 더 큰 혜택을 준 것은 없다고 주장할 수 있을 정도이다. 사람들이 관습적인 젠더 역할의 부정적 측면을 무시하고 남녀 관계의 습관적인 패턴에 끄달리는 방식을 다스릴 수 있다면, 젠더 역할의 감옥을 끝낼 수 있을 것이다.

그러나 상호 의존성에 대한 불교의 이해를 통해, 우리는 상호 의존적인 매트릭스에서 하나의 요소가 변하면 다른 요소도 변하게 된다는 것을 배운다. 젠더 역할의 감옥은 남자에게도 크게 혜택을 줄 수 있는 방식으로 변화해야 한다. 이제 더 이상 남자와 아이를 돌보는 재생산을 통해 삶의 목적과 의미를 충족할 수 없는 여자들은, 그 일을 보다 의미 있고 도전적인 전문적 역할로 대체할 것이다. 이제 사회는 여성이 평생에 걸쳐 재생산 활동만 하는 것보다 이러한 역할을 더욱 필요로 한다. 사회는 일반적으로 여자들이 경제에 더 많이 참여하도록 요구할 뿐만 아니라, 이제 그들의 가족 또한 여성의 경제적 기여를 필요로 한다. 요컨대, 여자와 남자의 직업 경로와 부모 역할의 경로는 훨씬 더 비슷해져야 한다. 그러나 남자들도 알다시피, 직장

생활을 중단하는 것은 그 직장 생활에 부정적 영향을 미칠 수 있으며, 그 중단 기간이 길어질수록 유급 고용 상태로 돌아가는 것은 더욱 어려워질 수 있다. 남자는 변화하는 사회적 요구와 여성의 역할 변화에 별다른 영향을 받지 않는데, 여자만 직업 경력이 단절되는 모든 부담을 짊어져야 할 이유는 없다. 다른 해결책을 찾아야 한다. 여성화되는 것에 대한 남자들의 두려움은 치마 입기를 두려워하는 것뿐만 아니라 어린 자녀의 일상적인 돌봄에 깊이 관여하지 않으려는 태도로도 나타난다. 때로는 여자들조차 나에게 '남자는 그저 그런 일을 할 수 없다'고 주장하며 광범위한 편견을 드러내기도 하지만, 이는 반드시 바뀌어야 한다. 또 어떤 사람들은 남자는 기저귀를 갈거나, 우는 아이를 달래거나, 분유를 준비하거나, 아기를 목욕시키거나, 혹은 아이의 사회화 활동을 위해 자기 일에서 시간을 빼내어 사용해서는 안 된다고 주장한다.

  이러한 변화가 남자보다 여자에게 더 많은 것을 가져다주는 것처럼 들릴 수도 있다. 설사 그것이 사실이라 하더라도, 여자와 남자 간의 형평성과 여성에 대한 공정성에서 얻을 수 있는 이점은 이러한 변화를 가치 있게 만든다. 또한, 남자가 얼마나 아이를 원하고, 여자에게 아이를 갖도록 또는 더 많이 갖도록 압박을 가하고, 콘돔 사용을 포함하여 피임 책임을 지지 않으려 하는지를 고려할 때, 자녀를 갖는 데 따르는 어려움을 훨씬 더 평등하게 분담하는 것은 매우 공정하고 적절하다. 우리는 여자가 주로 아이를 원한다는 고정관념을 수정할 필요가 있다. 내 경험과 일화에 따르면, 남자도 아버지 역할에 투자하지만, 자녀 양육이 얼마나 시간 소모적이고 생활을 방해하는지에 대해서는 비현실적으로 생각한다.

  그러나 달라이 라마가 어린아이들과 가까이 일하면서 여자들이 얻을 수 있는 이점에 대해 통찰한 점은 남자들에게도 적용될 수 있다. 달라이 라마는 페미니즘과 비구니 수계에 대한 지지의 목소리를 더욱 높여왔으며, 여성의 젠더 역할과 전형적으로 관련된 일을 맡을 때 개발되는 긍정적인 자질에 대해 다음과 같이 언급했다.

여자는 자궁에 아이를 품고 갓난아기의 주 양육자가 되기 때문에, 남자보다 애정과 따뜻한 마음을 더 수월하게 개발할 수 있다. 이런 이유로 여자는 사회에서 더 중심이 되는 역할을 맡아야 한다. 물론 남녀는 애정과 공격성 모두에 있어서 동등한 잠재력을 가지고 있다.[26]

  가까운 미래에 남자가 자궁에서 아이를 키우게 될 수는 없겠지만, 갓난아기의 주 양육자가 되는 것이 여자에게, 그리고 그러므로 사회 전체에 이롭다면, 남자도 여자와 동등하게 애정을 개발할 잠재력이 있다는 점에서 결론은 자명해 보인다. 속담을 하나 인용하자면, "거위 요리에 맞는 소스에는 암수가 없다."(What's sauce for the goose is sauce for the gander.) 갓난아기를 돌보는 것이 여자에게 더 애정 어리고 따뜻한 마음을 갖게 하는 데 도움이 된다면, 그리고 남자도 여자와 동등하게 따뜻한 마음을 개발할 능력이 있다면, 남자도 그 일을 맡아야

---

[26] Mohr and Tsedroen, *Dignity and Discipline*, 253.

할 필요가 절실하다. 남성이 더 많은 애정과 따뜻한 마음을 개발하는 것은, 남성 자신과 사회 복지 전반에 크게 이바지할 것이다. 공격성과 경쟁, 폭력, 전쟁에 대한 남성의 성향이 줄어드는 것보다 더 중요한 일이나, 세계 복지에 더 크게 기여할 수 있는 일은 없다.

모성애와 양육이 사회 전체에 미치는 가치에 관한 생각은, 다른 방식으로 확장될 필요가 있다. 자기 자녀를 돌보는 것 외에도 많은 활동들이 양육 활동으로 간주되어야 하고, 그 자체의 가치를 인정받아야 한다. 이를 그렇게 보지 않는 것은 사회적으로 큰 해악을 가져온다. 우리가 양육이라고 생각하는 것을 오직 여성이 자기 자녀를 돌보는 것으로 한정하는 것은 매우 부적절하다. 사람들 대부분은 양육이 가치 있고 필요하다는 것을 인식하며, 그 일을 하는 사람들에 대해 호의적인 감정을 가진다. 그런데도 교사와 경찰관, 교수, 작가, 예술가, 의료 종사자, 서비스 직종에 종사하는 사람들이, 자기 자녀를 돌보는 것만큼이나 필요하고 사회적으로 유용한 일을 하고 있음에도 불구하고, 동일한 애정과 존경을 받지 못하는 이유는 무엇일까? 이들은 우리의 삶을 만족스럽게 만드는 데 필요한 전체 매트릭스를 육성하는 데 크게 기여한다. 불교 윤리에는 "바른 생계"라는 범주가 포함되는데, 이는 재가 수행자가 다른 사람이나 사회 일반에 해를 끼치지 않는 방식으로 생계를 유지하는 것을 의미한다. "바른 생계"로 간주할 수 있는 모든 활동은 양육의 역할로서 유익하게 여겨질 수 있다. 이러한 활동에 참여하는 사람들은, 우리가 일반적으로 양육자라고 여기는 사람들에게 보내는 것과 같은 승인과 애정, 그리고 친절을 받아야 한다.

20세기의 제2물결 페미니스트들은 20세기 중반에 구축된, 여성이 독점하던 전통적인 어머니 역할의 단점에 대해 매우 설득력 있는 분석을 제시했다. 이 역할은 많은 사람이 본받고 싶어 했던 미국 중산층에 주로 해당하는 것이었다. "좋았던 옛 시절"의 전통적 젠더 역할에 대해 향수를 느끼는 사람이라면, 이들의 의견을 진지하게 받아들이는 것이 바람직하다. 그 시절의 규범과 이상은 남자에게 전적으로 "생계를 책임지는" 일의 부담을 지웠으며, 이를 해내지 못하면 남성성에 대한 위협으로 간주되었다. 여자는 전적으로 육아와 집안일을 떠맡아야 했고, 이를 통해 완전한 정서적 만족을 얻을 수 있다고들 주장했다. 여자에게는 어머니 역할과 집안일이 제공할 수 있는 것 이외의, 지적이거나 정신적이거나 문화적인 참여가 필요하지 않다고 여겨졌다. 자기 역할을 제대로 수행한 남자는 교외에 집을 마련했는데, 이런 곳은 도시의 문화나 사회 활동으로부터 멀고 대중교통조차 없는 경우가 많았다. 여자는 그곳에서 자기 아이들과 함께 고립된 생활을 했으며, 긴 시간 일한 후 집으로 돌아와 휴식을 취하려는 남편 외에 다른 어른들을 거의 만나지 못했다. 아이들이 정기적으로 상호작용할 다른 어른도 거의 없었기에, 모자녀 관계는 강도가 높고 종종 어려움에 부닥쳤다. 이러한 생활 방식이 왜 그렇게 불만족스러웠는지에 대해 저술했던 베티 프리단(Betty Friedan)이나 아드리엔 리치(Adrienne Rich) 같은 여성 저자들은, 성인과의 교제가 거의 없는 지루함과 외로움을 자주 언급했다. 내가 그런 중산층 환경에서 자란 것은 아니지만, 젠더 역할의 감옥 버전이 최고조에 달하던 1950년대에 여자아이로 사회화되었던 내게, 그 전체 그림은 분명했다. 내가 그 상황에 직접 참여해야 한다는 것이 너무 두려웠고, 그 운명을 피하려고 할 수 있는 모든 것을 한 것은 당연했다.

젠더 역할이라는 감옥의 전통적 버전에 내재된 문제를 분석한 것 중에서, 1978년에 출간된 도로시 디너스타인(Dorothy Dinnerstein)의 『인어공주와 미노타우로스』(*The Mermaid and the Minotaur*)만큼 설득력 있는 것은 없다. 이 책은 처음에는 크게 주목받았지만, 최근 몇 년 동안은 많이 논의되지 않았는데, 내가 보기에 이는 실수이자 큰 손실이다. 디너스타인의 중심 논지는 우리가 주요 사회 문제를 극복하고 정서적으로 균형 잡힌 건강한 어른으로 아이들을 성장시키려면, 공동 양육이 필요하다는 것이다. 공동 양육은 여자들이 다른 활동에 더 많은 시간을 쓸 수 있게 해주는데, 이러한 역할 배치의 공정성은 많은 이점 중 하나에 불과하다.

내 생각에 불교의 분석과 일치하는 것으로 여겨지는 디너스타인의 관점에서 보면, 아이 입장에서 영유아기는 특별히 즐겁거나 쉬운 시기가 아니다. 이는 불교에서 "윤회"라고 부르는 삶의 한계와 좌절을 아이가 처음으로 접하는 시기이다. 부모가 **아무리** 적절하게 사랑으로 보살핀다 해도, 부모와 아이 모두를 불안하게 만드는 이 기본적인 사실을 바꾸거나 변화시킬 수는 없다. 이러한 죄책감과 비난의 드라마 속에서 디너스타인은 다음과 같이 말한다.

자신의 신체적·심리적 욕구가 충족될지 확신할 수 없는 아기에게, 어머니는 쾌락과 고통의 근원이다. 그 결과, 아기는 어머니의 형상(여성)과 그것이 상징하는 것(물질적/물리적 우주)에 대해

매우 양가적인 감정을 느끼며 성장한다.[27]

따라서 디너스타인이 보기에, 육아에 대한 일차적 책임을 여성에게만 부여하는 문화에서는 어머니가 아버지보다 더 많은 원망을 받게 된다. 여성은 우리가 인간 상태로 진입하면서 경험하게 되는 모든 좌절과 제약의 사건들을 주관하며, 그로 인해 남성과는 다른 방식으로 이러한 불가피한 상황에 대해 무의식적으로 비난받게 된다. 비록 나중에 아이가 (불교적 맥락으로 돌아가) 그러한 고통이 불가피하며, 전생에 쌓은 업의 결과라는 것을 알게 되더라도 그렇다.

그러나 윤회에 대한 소개는 불교도로서 우리가 배우는 유일한 메시지가 아니다. 사성제 중 처음 두 가지만이 윤회에 대한 것이며, 마지막 두 가지는 해탈과 자유, 그리고 영적 수련에 대한 것이다. 하지만 전통적인 젠더 배열 아래서 우리에게 이러한 수련과 열반의 가능성을 소개하는 구루와 종교 스승은 거의 항상 남자이다. 윤회로 이끄는 것은 오로지 여성이고, 영적 수련과 자유의 가능성으로 이끄는 것은 오로지 남성이라는 성별 분업은 어렵고 불균형적이다. 일반적으로 불교에서 여자는 종교적 지도력과 교육의 역할에서 배제됐지만, 자녀를 윤회에 들게 하는 임무는 홀로 떠맡는다. 반면 남자는 스스로 열반을 추구하며, 다른 사람에게 자유를 증진할 방법을 가르칠 자유를 가진다. 젠더 역할의 감옥에서 벗어나는 다른 측면에는, 남성이 영유아 양육의 책임을 공정하게 분담하는 것뿐만 아니라, 여성이 유능해지

---

27 Dorothy Dinnerstein, *The Mermaid and the Minotaur* (San Francisco: Harper and Row, 1978), 150.

고 불교 스승의 역할을 맡을 수 있는 능력을 갖추는 것도 포함된다.

디너스타인에 따르면, 아기에게 불쾌한 메시지를 전하는 유일한 존재가 여성이라면, 어른이 된 남성은 타인에 대한 그러한 전적인 의존을 다시 경험하길 원하지 않으며, 여성과 자연 모두를 통제하려고 한다. 반면 어른이 될 여성은 자신의 모성적 힘을 억제하려고 노력하면서, 남성의 통제를 받으려 한다. 가장 중요한 것은 자녀 양육에 대한 여성의 통제가 "인간 조건의 모든 잘못된 점, 특히 우리가 실패하고 궁극적으로 죽을 운명인 유한한 존재라는 사실에 대해, 어머니/여성을 비난하는 것으로 이어지는 경향성"의 원인이 된다는 점이다.[28] 이러한 "어머니 비난"은 부모 공동 양육(dual parenting)을 통해 바로잡을 수 있다. 남녀가 동등하게 아기를 키우고 인간 되기의 좌절감을 안겨주는 과업을 분담하게 되면, 다 자란 아기인 어른은 더 이상 인간 조건에 대해 여성만을 희생양 삼아 비난할 수 없을 것이다. 그러므로 부모 공동 양육의 주된 이유는 여성이 문화에 더 충분히 참여하거나 남성이 부모 역할의 만족을 경험하도록 하기 위해서가 아니다. 이런 것들이 유용한 부수 효과이기는 하지만 말이다. 부모 공동 양육의 가장 중요한 필요성은, 여자와 남자 모두가 서로 만족스러운 관계를 맺고 완전한 인간성을 이루는 것을 어렵게 만드는, 여성에 대한 무의식적인 증오와 두려움에서 다음 세대를 자유롭게 하는 것이다.

나는 디너스타인의 분석이 옳다고 생각하지만, 그녀의 저작을 가르칠 때면 어머니에게 어떤 양가감정이나 원망도 느끼지 않는다고 주장

---

[28] 앞의 책, 152.

하는 학생들의 상당한 저항에 직면했다. 여기에는 여러 가지 이유가 있을 수 있다. 아마도 그 기억이 의식적인 인식에서 사라졌을 수 있는데, 이는 드문 일이 아니다. 또는 그 어머니들은 어쩌면 더 광범위한 육아 네트워크를 가지고 있었거나, 다른 부모만큼 영유아 돌보는 것을 즐기지 않는 일부 어머니들처럼 좌절하지 않았을 수도 있다. 그러나 나는 무슨 잘못으로 어머니의 기분을 상하게 했는지도 모른 채, 몇 번인가 혼나거나 매 맞을 것을 예상하며 무엇을 달리 할 수 있을지 고민하던, 겁에 질린 어린아이였다. 어른이 되어가면서 한 번은 어머니에게 어렸을 때 어머니가 내 기세를 꺾으려 했었다고 불평한 적이 있다. 어머니는 내게 아기나 어린아이를 돌보는 일이 별로 즐겁지 않았다고 고백했다. 관습적으로 정해진 젠더 역할은 관련된 모든 이들에게 잔인하고 역기능적인 경우가 많다.

 학생들이 디너스타인의 논지에 반발하는 것과는 별개로, 나는 그것이 다른 방법으로는 설명하기 어려운 두 가지 현상을 설득력 있게 설명한다고 생각한다. 왜 요즘 이렇게 어머니를 비난하고 자신의 어머니를 비판하는 현상이 만연한 것일까? 사실상 모든 사람이 어머니에 대한 좌절과 불만에 대한 중대한 이야기를 가지고 있지만, 이는 아버지에 대한 유사한 불만과 이야기와는 비교할 수 없을 정도로 다르다. 이 현상은 이제는 드물어진 두 부모 가정에서도 어머니의 과도한 존재감과 아버지의 지나친 부재로 인해 발생한다고 설명될 수 있을까? 왜 많은 문화와 종교에서는 출산자에 대한 폭력과 여성 혐오가 그토록 만연해 있는 것일까? 모든 생명체는 여성 출산자에게 생명을 빚지고 있다. 그런데도 많은 종교 텍스트, 심지어 불교 경전에도 여성에 대한 극도의 두려움과 증오, 여성의 몸에 대한 혐오가 자주 그리고 자유롭게 표현된다. 가부장적인 남자들이 주장하는 것처럼 그들이 실제로 어머니를 그렇게 존경한다면, 여성에 대한 혐오와 폭력은 논리적으로 말이 되지 않는다. 특히 어머니로서 받는 존경이 우리 삶에 필요한 모든 것이어야 한다고 주장할 때는 더욱 그렇다.

페미니즘의 제한적 성공으로 인해, 이런 발언은 이제 예전만큼 흔하지 않게 되었다. 나는 여성에 대한 불평과 여성 비하 발언이 일상적이었고 그런 발언에 반대하면 비난받던 시절을 잘 기억한다. 여성의 존엄성과 평등을 증진하려는 운동인 페미니즘을 하찮게 여기고 적대시하는 발언도 그 시절의 일부였다. 나는 또한 남성들, 특히 일부 아시아 불교도 남성들로부터, 아시아에서는 어머니가 존경받는다는 사실을 이해하지 못하는 페미니스트라고 조롱당했던 기억도 있다. 그들은 내가 동양권 불교 경전의 여성 혐오나 여성의 제한된 역할에 대해 모른다고 생각했던 것 같다. 여성에게 가해진 모든 여성 혐오와 폭력에 대해 속죄할 만큼 어머니를 존경하는 것은 불가능하다. 또한 모성만으로는 불교에서 그토록 소중히 여기는, 귀중한 인간의 몸을 가진 것에 내재한 잠재력을 실현하기에 충분하지 않다.

어머니 또는 아버지로서의 부모에 대한 불교의 관점

불교 경전에 비록 "유전자"라는 용어는 등장하지 않지만, 자녀가 두 부모의 동등한 유전적 산물이라는 점을 불교 경전은 명확히 이해하고 있다. 2015년에 출판된 훌륭한 연구서인 『팔리 불교의 여성』(*Women in Pali Buddhism*)에서 파스칼 엥겔마이어(Pascale Engelmajer)는, 불교 경전에서 부모는 마타피타로(*matapitaro*)라는 하나의 복합체 단위로 자주 언급되며, 사회 위계와 우리가 빚을 진 사람들 목록에서 가장 상위에 있다고 지적한다.[29] 자식으로서 어머니와 아버지에게 진 의무는 무엇을 하더라도 결코 완전히 다할 수 없다는 가르침도 자주 등장한다는 것이다.

> 설령 한쪽 어깨에 어머니를, 다른 쪽 어깨에 아버지를 메고 다닌다 해도, 그리고 〔그렇게 하고서〕 백 년의 수명을 가지고 백 년을 살더라도, 설령 그들에게 향유를 발라 주고 안마해 주고 목욕시켜 주고 팔다리를 주무르며 돌보고, 심지어 그들의 대소변까지 받아낸다 하더라도, 우리는 여전히 부모에게 충분히 해드린 것이 아니며 그 빚을 다 갚은 것도 아닐 것이다.[30]

이러한 어머니와 아버지의 동등성과 부모가 최우선 순위라는 점은, 팔리 대장경에 나오는 다섯 가지 극악무도한 행위 목록에서도 볼 수 있는데, 그 업의 영향은 극복하기 어려울 정도로 강력하다. 이 목록에서 부친 살해와 모친 살해는 다섯 가지 중 두 가지로 동등하게 포함된다. 양쪽 부모 모두, 붓다와 법, 승가에 주어지는 것과 비슷한

---

[29] Engelmajer, *Women in Pali Buddhism*, 56-57.

[30] "The Book of the Twos," Sutta 33, in Bhikkhu Bodhi, trans., *The Numerical Discourses of the Buddha: A Complete Translation of the Anguttara Nikaya*(Boston: Wisdom Publications, 2012), 153.

존경을 받아야 할 대상으로 여겨진다.³¹

각 부모의 동등한 기여에 관한 생각은 밀교적 금강승불교에서 다루는 미세한 신체와 그것이 잉태 과정을 통해 형성되고 죽음으로 다시 소멸하는 과정에 대한 후대 자료에서도 지속적으로 나타난다. 이에 따르면, 각 사람은 어머니로부터 "붉은 요소"인 지혜와 공성空性을, 아버지로부터 "하얀 요소"인 자비(또는 방편[方便, skillful means])와 형상을 물려받는다. 임신 시 이 두 요소는 합쳐져 미세한 신체의 중앙 통로 양 끝으로 각각 이동하며, 그 사람의 생애 동안 그곳에 머문다. 죽음이 닥치면 이 두 요소는 심장 중심에서 다시 합쳐진다.³² 이 맥락에서 금강승불교라는 밀교에 대한 추측은 요점이 아니다. 중요한 점은 탄트라의(tantric)³³ 상호 보완적인 이원적 상징주의에서는, 형상과 공성의 비 이원성(non duality) 그리고 지혜와 방편(또는 자비)의 비 이원성이 모든 중요한 것, 즉 사물의 본질에 대한 전체 퍼즐을 푸는 열쇠라는 점이다. 모든 사람은 남녀를 불문하고, 붉은 요소와 하얀 요소를 그 존재 속에 내포하고 있는 결과이다. 이 두 요소는 사람을 구성하는 데 동등하게 기여하며, 여기서 각 부모는 똑같이 동등한 요소를 제공한다.

---

31 Engelmajer, *Women in Pali Buddhism*, 57.
32 Dzogchen Ponlop, *Mind beyond Death*(Ithaca, NY: Snow Lion, 2006), 137-38.
33 [역자주] 탄트라(tantra)는 산스크리트어로 "실" 또는 "연속성"을 의미하며, 구체적으로는 티베트 금강승불교의 수행을 제시하는 가르침과 저술을 뜻한다. 이 가르침은 신체와 에너지, 마음을 활용해 불순한 시각을 순수하게 전환하는 원리에 바탕을 두며, 특정한 깨달은 존재나 신과 관련된 만다라 및 명상 수행을 설명한다.(rigpawiki.org)

이와 대조적으로 서양 문화의 창조 서사에서는, 남성을 진정한 부모로 간주하며, 여성은 단지 정액에 담긴 새로운 존재가 자라날 수 있는 수동적 용기로만 여긴다. 남녀가 새로 태어나는 아이에게 상대적으로 다르게 기여한다는 이러한 관점은, 17세기까지 서구 사고를 지배했다. 당시 새로 발명된 현미경의 주요 용도 중 하나가 정액 속의 정자를 관찰하는 것이었는데, 이는 "태아를 형성하는 것은 전적으로 남성의 정액이며 여성의 기여는 정액을 받아서 키우는 역할일 뿐"이라고 한 아리스토텔레스의 직관"을 경험적으로 증명한 것이라고 선언되었다.[34] 내 동료 중 한 명은 20세기 북미의 간호 교육 강의실에서, 남성의 정액에 태아 전체가 들어 있지 않다는 사실을 알게 된 학생들이 놀라는 모습을 여전히 목격했다고 전했다.

이러한 관점은 서양 문화의 두 뿌리인 그리스와 히브리 모두에서 찾을 수 있지만, 그리스의 유산에서 더 분명하게 드러난다. 아리스토텔레스의 영향 외에도, 그리스의 중요한 비극 중 일부는 "진정한 부모"는 누구인지라는 문제를 "해결"했다. 아에스킬로스(Aeschylus)는 『에우메니데스』(*The Furies*)에서, 다음과 같은 유명한 대사를 남겼다. "어머니는 자식이라 불리는 존재의 부모가 아니라, 단지 새로 심은 씨앗이 자라도록 돌보는 보모일 뿐이다. 부모는 씨앗을 심은 사람이

---

[34] Susan Bordo, *Unbearable Weight: Feminism, Western Culture, and the Body*(Berkeley: University of California Press, 2003), 90. 아리스토텔레스의 이론에 관한 더 자세한 논의는 다음을 보라. Cera R. Lawrence, "On the Generation of Animals," by Aristotle," *The Embryo Project Encyclopedia*, October 2, 2010. http://embryo.asu.edu/pages/generation-animals-aristotle.

다. 그녀는 낯선 이의 씨앗을 보존하는 낯선 이일 뿐이다."[35] 이 구절의 맥락은 모친 살해와 부친 살해 중 어느 것이 더 나쁜 범죄인지를 논쟁하는 것이었다. 부친 살해가 더 나쁜 이유는 아버지가 진정한 부모이기 때문이다. 이 주장의 "증거"는 그리스 신 제우스는 여성 부모의 도움 없이 아테나 여신을 창조했지만, 여성은 남성 부모의 도움 없이는 아이를 낳을 수 없다는 것이다. 아담의 갈비뼈에서 이브가 창조되었다는 성경의 신화도, 여성을 부차적이고 종속적인 존재로 보는 서양인의 시각에 깊은 영향을 미쳤다. 이브는 아담이 아니라 남성 창조신이 창조하기는 했지만, 거의 같은 주장이다. (인간 창조에 대한 성경 이야기를 이렇게 남성 지배적으로 해석하는 것에는 심각한 결함이 있다는 점을 간과해서는 안 된다. 남성 지배적이지 않은 해석도 충분히 가능하지만, 서구의 상상력 안에서는 한 번도 그런 해석이 자리를 잡아 본 적이 없다.)

남녀 부모의 가치가 상대적으로 다르다는 이러한 서구적 관점은, 우리는 어머니와 아버지 모두에게 동등하게 빚지고 있으며 모친 살해와 부친 살해가 동등한 범죄라고 보는 불교의 관점과 크게 대조된다. 서양 불교도에게는 분명히, 불교에서 강조하는 부모의 근본적인 평등에 대한 가르침이 남성 지배적인 서구적 관점을 넘어 우선시되어야 한다. 불교의 관점에서 자녀는 양쪽 부모 모두에게 동등한 의무를 지므로 양육의 의무도 양 부모에게 동등하게 주어질 텐데, 불교 경전에는 이 점이 그리 명시적으로 언급되지 않는다. 이 맥락에서 내가

---

[35] Bordo, *Unbearable Weight*, 89.

서양 불교도의 삶에서 젠더 역할의 감옥에 관해 이야기하려는 요점은 이것이다. 비록 고전 불교 경전에서 충분히 강조되지는 않았지만, 부모를 하나의 복합체 단위로 보는 불교의 관점은 양쪽 부모가 평등하고 동등하게 중요하다는 이상을 제시한다는 것이다.

하지만 부모가 그런 존경을 받을 자격이 있으려면, 많은 현대 서구 관행과는 달리 그들은 진정한 하나의 단위가 되어야 한다. 여자와 남자가 경제적 생계 부양과 일상적 보호자로서 자녀를 돌보며 더욱 상호 보완적인 역할을 하려면, 앞서 언급한 팔리 합성어인 **마타피타로**처럼, "부모"(parent)가 아니라 "어머니-아버지"(mother-father)라는 하나의 복합체 단위가 되어야 할 것이다. 이러한 관행은 육아의 모든 부담을 전적으로 여성에게만 떠넘기는 상황과 대비된다. 불교 경전에 따라 아버지에게 주어져야 할 존경과 의무를 보장하려면, 아버지는 "생계부양자" 역할뿐만 아니라 일상적 돌봄에도 더 많이 참여해야 한다. 이는 이미 많은 가정에서 이루어지고 있는 일이다. 현대적 상황에서는 어머니 또한 생계부양자 역할을 맡아야 한다는 요구도 제기될 수 있다. 여성에게 동일 노동 동일 임금이 보장되지 않는 현실에도 불구하고, 이 역시 많은 가정에서는 이미 일어나고 있는 일이다. 현재로서는, 사회와 고용주가 어머니-아버지라는 복합체 단위가 더 잘 운영되도록 지원하는 일을 거의 하지 않고 있다.

결론

많은 인류학과 사회학 관련 텍스트에서는, 여성의 "재생산"과 남성의

"생산"이라는 젠더화된 주요 업무들을 논의한다. 이러한 다양한 역할의 존엄성과 각 역할과 관련된 일이 얼마나 흥미롭고 보람 있는지 사이에는, 아마도 어느 정도의 상호 보완성이 있어야 할 것이다. 상호 보완성이 실제로 존재하려면, 주어진 사회 구성에서 남성이나 여성 중 어느 한쪽의 역할만으로도 만족스럽고 충만한 삶을 살 수 있어야 한다. 이러한 상호 보완성이 없다면, 사람들이 자신에게 주어진 업무를 계속해서 잘 수행할 수 있는 이유를 상상하기 어려울 것이다. 또한, 우리는 할당된 젠더 업무와 사용할 수 있는 기술 사이에는 어떤 "적합성"이 있을 것이라고 추정할 수 있다.

그러나 이렇게 주장된 "상호 보완성"이 언제 "상호 무능함"으로 전락하는지를 판단하는 것은 미묘하고 민감한 문제이다. 상호 무능함의 상황에서 남녀 모두는 제한된 역할을 할당받아 만족스럽지 못한 상태에 놓인다. 그럼에도 불구하고 그 역할들을 채우는 일이 "그 시스템"을 유지하는 데 필요하다. 이는 개인들이 제각각 만족스럽지 않은 상호 무능력 상태에 갇히는 것을 정당화하는 근거가 된다. 현대 기술을 고려할 때, 여성을 의미 있는 정신적 소명과 직업에서 배제하고 남성을 중요한 일상적 육아에서 배제하는 시스템은, 상호 무능함을 조장하는 시스템, 즉 젠더 역할의 감옥이 되어 버렸다.

젠더 역할의 감옥에 대해, 특히 불교의 관점에서 생각할 때, 나는 일반적으로 복잡한 문제에 대한 과거의 해결책을 함부로 폄하하지 않으려 한다. 과거의 상황이 그랬었다는 이유로 화를 내는 것은 아무런 의미가 없다. 상호 의존성을 이해한다면, 과거가 그러했을 수밖에 없었다는 것을 알게 된다. 그렇다. 여러 세대 동안 불교도들이, 여자로 태어나 겪는 문제에 대한 해결책을 남자로 다시 태어나는 것으로 여겨 왔었다는 사실을 기억하는 것은 고통스럽다. 그러나 오늘날 피임을 포함한 많은 기술이, 젠더 역할의 감옥과 그것의 상호 무능함을 시대에 뒤떨어진 것으로 만들고 있다.

  이 장에서 내가 제시한 것과 같은 젠더 역할의 감옥에 대한 논의에 대해 일부 회의론자들은 젠더 역할의 감옥에는 문제가 없으며 모두 과거의 일이라고 주장한다. 이러한 주장에는, 소수의 과민한 여자들만이 이러한 오래된 문제에 대해 계속해서 이야기하고 있다는 가정이 따른다. 물론, 적어도 일부 서구 사회에서는, 내 생애 동안 많은 상황이 바뀌었다. 우선 서양 불교에서 법을 가르치는 스승은 이제 절반 정도가 여자이며 이는 불교 역사상 전례가 없는 상황이다. 이 장의 앞부분에서 일화로 소개했던 것과 같은, 내가 초창기 스승에게 했던 질문은 더 이상 할 수 없게 되었다. 그러나 이러한 최근의 변화가 장기적인 개선을 보장한다고 가정하는 것은 순진한 일일 것이다. 누가 상상이나 했겠는가? 지금 우리가 해야 하는 것처럼, 북미 여성들이 보수적인 미국 정치인들이 벌이고 있는 "여성에 대한 전쟁" 속에서 피임과 임신중절 권리를 계속 보장받기 위해 싸워야 할 것이라고. 피임은 젠더 역할의 감옥이 무너진 현재 상황에 가장 크게 이바지한 단일 요인이다! 그것이 없다면 다른 모든 것들도 문제시될 수 있다. 너무 안일해서도 순진해서도 안 된다!

제4장 젠더 역할의 감옥에서 벗어나기

역사 속의 붓다는 깨달음을 경험한 후 자신이 발견한 것을 가르쳐야 할지 의심했다고 전해진다. 그것이 관습적인 인간의 욕망과 기대에 너무나도 반하는 것이어서, 그는 자신의 가르침을 진지하게 받아들일 사람이 있을지 확신하지 못했다. 수백 명의 학부생에게 불교를 가르쳐 온 나로서는, 붓다의 이러한 의심을 조금이나마 이해할 수 있다. 사람들은 관습적인 습관이 항상 고통을 가져온다거나, 욕망을 채우는 것이 진정한 행복을 가져다주지 않는다는 말을 듣고 싶어 하지 않는다. 붓다의 나머지 가르침, 즉 고통에서 벗어나는 것이 가능하며 이를 위한 명확하고 간단한 수행법이 있다는 것을 듣지 못했기 때문에, 사람들은 불교가 비관적이고 비현실적이라고 결론 내린다. 불교의 가르침에 대한 저항은 종종 이를 처음 접하는 초기에 특히 강하게 나타난다. 불교 수행을 계속하는 사람조차도 오랫동안 제대로 "이해하지 못하는" 시기를 경험을 하면서, 도움이 되지 않음에도 끈질기게 남아 있는 동일한 습관적 경향 및 과거의 습관들과 반복적으로 마주하게 된다. 저항감은 불교 수행을 본격적으로 시작하기 전 단계에서만 나타나는 것이 아니다. 그것은 수년 동안 지속된다. 역사 속의 붓다는 자신의 가르침이 설득력 있고 신뢰할 수 있더라도, 그것을 받아들이는 데 우리가 어려움을 겪을 것이라고 정확히 예측했다. 오래된 습관은 서서히 뿌리 뽑히는데, 불교의 가르침은 그것을 근본적으로 제거할 수 있다고 약속하며 이는 안도감과 자유를 가져다준다.

저항이 그토록 끈질기고 오래 지속되기 때문에, 불교 수행 프로그램은 고통을 가져온 습관적 패턴에 대해 명상과 성찰을 통해 진지하게 탐구할 것을 권한다. 이것이 바로 도겐 선사가 "자아를 공부하는 것"이라고 부른 것이며, 이를 통해 "자아를 잊을" 수 있게 된다. 이것이 "깨달음의 길을 공부하는" 유일한 방법이다. 진정으로 지름길은 없다. "그렇지만 난 자아를 공부하고 싶지 않아. 그건 너무 우울해"라거나 "그건 너무 어려워. 그냥 내 모든 습관적 행동을 계속하고 싶어"라고 말할 수는 없다. 그렇게 말할 수는 있겠지만, 깨달음의 길에서 멀리 나가지는 못할 것이다. 그렇다면, 자아를 공부할 의향이 있다면, 왜 젠더화된 자아를 동일한 철저함으로 공부하는 것을 꺼리는가? 젠더 역할의 감옥을 통과해 온 우리의 여정은 그렇게 암울하거나 길지는 않았지만, 불쾌했다. 그러나 염오厭惡 없이 우리가 역효과를 낳는 고통스러운 습관적 패턴을 포기할 수 있을까?[1]

---

[1] 이것은 카규파 기도문의 첫 구절인 "염오가 명상의 발판이다"(revulsion is the foot of meditation)에 대한 번역을 인용한 것이다. 다시 말해 염오는, 영적인 길에 대해 진지해야 할 필요성을 깨닫게 해주므로, 피해야 할 것이 아니다.

어떻게 자아를 공부할 것인가: 붓다의 가르침

초기 불교 경전에 따르면, 붓다는 종종 제자들에게 우리가 일반적으로 자아라고 여기는 것을 버리라고 가르친 것으로 전해진다. 궁극적으로 그것은 "우리의 것이 아니기" 때문이다. 흔히 등장하는 긴 가르침 중 하나에서, 수행하지 않은 제자는 자아를 공부한 제자와 불리하게 비교된다.

> 비구들이여, 가르침을 받지 못한 보통 사람은 고귀한 이들을 존중하지 않고, 그들의 법에 능숙하지도 이를 따르지도 않으며, 참된 이들을 존중하지 않고, 그들의 법에 능숙하지도 이를 따르지도 않으며, 물질적 형상을 이와 같이 여긴다 "이것은 내 것이다. 이것이 나다. 이것이 내 자아다." 그는 인식을 이와 같이 여긴다. "이것은 내 것이다. 이것이 나다, 이것이 나의 자아다." 그는 심리현상들을 이와 같이 여긴다. "이것은 내 것이다 이것이 나다, 이것이 나의 자아이다." 그는 느낌을 이와 같이 여긴다. "이것은 내 것이다, 이것이 나다, 이것이 나의 자아다." 그는 보고, 듣고, 느끼고, 인식하고, 마주치고, 추구하고, 정신적으로 숙고하는 것을 이와 같이 여긴다. "이것은 내 것이다, 이것이 나다, 이것이 나의 자아이다." …
>
> 비구들이여, 가르침을 잘 받은 고귀한 제자는 고귀한 이들을 존중하고, 그들의 법에 능숙하고 이를 잘 따르며, 참된 이들을 존중하고, 그들의 법에 능숙하고 이를 잘 따르며, 물질적 형상을

이와 같이 여긴다. "이것은 내 것이 아니다, 이것은 내가 아니다, 이것은 나의 자아가 아니다." 그는 느낌을 이와 같이 여긴다. "이것은 내 것이 아니다, 이것은 내가 아니다, 이것은 나의 자아가 아니다." 그는 인식을 이와 같이 여긴다. "이것은 내 것이 아니다, 이것은 내가 아니다, 이것은 나의 자아가 아니다." 그는 심리적 현상들을 이와 같이 여긴다. "이것은 내 것이 아니다, 이것은 내가 아니다, 이것은 나의 자아가 아니다." 그는 보고, 듣고, 느끼고, 인식하고, 마주치고, 추구하고, 정신적으로 숙고하는 것을 이와 같이 여긴다. "이것은 내 것이 아니다, 이것은 내가 아니다, 이것은 나의 자아가 아니다."[2]

자아를 제대로 공부한 제자는, 오온이나 육근(六根, the six senses)을 통해 경험하는 어떤 것도 영속적인 자아의 기초라고 혼동하지 않는다. 왜냐하면 그 어떤 것도 신뢰할 수 있고 영속적인 것의 기준에 미치지 못하며, 일시적이라는 것을 깨닫기 때문이다. 즉 이들 중 어느 것도 진정한 행복을 제공하지 못함을 깨닫는다.

자아를 이렇게 철저히 공부하는 이유는 무엇일까? 많은 초기의 가르침은 진정으로 자신의 것이 아닌 것을 버림으로서 안녕과 행복을 얻을 수 있다고 연결 짓는다.

---

2 *Bhikkhu Bodhi*, trans., *The Middle Length Discourses of the Buddha: A Translation of the Majjhima Nikaya*(Boston: Wisdom Publications, 2005), 230-31. 〔역자주〕여기 나오는 물질적 형상, 느낌, 인식, 심리현상들은 '나'라는 개념을 갖도록 하는 오온 중 네 가지이다.

비구들이여, 너희의 것이 아닌 것은 무엇이든 버려라. 그것을 버리면 그것이 너희에게 안녕과 행복을 가져올 것이다. 비구들이여, 무엇이 너희 것이 아닌가? 물질적 형상은 너희 것이 아니다. 그것을 버려라. … 느낌은 너희 것이 아니다. … 인식은 너희 것이 아니다. … 심리현상들은 너희 것이 아니다. … 알음알이는 너희 것이 아니다. 그것을 버릴 때 너희는 안녕과 행복에 이르게 될 것이다.[3]

이런 가르침은 널리 퍼져 있다. 이는 불교의 일반적인 가르침으로, 불교 역사 전반에 걸쳐 모든 불교 종파에서 여러 표현과 경전을 통해 거듭 쓰여지고 다시 표현되었다.

사람들은 때때로 내가 불교와 젠더에 대해 강조하는 것을 못 견뎌 하며, "젠더에 관한 이 모든 이야기가 진정한 법과 무슨 상관이 있나요?"라고 묻는다. 젠더 역할이라는 감옥이 구성되고 유지되는 모든 느낌, 인식, 알음알이, 경험 또는 생각은 붓다가 위의 가르침에서 논의한 모든 범주에 바로 포함된다. 사실, 이런 요소들은 에고에 집착하게 만드는 오온과 같은 것을 일상생활에서 가장 쉽게 접하는 방식이며, 우리는 이것들을 "우리의 것"이라고 여기는 습관을 멈춰야 한다. 이러한 젠더 관습에 집착하고 그것이 우리의 삶을 지배하도록 허용한다면, 우리는 물질적 형상과 느낌, 생각 등을 경험하는 것이 진정한 현실이라고 믿는 것처럼 확실하게 우리의 안녕과 행복을 잃게 된다. 자아 공부에서 진전을 이루고자 하는 사람이라면 누구나 우리에

---

[3] *Bodhi, Connected Discourses*, 877.

게 매우 실재하는 것처럼 보이는 것들, 특히 우리의 사고와 믿음, 이데올로기를 버려야 한다. 많은 "가르침을 받지 못한 보통 사람들"은 젠더에 대한 자신의 가정과 이데올로기를 물리적 형상과 인식 등이 실재한다고 믿는 것만큼 깊이 믿는다. 사실, 젠더에 대해 그들은 종종 자신이 "자신의 것"이라고 여기는 다른 어떤 것보다 더 확신한다. 그렇다면 "가르침을 받지 못한 보통" 사람에게 자아 공부를 시작하기 가장 좋은 출발점은 어디일까? 그 주장된 자아에 대해 가장 실재하고 가장 확실히 관련되어 보이는 지점이 아닐까? 우리가 알아차리지 못하는 집착이 우리를 가장 단단하게 묶고 있다는 점을 고려할 때, 특히 더 그렇다. 이것이 아무리 원하더라도 우리가 자아를 잊을 수 없게 되는 방식이다. 이러한 조언은 자신들이 속한 사회와 계층의 현재 젠더 규범에 계속 끄달리면서도, 무아는 믿지만 젠더 문제는 법과 아무 상관이 없다고 주장하는 불교도들에게도 적용된다.

그런 사람이 페니스를 가지고 태어나게 되면, 그 신체 부위가 의심할 여지 없는 것, 즉 실재하고 진리인 무언가를 의미한다고 결론 내릴 것이다. "나는 남자이므로 사회적 우위를 차지해야 한다. 남자들 사이에서 내 서열이 어떻든 적어도 나는 모든 여자보다 나으니까. 능력 있는 여자는 나를 불편하게 한다. 내 신체 부위와 그녀의 신체 부위는, 그녀는 출가자가 될 수 없고, 교육받아서도 안 되며, 무엇보다 나와 내 아이를 돌보는 데 평생을 헌신해야 한다는 것을 의미한다." 만일 이런 사람이 불교의 조언을 진지하게 받아들인다면, 그는 즉시 "이런 사고와 인식, 심지어 물리적 형상조차도 '내가 아니며, 내 것이 아니다.' 그러니 나는 그것들을 버릴 것이며, 그것이 '안녕과 행복'을 위한 길이다"라고 생각하며 반성할 것이다. 젠더 역할의 감옥에 갇힌 여성은 당연히 자신의 형상과 신체 부위에 대해 정반대의 생각과 결론을 내리며, 젠더 역할의 감옥에 매몰된 자신의 모습에 적합한 성찰을 해야 한다. 깨달은 마음은 젠더를 넘어선다고 주장하는 불교도들이, 그 다음의 상대적 존재가 지닌 제한된 측면을 지나치게 진지하게 받아들임으로써 얼마나 쉽게 그것을 놓칠 수 있는지 지적하는 사람들을, 어떻게 무시하거나 깎아내릴 수 있을까?

이 모든 "젠더 논의"가 "진정한 법"과 무슨 관련이 있을까? 모든 것과 관련된다! "젠더 논의"가 본질적으로 사회 해방의 프로젝트는 아니지만, 사회 해방을 촉진하기는 한다. 이는 자아를 공부하는 데 매우 가까이 있는 심오한 길이며, 자아를 잊고 "깨달음의 길"에 도달할 수 있는 유일한 방법이라고도 한다. 따라서 무아를 믿으며 관습적 젠더 역할 배열을 문제 삼지 않는 자신들이 나보다 더 나은 불교도라고 주장했던 사람들은, 모든 조건화된 현상에 대한 붓다의 가르침을 진지하게 받아들인 적이 없었다고 나는 결론짓는다. 붓다는 모든 조건화된 현상에 대해 "이것은 내 것이 아니다, 이것은 내가 아니다, 이것은 내 자아가 아니다"라고, 그리고 "그것을 버릴 때, 당신은 안녕과 행복에 이르게 될 것이다."라고 가르치셨다.

이러한 훈련이 젠더 정체성에 끄달리는 사람에게만 관련성을 가지는 것은 아니다. 이는 자신을 압도하고 자신이 누구인지에 대한 감각을 완전히 장악하려는 모든 정체성, 자신이 집착하기 시작하는 모든 정체성, 무조건 궁극의 충성심을 바치는 모든 대의명분에도 쉽게 즉시 적용될 수 있다. 이 말은 페미니스트라는 정체성에도 똑같이 적용되며, 나 또한 이 점을 잘 알고 있다. 불교 스승들이 자신의 불교도 정체성에 대해서도 이렇게 조언한다는 점을 고려할 때, 이는 다른 모든 대의명분과 정체성에도 당연히 적용된다. 정체성 정치의 시대에, 즉 다양한 젠더 기반 정체성을 포함하여 다중 정체성이 극도로 부상하는 이 시대에, 그것이 어떤 형상을 취하든 자아를 공부하기 위해 정체성을 하나하나 해체하라는 불교의 조언은 더없이 중요하다. 이 점은 인간 해방을 위한 서로 다른 사회운동들이 종종 경쟁하는 방식에 대처하는 데에도 도움이 되는데, 이 문제에 대해서는 6장에서 다룰 것이다.

많은 사람이 그토록 진지하게 받아들이는 대의명분과 정체성을, 이렇게 급진적으로 상대화하라는 것은 어려운 가르침이다. 그래서 역사 속의 붓다도 이를 가르치는 것을 주저하셨다. 아무것도 완전한 안전이나 확실성을 제공하지 않는 상대적인 세상에서, 우리는 어떻게 자신의 길을 찾을 수 있을까? 이 역시 어려운 질문이며, 이 장을 마무리하기 전에 이에 대해 논의할 것이다.

여자와 남자는 근본적으로 다른가에 대한 불교의 관점

젠더 역할의 감옥에서 벗어나는 것이 중요하다는 제안에 대한 가장 흔하고 격렬한 반응 중 하나는, "하지만 남자와 여자는 다르잖아요!"이다. 물론 그렇다. 이들의 몸은 다르게 생겼다. 남자는 수정하고 여자는 출산한다! 하지만 이러한 생물학적 차이가 사회적으로 창조된 젠더 역할의 감옥과 결합하지 않는 한, 각각의 지성과 정신, 영혼에 대해 무엇을 말해줄 수 있을까? 이러한 생물학적 사실로부터 어떻게, 남성이 여성보다 우위에 있어야만 하고 시간 소모적이고 반복적인 집안일에서 벗어나 불교 공부와 수행에 시간을 할애해야 한다는 결론이 도출될 수 있을까? 그런 사실이 어떻게, 많은 불교 경전에서 여성의 몸을 가진 것에 따르는 다섯 가지 비애 중 하나로 언급한, 여성이 남성과 아이들을 돌보는 데 모든 시간과 에너지를 쏟아야 한다는 젠더 역할의 할당을 정당화할 수 있을까? 그것이 어떻게 남성 지배적인 관습적 젠더 역할이 적절하다는 정당화로 해석될 수 있을까? 나의 경험상 남녀 차이에 대한 이 빈번한 조롱은 보통, 관습적인 윤회의 젠더 역할이 옳고 바람직하며 저항하거나 변경되어서는 안 된다는, 단호하나 드러내지 않은 믿음을 숨기고 있다. 사람들은 관습적인 젠더 역할에 반대하는 내가 "이데올로기적"이라고 주장한다. 하지만 익숙하고 관습이라는 이유 외에는 권장할 근거가 없는 관습적인 젠더 역할을 계속 고집하는 것이야말로 이데올로기적이지 않은가? 관습적 관행이 남성도 여성도 아닌 젠더를 넘어선 깨어난 마음 상태를 반영하거나 장려하는 경우는 거의 없다.

서양 불교도 사이에서 이러한 주장과 그에 따르는 관습적 젠더 역할에 대한 정당화가 얼마나 빈번히 등장하는지를 고려할 때, 불교 경전이 실제로 이러한 주장을 뒷받침하는지 검토해 보는 것은 가치가 있다. 물론 우리는 이렇게 관습적인 주장을 뒷받침하는 경전을 찾을 수 있다. 그러나 서양 불교도뿐만 아니라, 내가 알기로는 아시아 불교도 사이에서도 덜 주목받는 상당한 양의 불교 문헌이 있으며, 이를 통해 상당히 다른 결론을 끌어낼 수 있다.

잘 알려진 것처럼, 불교에는 창조 신화라는 것이 없으며, 무언가가 존재하기 이전의 시간이나 세상이 무無에서 어떻게 생겨났는지에 대한 이야기도 없다. 그러나 어떻게 인간이 현재와 같이 존재하게 되었는지에 대한 이야기가 있다. 초기 상태에 "사람들"은 젠더 표식이 없었고 일하지 않아도 저절로 나타나는 음식을 섭취하며 살아갈 수 있었다. 그러나 사람들은 점차 이 저절로 나타나는 음식에 대해 탐욕과 끄달림(tanha)을 가지게 되었고, 이를 쌓아두고 저장하기 시작했다. 사람들의 몸은 점점 "더 거칠게" 변화하였고, 그들은 더 매력적인 사람과 덜 매력적인 사람을 구별하기 시작했다. 많은 진화를 거치며 이런 종류의 사이클이 지속되었고, 마침내 몸은 더욱더 거칠어지면서 …

> 여성은 여성 성기관을 남성은 남성 성기관을 가지게 되었다. 그리고 여자는 남자에게, 남자는 여자에게 극도로 집착하게 되었다. 서로에 대한 과도한 집착으로 인해 정욕이 일어나고, 그들의 몸은 욕망으로 불타올랐다.[4]

이 이야기는 인류의 기원을 설명하는 서양의 주요 서사와 차별화되는 점 때문에 매우 중요하다. 이 불교 이야기에서 여자와 남자는 동시에 나타나고 서로에게 끌리게 된다. 성적 욕망의 발달에 대해 어느 누구도 잘못이 없다.

---

[4] *Aggañña Sutta* 27.16., in Maurice Walshe, *The Long Discourses of the Buddha: A Translation of the Digha Nikaya*(Boston: Wisdom Publications, 1995), 411.

서양의 주요 서사에서 일반적으로 해석되는 바에 따르면, 남성 생명체가 먼저 창조된다. 그 뒤에 여성이 남성으로부터 파생된 존재로 등장한다. 여기서 남성은 일차적 존재이고 여성은 그의 필요를 충족시키기 위해 만들어진 이차적 존재라는 것이, 이 이야기에 대한 지배적 해석이다. 불완전하고 불충분한 거세된 인간으로 여성을 보는 프로이트의 관점은, 서양 문화를 지배하는 이 성경 이야기의 직계 후손이다. 이 상황을 더욱 악화시키는 것은 여성이 "타락"의 주된 원인으로 일상적으로 비난받아 왔다는 점이다. 이브가 아담을 속여서 선악과를 따먹게 했다는 이야기는, 수 세기 동안 대중이나 종교 모임에서 여성이 발언권을 갖지 못하도록 정당화하는 데 사용되어 왔다. 여자 한 명이 한번 가르쳤다가 모든 것을 망쳐 인류의 타락을 초래했다는 이유로, 앞으로 여자들은 가르치는 역할을 맡아선 안 된다는 논리이다!

이 이야기는, 사람들이 그것을 믿든 말든, 전통적으로 종교적이든 아니든 상관없이, 서양인의 자아에 깊이 각인되어 있다. 이 이야기가 여성에게 미친 영향은 심각하며, 매우 부정적이었다. 이것이 현대에 남긴 후유증은, 서양 문화와 학문에 깊이 자리 잡은 남성 중심주의, 즉 남성이 정상적이고 이상적 인간을 대표하며 여성은 그 이상적 규범을 충족할 수 없는 예외적 존재라는 관점이다. 여성은 〔호르몬의 지배를 받아 —역자주〕 "선천적으로 감정적"(think with their glands)이라는 서구의 일반적 관점이, 여성의 사고를 불신하게 만드는 배경이 된다. 반면 남성은 몸을 통해 주변 세계와 정상적이고 직접적으로 연결된다고 여겨져, 남성의 사고는 올바른 세계관으로 귀결된다고 주장한다. 그러나 이는 남성의 몸도 호르몬의 지배를 받는다는 점을 편리하게 무시하는 가정이다.⁵ 그리하여 "인류"(mankind)와 "인간"(humanity)을 혼용하는 것이 정당화되며, 같은 단어가 남성과 모든 인간 둘 다를 적절하게 나타낸다고 주장한다. 그러나 여자는 "남자"(men)가 될 수 없는데, 어떻게 "모든 인간"(all men)에 포함될 수 있겠는가? 실제로, 여성은 보통 여기에 포함되지 않는다.

불교 경전에서는 서양에서 일반적으로 사용하는 남성형 대신 "남자든 여자든"이라는 표현을 자주 사용하는데, 이는 팔리 경전인 다섯 니까야(nikaya)와 주석서에서 흔히 볼 수 있다.⁶ 이 용례는 …

> 여자를 남자와 동등하게 포함해야 한다는 … 태도를 뒷받침한다. … 은유와 예시는 남녀가 모두 인류를 구성하는 세상을 묘사하며, 여자를 포괄적 의미의 "남성"(Man)에 포함시키지 않는다. 또 다른 현대적 예를 들자면, 남녀를 일반적으로 언급할 때, (추정하건대) 포괄적인 남성형 대신 "그 또는 그녀"라는 표현을 사용하여 (비록 문체상 우아하지 않더라도) 단호하게 비남성 중심적 관행을 반영한다.⁷

---

5 현대 젠더 연구가 등장하기 훨씬 전인 1949년에 출판된 초기 페미니즘의 고전 『제2의 성』(The Second Sex)에서, 시몬 드 보부아르(Simone de Beauvoir)는 이러한 문제를 날카롭게 지적했다. 그럼에도 불구하고, 호르몬에 대한 이러한 고정관념은 민속과 대중문화의 많은 부분에 여전히 강하게 남아 있다.
6 니까야는 팔리 대장경(Pali Canon) 중 경장經藏에 해당하는 숫타 피타카(Sutta Pitaka)의 핵심적인 부분이다.
7 Engelmajer, *Women in Pali Buddhism*, 13.

불교 이야기에서 인간은 본질적으로 "양성적"(bi-sexed) 존재로 묘사된다. 두 성은 함께 발생하며, 서로 다른 점보다 비슷한 점이 더 많다는 점을 아래에서 살펴볼 수 있다. 서양 이야기에서 흔히 볼 수 있는 해석처럼, 한 성이 다른 성보다 먼저 발생하거나 더 중요하다고 여기는 것은 논리적으로 맞지 않다.

이렇게 본질적으로 "두 성을 가진"(two-sexed) 인간(humanity)에게 〔영어로 남자(man)와 같은 집단(kind)의 합성어인-역자주〕 "인류"(mankind)라는 용어를 사용하는 것은 명백히 부적절하다. 섹슈얼리티의 기원에 대한 불교 이야기와 서양 이야기 사이에는 뚜렷한 차이가 있기 때문에, 불교도는 항상 두 성을 가진 인간 본성을 정확하게 반영하는 언어를 사용해야 한다. 특히 서양 불교도는, 그래야 두 성을 가진 존재로서 인간에 대한 불교의 관점이 여성을 파생적이거나 이차적, 부가적, 덧붙여진 존재로 보는 성경의 서사 및 그 방식과 아무런 공통점이 없음을 인식할 수 있을 것이다. 남성형의 통칭 용법은 인간이 실제로 두 성을 가진 존재라는 사실을 제대로 전달하지 못한다. 남성형 통칭 언어는 여자와 남자 간의 관계에 대한 불교의 근본적인 이해를 심각하게 왜곡한다. 불교학자이자 수행자로서 살아온 생애 내내, 나는 영어 불교 예식에서 남성형 통칭 언어를 사용하는 일반적인 경향에 반대해 왔다. 이는 두 성을 가진 인간 본성에 대한 불교의 통찰을 근본적으로 왜곡하기 때문이다. 나는 불교도가 이러한 언어 개혁에 반대하는 것을 이해할 수 없으며, 영어로 된 불교 예식에서 남성형 통칭 언어 사용을 설득력 있게 방어하는 주장을 들어본 적도 없다.

남성형 통칭에서 젠더 포괄적 영어 용법으로 전환하는 것이 처음에는 혼란스러울 수 있지만, 그것은 중요하지 않다. 1970년대 중후반에 나는 영어 사용 방식을 스스로 재교육하기 위한 의도적인 노력을 기울였다. 예를 들어 "우편배달부"(mailman) 대신 "우편집배원"(letter carrier)이라는 표현을 일상적으로 사용하려고 노력했다. 요즘에는 실제로 많은 우편집배원이 여성이기 때문에, 이 새로운 용법이 더 정확하다. 이러한 변화가 자리 잡는 데에는 몇 달밖에 걸리지 않았고, 그 이점은 소소한 어려움을 훨씬 능가했다. 그러나 기존 관행에서 젠더 상의 혜택을 누리는 사람들은 여전히 이를 거부한다. 1980년대 중반에 나는 세계 종교에 관한 잘 알려진 교과서에서 남성형 통칭 언어를 삭제해 달라는 편집 작업을 요청받았다. 출판사는 남성형 통칭 용법에 대한 불만을 여러 차례 접수했고, 대부분이 저명한 남성 학자인 각 장의 저자들에게 수정을 요청했다. 저자들은 젠더 포괄적 언어로 어떻게 글을 쓰는지 모른다고 주장했는데, 저명한 학자가 될 만큼 능력 있는 사람이 하기에는 허술한 주장이다. 나는 이미 나름대로 알려진 학자였고 나 자신의 학술 프로젝트를 진행하고 있었다. 그래서 그 제안은 거절하였지만, 이는 사람들이 남성 특권에 대해 얼마나 무지한지를 보여주는 사례라고 항상 생각해 왔다. 전도유망한 젊은 여성 학자가 자신의 연구를 중단하고 저명한 남성 학자들의 뒤치다꺼리를 해야 한다니! 어떻게 그런 요청을 하는 것이 적절하다고 생각될 수 있었을까?

불교 서사에서 인간이 두 성으로 나뉜 이후 섹슈얼리티는, 몇몇 중요한 경전에 따르면 남녀 모두에게 동일하게 영향을 미친다. 이러한 경전들은 성적 매력에 대한 서구적 이해와 대조된다는 점에서 중요하다. 일련의 주석에서는 동일한 주장이 여자와 남자에 대해 제기된다. 이 경전들은, 초기 불교 경전에서 수행을 하지 않은 제자가 자아를 잘 공부한 제자와 부정적으로 대조되는 일반적 패턴과 흥미로운 방식으로 대조된다. 두 종류의 경전 모두 같은 공식을 사용하는데, 첫 번째는 남자와 여자에 관한 것이고, 두 번째는 수행한 제자와 수행하지 않은 제자에 관한 것이다. 여자와 남자에 대해서는 동일한 표현을 사용하지만, 수행하지 않은 제자의 행동은 수행한 제자와 정반대로 제시된다.

먼저, 성적 매력은 여자와 남자에게 정확히 같은 방식으로 묘사된다. 붓다는 다음과 같이 말씀하신 것으로 전해진다.

> 나는 여자의 형상만큼 남자의 마음을 사로잡는 다른 어떤 형상도 보지 못한다. 여자의 형상은 남자의 마음을 사로잡는다.
>
> 나는 여자의 소리만큼 남자의 마음을 사로잡는 다른 어떤 소리를 보지 못한다. …
>
> 나는 여자의 냄새만큼 남자의 마음을 사로잡는 다른 어떤 냄새를 보지 못한다. …
>
> 나는 여자의 맛만큼 남자의 마음을 사로잡는 다른 어떤 맛을 보지 못한다. …
>
> 나는 여자의 촉감만큼 남자의 마음을 사로잡는 다른 어떤 촉감을 보지 못한다.[8]

---

8 "The Book of the Ones," in Bodhi, *Numerical Discourses*, 89–90.

이어서 붓다는 여자의 오감이 남자를 접할 때 여자의 마음이 어떻게 영향을 받는지에 대해서도 동일하게 언급한다. "나는 남자의 형상만큼 여자의 마음을 사로잡는 다른 형상은 어떤 것도 보지 못한다" 등등으로 이어진다.[9]

상응하는 다른 구절에서는 여자와 남자 모두에게 자신의 젠더 역할에 대한 집착을 버려야 한다고, 즉 자신의 특정한 젠더 정체성에 끄달리는 것을 멈추어야 한다고 말한다. 여기서도 여자와 남자에 대해 정확히 동일한 문구가 반복적으로 사용된다. 다음은 남자에 관한 부분을 간략하게 요약한 것이다.

> 비구들이여, 남자는 자신의 남성적 능력, 남성적 행동, 남성적 외모, 남성적 측면, 남성적 욕망, 남성적 목소리, 남성적 장신구에 내적으로 주의를 기울인다. 이로 인해 그는 흥분하고 기뻐한다. … 이런 식으로 남자는 자신의 남성성을 초월하지 않는다.
> 비구들이여, 남자는 자신의 남성적 능력, … 남성적 장신구에 내적으로 주의를 기울이지 않는다. 이로 인해 그는 흥분하지도 기뻐하지도 않는다. … 이런 식으로 남자는 자신의 남성성을 초월한다.[10]

이 텍스트는 남녀가 각자의 젠더 역할에 갇혀 있기보다는 남성성과 여성성을 초월하는 것이 더 바람직하고 해방적임을 분명히 강조한다.

---

9 앞의 책, 90.
10 "The Book of the Tens," Sutta 51, in Bodhi, *Numerical Discourses*, 1039-41.

위의 텍스트는 여자와 남자가 성적 매력을 경험하는 방식과 강도가 같다는 점을 나타낸다. 그럼에도 불구하고, 초기 인도불교에 대한 서구적 설명은 초기 불교도들이 여성을 남성보다 성적으로 더 과잉된 존재로 여겼다는 인상을 준다. 그러나 최근의 학문적 연구는 이러한 인식을 바로잡고 있다. 초기 불교 문헌에서 여성이 표현되는 방식에 대한 이러한 상반된 인상은, 많은 서구 학자들이 불교 연구에 반영한 남성 중심적 시각에서 비롯된다. (이 주제는 5장에서 더 자세히 다룰 것이다.) 여성을 지나치게 성적으로 과잉된 존재로 묘사한 텍스트는 쉽게 발견된다. 서구 학자들이 그것을 지어 낸 것은 아니다. 이러한 텍스트 중 가장 악명 높은 것 중 하나는, "비구들이여, 여자는 두 가지 점에서 만족하지 못하고 불만을 품은 채 죽는다. 무엇이 그 두 가지인가? 성관계와 출산이다. 여자는 이 두 가지 일에 만족하지 못하고 불만을 품은 채 죽는다"라고 선언한다.[11]

자주 인용되는 또 다른 텍스트는, 여성에 대한 가장 유명한 고정관념 중 하나를 만들어 냈는데, 그것은 여성이 "마라(Mara)의 덫"이라고 표현되는 것이다. 가장 일반적으로 인용되는 번역은 다음과 같다.

> 비구들이여, 여자는 지나가면서도 남자의 마음을 유혹하려고 멈출 것이다. 서 있거나, 앉아 있거나, 누워 있거나, 웃거나, 말하거나, 노래하거나, 울거나, 괴로워하거나, 죽어갈 때도, 남자의 마음을 유혹하기 위해 멈출 것이다. 비구들이여, 어떤 것에

---

[11] "The Book of the Twos," Sutta 55, section 6("People"), in Bodhi, *Numerical Discourses*, 168.

대해 "이는 전적으로 마라의 덫이다"라고 하는 것이 옳다면, 여인들에 대해서도 "이는 전적으로 마라의 덫이다"라고 하는 것이 옳다.[12]

이 번역본에서 여자는 적극적이고 유혹적인 역할을 맡는다. 그러나 미국인 상좌부불교 승려인 비구 보디(Bodhi)의 최근 번역은 자주 인용되는 이 구절에 대해 다른 해석을 제시한다. 이 구절은 두 사람 모두 출가자였던 어머니와 아들이 근친상간을 저지른 사건을 논의하는 맥락에서 등장한다. 그 논의에서 붓다는 "여자의 형상을 욕망하고, 탐욕스럽게 집착하며, 도취하여 맹목적으로 빠져 있는 존재는 오랫동안 여자의 형상에 지배당하며 슬퍼한다"고 말한 뒤, 위에 인용한 구절로 이어가며 "여자는 남자의 마음을 사로잡는다"는 점을 강조한다.[13] 비구 보디의 번역은 남자가 집착하고 있다는 점을 강조하며, 이는 여성이 성관계를 통해 적극적으로 남자를 유혹하려 한다는 주장과는 다르다.

불교는 여성보다 남성의 출가 생활을 훨씬 더 전폭적으로 지지하기 때문에, 출가자에게 성적 매력에 관한 문제를 다루는 텍스트들은, 비구들에게 여자가 얼마나 문제인지를 논의할 가능성이 그 반대 경우

---

[12] Collett, "Pali *Vinaya*," 63. 〔역자주〕 마라魔羅는 불교 경전에 등장하는 악한 귀물, 즉 악마를 말하지만, 실재하는 어떤 대상이 아니라 마음의 번뇌가 만들어 내는 현상이며 마음공부로 극복할 수 있다. (참고: 불교신문, 2007년 4월 28일, "불교와 악마")

[13] "The Book of the Fives," Sutta 55, section 5("Hindrances"), in Bodhi, *Numerical Discourses*, 683.

보다 훨씬 높다. 특히 여자를 유혹의 춤을 추는 선동자로 묘사하는 번역이 더해지면, 초기 불교도들이 여자를 문제 있는 존재로 간주하며, 남자가 여자에게 끌리는 것을 여자의 탓으로 돌렸다고 결론내리기 쉬울 것이다. 남성 중심적인 사고방식을 가진 학자들은 이러한 결론에 더 쉽게 도달할 수 있는데, 이는 그들이 여성을 폄하하거나 여성에게 다소 적대적인 방식으로 자료를 선택하고 해석하는 경향이 있기 때문이다.

그러나 성적 매력은 여성과 남성에게 동일한 방식으로 작용한다. 여자가 남자를 유혹하려 한다면, 남자 역시 여자를 유혹하려 한다. 불교 문헌에는 남성이 여성 출가자를 유혹하려는 시도가 등장하기도 하지만, 그 빈도는 훨씬 적다. 여성 장로들의 노래인 『테리가타』에서는 마라가 일반 남성을 보내는 대신 직접 그 역할을 맡는다. 2013년 출간된 『초기 인도불교의 여성』(*Women in Early Indian Buddhism*)에서 비구 아날라요(Analayo)는 이런 이야기들을 분석한 결과, 비구니가 나약하여 쉽게 유혹당하는 존재가 아니라, 오히려 비구보다 마라를 알아보고 물리치는 데 더 능숙했다는 결론을 내렸다.[14]

남녀의 성적 공격 시도를 이처럼 유사하게 설명하는 것은, 비구와 비구니의 성적 위법행위를 규제하는 승가 규칙의 기원에 관한 이야기가 어떤 함의를 가지는지 연구한 앨리스 콜렛(Alice Collett)의 결론을

---

14 Bhikkhu Analayo, "Anguttara-nikaya/Ekottarika-agama: Outstanding Bhikkhunis in the Ekottarika-agama," in *Women in Early Indian Buddhism: Comparative Textual Studies*, edited by Alice Collett(Oxford: Oxford University Press, 2013), 97-115.

뒷받침한다. 앨리스는 여자가 주도하는 자이자 유혹하는 자라는 결론 대신, "남성의 섹슈얼리티는 공격적이고 강력하며 능동적으로 표현되는 반면, 여성의 섹슈얼리티는 수동적이고 반응적으로 묘사된다"라고 결론 내리며, 다음과 같이 말한다.

> 승가의 규칙과 기원에 관한 이야기는, 언제든 누구와든 가능한 한 많은 성적 활동에 몰두하려는 탐욕스러운 성적 욕망을 가진 여성을 드러내는 것이 아니라, 오히려 남성이 여성을 성적 행위로 이끌기 위해 설득하고 꼬드기며 조종하려는 시도가 더 두드러진다.[15]

인간은 성별로 구분되지만, 남녀가 본질적으로 다르지 않다는 논의를 이어가기 위해, 우리는 세 범주의 불교 경전 중 세 번째에 속하는 철학적 가르침인 아비담마(*abhidharma*, 논장論藏)를 검토해 볼 수 있다.[16] 아비담마는 대승불교 이전 초기 불교 세계의 복잡하고 상세한 가르침을 담고 있다. 두 가지의 아비담마 전통이 있는데, 하나는 여전히 상좌부불교에서 규범이 되는 상좌부불교 아비담마이고, 다른 하나는 후기 불교의 대승 사상에 중요한 토대가 되는 설일체유부(說一切有部, Sarvastivada) 아비담마이다.[17] 그러나 타고난 성적 차이에 관한

---

15 Collett, "Pali *Vinaya*, 65.

16 불교 경전의 다른 두 범주는 붓다의 설교를 담은 수트라(sutra, 경장[經藏])와 수행자에 대한 가르침을 담은 위나야(Vinaya, 율장[律藏])이다.

17 [역자주] "모든 법(一切法)이 존재한다(有)고 설명하는 부파(部)"라는 의미를

주제에 대해서는 이 두 아비담마가 상당히 유사하다. 5세기 상좌부불교의 팔리 경전인 『위숫디막가』(*Visuddhimaggga*)는 형태 무더기, 즉 형태 스칸다를 부분적으로 구성하는 24가지의 파생 물질성을 논의하며 남녀의 성적 능력(faculty)을 다음과 같이 설명한다.

여성성의 능력은 여성이라는 성을 특징으로 한다. 그것의 기능은 '이것이 여성이다'라고 보여주는 것이다. 그것이 여성의 표식과 상징, 역할, 방식에 대한 이유인 것으로 나타난다.

남성성의 능력은 남성이라는 성을 특징으로 한다. 그것의 기능은 '이것이 남성이다'라고 보여주는 것이다. 그것이 남성의 표식과 상징, 역할, 방식에 대한 이유인 것으로 나타난다.[18]

여기에서 남녀 간의 구체적 차이가 명시되지 않았다는 점이 중요하다. 남녀는 단지 눈에 매우 잘 띄는 성별 표식을 가지고 있을 뿐이다. 설일체유부 아비담마 역시 같은 점을 강조한다.

설일체유부 경전은 불교 수행 전 과정을 상세히 설명하며, 그 누구도 단 한 번의 생으로 깨달음을 얻을 수 없고 적어도 세 번의 생애를

담고 있는 설일체유부는 부파불교 중 하나로 불교 역사상 중요한 지위를 차지한다. 상좌부불교에서 시작되었으나 카슈미르와 간다라 지역을 중심으로 발전하며 역사상 중국불교와 밀접한 관련을 맺었다. 불교 경전 중 논장에 해당하는 아비담마 문헌을 중시한 것으로 잘 알려져 있다.(참고: 불교신문, 2005년 6월 25일, "24. 설일체유부")

18 Bhikkhu Nanamoli, trans., *Vishuddhimagga: The Path of Purification*(Kandy, Sri Lanka: Buddhist Publication Society, 1991), 447.

거쳐야 한다고 한다. 여자는 남자와 동일한 능력으로 수행의 준비 단계에 이를 수 있지만, 미래에는 남성적 능력을 지닌 존재로 다시 태어나야 한다.[19] 이 경전은 왜 여성의 몸으로 수행의 길에서 더 나아갈 수 없는지를 설명하지 않는다. 이것이 여자는 깨달음을 얻을 수 없다는 널리 퍼진 대중적 믿음의 교리적 원천이 될 수 있다. 그러나 이 체계에서 현재의 몸으로 깨달음을 얻을 사람은 사실 거의 없다. 기껏해야 여성의 몸은 현재의 몸으로 깨달음을 얻는 것이 불가능함을 나타낼 뿐이다. 그 이상의 젠더 역할은 명시되지 않으며, 여자도 남자와 마찬가지로 쉽게 불가역적 전진이 보장되는 수행의 중요한 돌파구에 이를 수 있는 것으로 보인다. 단, 공부와 수행 능력을 제한하는 젠더 역할로 인해 남자가 받는 것보다 더 많은 제약을 받지 않는다면 가능할 것이다.

깨달음에 이르는 점진적인 길에 대한 이 상세한 설명에 따르면, 이러한 능력이나 표식에 대한 모든 의존이나 관심을 결국 완전히 버려야 한다. 상좌부불교와 설일체유부 아비담마에 따르면, 자각에 이르는 최종 단계는 "표식 없음, 바라는 바 없음, 그리고 공함"을 포함한다. 이 단계에서 사람은 어떤 것도 본질적으로 존재하지 않으며, 바랄 것도 없고, 모든 관습적 상징이 무의미함 속으로 사라진다는 사실을 분명히 깨닫게 된다. 여기에는 물론 남성적 능력과 여성적 능력도 포함된다. 관습적 존재는 상대적인 요인에 실재성을 부여하고, 사물이 어떤 식으로든 되기를 바라며, 다양한 상징이나 표식이

---

[19] Gelong Lodro Sangpo, trans., *Abhidharmakosa of Vasubhandu*, vol. 3(Delhi: Motilal Banarsidass, 2012), 1918-23.

제공하는 차별화에 의존하는 것으로 특징지어진다. 경전은 이러한 모든 것을 버려야 한다고 가르친다. "그것들은 비어 있으므로 남성도 여성도 아니다. 정체성과 차이란 '자아'와 '나의 것'이라는 가설 안에서만 유효한 이름일 뿐이다. 이것이 남성과 여성, 정체성과 차이가 실제로 존재하지 않는 이유이다."[20] 또는 파스칼 엥겔마이어(Pascale Engelmajer)가 말했듯이, "궁극적인 의미에서 여자와 남자는 존재하지 않으며 이는 관습으로 확립된 개념이다."[21] 따라서 우리는 젠더는 무관하다는, 깨달은 마음은 남성도 여성도 아니라는 주장에 대한, 초기 불교 가르침의 근거를 확인할 수 있다.

어떤 문화적 맥락에서 남성성을 특정 젠더 표식으로 삼아 일부가 젠더 특권을 누릴 때, 그런 특권을 가진 사람들이 깨달은 마음은 남녀도 아니며 젠더를 넘어선다고 주장하며 젠더 특권이 없는 이들의 비판을 사소하게 여기는 태도는 오만함을 드러낸다. 대신 그들은 자신의 젠더 특권을 초월했음을 보여주어야 한다. 법을 내세운 그 주장이 실제로 의미를 가지려면, 특정한 젠더 역할 체계의 한계와 상대성을 어느 정도 인식해야 한다. 내 경험에 따르면, 깨달음이 젠더를 초월하므로 젠더 문제에 관심을 가져서는 안 된다고 가장 강력히 주장하는 사람들은 대개 남자들이었으며, 그들은 내게 매우 거만하고 권위적인 태도로 설교했다. 그들은 남자라는 이유만으로 존경받기를 기대했다. 그렇지만 그들이 내게 존중하고 따르기를 요구한 특정한 젠더 역할의 감옥이 상대적이라는 것은 전혀 인식하지

---

20 앞의 책, 2477.
21 Engelmajer, *Women in Pali Buddhism*, 33.

못하는 것 같다.

　이것은 상대적인 것을 절대화하는 오래된 문제이다. 그런 관습의 옹호자들은 나에게, "하지만 상대적인 것을 존중하고 상대적인 세상에서 살아야 한다"라고 말할 것이다. 물론 이를 반박할 수는 없다. 그러나 상대적인 것의 상대성을 인정해야 하며, 이는 그것을 보편적이고 오류 없는 관련성을 가지는 것으로 고집하며 절대적인 것으로 격상시키지 않는다는 뜻이다. 하지만 이러한 주장을 가장 많이 하는 사람들은 주로 남성 젠더의 특권을 유지하려는 남자들로, 관습적인 현 상태가 너무 신성하며 의문을 제기하거나 바꿀 수 없다고 주장한다. 장기적으로 남성성이나 여성성의 능력을 가진다는 것은 무엇을 의미하는가? 오늘날 이것은 태어날 때 특정 성별로 지정된 신체적 표식을 더 이상 바꿀 수 없다는 의미조차 가지지 않는다. 다만 생물학적 남성으로 태어난 사람은 자궁에 아이를 품거나 출산할 수 없고, 생물학적 여성으로 태어난 사람은 수술로 남근을 얻더라도 다른 여성의 난자를 수정시킬 수 없을 것이다. 그런 한계라면 기꺼이 받아들일 수 있다. 어떤 특정한 젠더 역할의 감옥에서 그 외의 나머지 부분은 아무런 타당성이 없다. 그것은 단지 상대적인 요소, 즉 불교 철학에서 종종 어휘들을 다루는 방식처럼 합의된 관습에 불과하다. 문제는 어휘나 젠더 관행에 그 상대적인 무게를 초과하는 의미를 담으려는 데 있으며, 이런 문제는 특정 젠더 역할을 주장하고 강요할 때마다 항상 발생한다.

　지금까지 나는 불교 역사 전반에 걸쳐 기초가 되는 초기 불교 경전을 주로 인용하며, 사람들은 성별화되어 있지만 특정한 섹슈얼리티가 여자와 남자 간 본질적인 차이를 형성하지 않는다는 주장을 펼쳤다. 대승불교와 금강승불교 전반에 걸친 불교의 또 다른 특징 역시, 사람은 성별화되어 있지만 본질적으로 다르지 않다는 증거를 제공한다. 이는 생리학적 성징 외에는 남성에게만 해당되고 여성에게는 없는 그런 특징은 없으며, 앞서 언급했듯이 그 생리학적 성징조차도 변형될 수 있음을 의미한다. 초기 불교는 덕목이나 깨달은 자질을 인격화하지 않았다. 이야기에 등장하는 인물들은 인간, 즉 역사적 인물로서 남자이거나 여자이다. 불교 역사에서는 이러한 상황이 몇 세기가 지나면서 변화하기 시작했다.

결국 인격화된 불교 덕목의 방대한 레퍼토리는 여러 붓다, 보살, 기타 존재들과 함께 대승불교와 금강승불교 수행자들에게 널리 알려지게 되었다. 이 깨달은 지혜의 인격화는 남녀 모두에게 거의 동등하게 나타난다. 그들의 성별 표식은 매우 분명하다. 그들을 보면 아무도 그들이 남자인지 여자인지 의문을 가지지 않을 것이다. 명확한 성별 표식에도 불구하고 이들은 젠더 역할을 따르지 않으며, 이는 그들에 대해 우리가 관찰할 수 있는 가장 중요한 특징일 것이다. 여성과 남성으로 인격화된 이런 존재들은 서로 다른 활동을 수행하거나 서로 다른 방식으로 현시되지 않는다. 불교의 두 가지 핵심 덕목인 지혜와 연민은 남성과 여성 모두로 일반적으로 인격화된다. 이러한 불교 덕목의 남성적 그리고 여성적 인격화는 상황에 따라 평화롭고 은혜로운 모습일 수도, 분노에 차거나 심지어 '추악'한 모습일 수도 있다. 서구 문화에서는 남성 일신교가 규범이기 때문에, 서양인들은 이러한 신화적 역할 모델이나 궁극적으로 중요한 종교 인물이 여성으로 묘사되는 것에 대해 매우 낯설게 느낀다.

불교의 이상을 구현한 인격화된 존재들이 젠더 역할을 따르지 않는다는 사실은 인간 신도들에게 중요한 역할 모델이 된다. 그러나 이 사실이 가지는 함의는 널리 인식되지 않았다. 이를 통해 그 존재들은 신도들이 관습적인 젠더 역할과 고정관념에 지나치게 얽매이지 않기를 바라는 열망을 표현한다. 금강승불교 수행에서 인간은 이러한 깨달은 존재와 자신을 동일시하고 그렇게 시각화한다. 불교 덕목의 이러한 인격화를 개인적 수행으로 받아들일 때, 수행자의 젠더는 중요하지 않다. 남자들은 바즈라요기니(Vajrayogini) 같이[22] 깨달은 마음을 구현한 강력하고 자유로운 여성적 화신이나, 자비롭고 늘 도움을 주는 여성 타라(Tara)로 자신을 시각화한다. 여자들도 역시 동일한 방식으로 이러한 수행을 한다. 여자들은 평화롭고 현명한 지혜의 남성적 화신인 문수보살(Manjushri),[23] 또는 바즈라킬라야(Vajrakilaya)와[24] 같이 더 분노에 찬 덕목의 남성적 화신으로 자신을

---

22 〔역자주〕 바즈라요기니는 티베트불교 신화에서 중요한 인물로, 위대한 여성 붓다로 묘사된다. 그녀는 연속적으로 환생하는 화신이며, 법맥 보유자는 여성으로 이어진다.(참고: 리타 그로스 저, 옥복연 역, 『불교 페미니즘: 가부장제 이후의 불교』, 동연, 2020, 179쪽)

23 〔역자주〕 문수보살은 8대 보살 중 한 분으로, 붓다의 가장 가까운 제자 중 한 명이다. 그는 붓다의 지식과 지혜를 구현한 존재로, 칼과 경전을 든 모습으로 그려진다.(rigpawiki.org)

24 〔역자주〕 바즈라킬라야는 모든 붓다의 깨달은 활동을 구현하며, 장애물을 제거하고 자비에 적대적인 세력을 파괴하여 영적 오염을 정화하는 강력한 수행을 행하는 힘을 가진다.(rigpawiki.org)

시각화한다. 남자들 또한 동일한 방식으로 이러한 수행을 한다. 불교 수행자들에게는 관습적인 인간 젠더 역할의 감옥을 넘어설 수 있는 무궁무진한 역할 모델이 실제로 존재한다. 젠더 역할의 감옥을 벗어나기 위해 붓다와 보살을 본받는 일은 이제 우리의 몫이다.

젠더 역할의 감옥에서 벗어나는 것에 대한 일반적 오해

사람들이 관습적 젠더 역할이 단순히 "원래 그런 것"이 아니라 일종의 감옥이라는 사실을 알게 되면, 그들의 첫 반응은 종종 이러한 젠더 역할이 전혀 문제 되지 않는다고 부정하는 것이다. 이러한 부정은 사람들이 불교의 가르침, 특히 사성제의 첫 번째와 두 번째 진리를 처음 접할 때 일반적으로 보이는 반응이다. 첫 번째 진리에 대한 부정은 "이것은 고통이 아니다. 그냥 세상이 돌아가는 방식일 뿐이다"라는 주장으로 나타난다. 젠더 역할에는 대안이 없으므로 감옥이 아니라는 주장이다. 젠더 역할이 고통을 수반한다는 사실은, 각 젠더 구성원의 대부분이나 전부가 공유한다고 여겨지는 특성에 근거하여 부정된다. 이러한 특성은 종종 각 성별의 생물학적 확실성이라고 인식되는 것에 근거한다. 여자는 출산을 하기 때문에 육아에 더 적합하다는 주장이다. 내가 어릴 적에 유행했던 이 명제에 대한 서양 버전은, 지그문트 프로이트(Sigmund Freud)가 주장한 "해부학이 운명이다"라는 말이다. 그래서 우리는, "순응하고 적응하라. 그것이 당신이 얻을 수 있는 가장 큰 수준의 행복이다"라는 조언을 들었다. 불교에서 이에 상응하는 가르침은 고통에서 벗어날 길은 없으니, 비록 궁극적으로 만족스럽지 않더라도 윤회에서 얻을 수 있는 행복을 붙잡으라는 스승들의 말씀일 것이다.

좀 더 미묘한 수준의 부정은 남녀에 대한 일반적 고정관념을 실제 진실의 수준으로 끌어올려, 관습적인 젠더 역할을 정당화하는 시도이다. 다시 말해, 이러한 역할이 여자와 남자에 대한 정확한 묘사이기 때문에 불공정하거나 감옥 같은 것으로 여길 수 없다는 주장이다. 남성 지배적 젠더 역할에 대한 가장 일반적인 가부장적 정당화 중 하나는 불교에서뿐만 아니라 더 광범위하게 사용된다. 이는 남자는 더 이성적이고 여자는 더 감정적이기 때문에 남자가 여자와 사회를 통제해야 한다는 주장이다. 그 논리가 분명하지 않느냐는 식이다. 이 주장의 한 버전은 1990년대에 인간관계 분야에서 베스트셀러가 된 책의 제목인,『화성에서 온 남자, 금성에서 온 여자』(*Men Are from Mars, Women Are from Venus*)이다. 여기서는 남녀는 단지 서로 다를 뿐이며, 이러한 고정관념에는 주목할 만한 예외가 없다고 전제한다.

이런 주장의 약간 다른 버전은 제2물결 페미니즘 초기에 자주 인용되었다. 많은 연구에서 사람들에게 긴 목록을 주고 이상적인 남자와 이상적인 여자, 이상적인 인간을 설명하는 특성이 무엇인지 식별해달라고 요청했다. 대부분의 특성은 능동적이거나 수동적, 이성적이거나 감성적 등과 같이, 상반된 두 가지 특성이 쌍을 이루었다. 모든 경우에서 이상적 남성을 묘사하는 특성은 이상적 인간을 묘사하는 특성이기도 했지만, 이상적 여성을 묘사한다고 선택된 특성 중에는 그 어떤 것도 이상적 인간에 해당한다고 여겨지지 않았다. 만약 이상적

인간의 특성이 여자보다 남자에게서 더 흔히 나타난다면, 이는 남성 지배적인 젠더 역할이 분명 모두에게 더 나은 것이 된다. 사람들이 이러한 고정관념을 믿고 따르게 된다면, 분명히 그 결과는 제3장의 마지막에서 논의한 젠더 역할 감옥의 최종 산물인 상호 무능력이 될 것이다. 그러나 불교의 관점에서 이러한 고정관념은 그것이 정확하다고 해도, 자아를 철저히 공부하고 실제 "자신의 것"이 아닌 것과 연을 끊는 숙제를 아직 다 하지 못한, "가르침을 받지 못한 무지한" 사람들에게만 해당될 수 있다. 이러한 고정관념이 상대적으로 정확하다고 해서 그것이 실제 존재를 가진 것은 아니다. 오직 "가르침을 받지 못한 무지한" 사람들만이 자신의 생각을 믿을 필요가 있다고 믿는다.

세속적 논리를 적용하여 다른 관점에서 보면, 관습적 젠더 역할은 통계적 평균에 근거해 정당화된다. 많은 사람들은 이러한 평균이 여자와 남자의 "본성"에 관한 고정관념보다 더 공정하고 "과학적"이라고 생각한다. 여학생과 남학생은 수치적 기술과 언어적 기술 등과 같은 상대적 능력에서 서로 다른 종 모양의 분포 곡선을 보인다. 따라서 남학생을 과학·기술·공학·수학 융합교육(STEM) 분야로 유도하는 것은 편견이 아니라 합리적이라고 여겨진다. 현실적이고 공평하지 않은가? 그렇다면 수학과 과학에 재능이 있고 이를 좋아하는 여학생은 어떻게 될까? 특정 개인은 각 성별의 근본적 특성으로 주장되는 평균과 같은 방식으로 제한되지 않는다. 그렇기 때문에 평균은 "더 나은" 젠더 역할의 기준으로 작용할 수 없다. 다양한 젠더 집단 내의 일부 개인은 자신이 속한 집단의 평균에 부합하기 때문에,

자신에게 주어진 역할이 지나치게 억압적이지 않다고 생각할 수도 있다. 이들을 테스트한 점수로 산출되는 평균이 권장되는 젠더 역할을 일반화하는 근거로 사용된다. 그러나 자신의 젠더를 특징짓는 평균에 맞지 않는 사람들은 통계적 평균을 근거로 한 역할로 인해 억압을 경험할 수 있다. 제3장에서 내가 했던 이야기를 다시 떠올려보면, 이런 논리는 내가 여자여서 명문 대학원의 장학금을 받아서는 안 된다고 했던 교수가 자기 주장을 정당화하는 방식이었다. 그 당시에는 더 많은 여학생이 남학생보다 학위를 마치지 못하고 중퇴했으므로, 그에 따르면 내가 선택한 분야에 대한 나의 역량과 애정은 중요하게 고려되지 않아야 한다는 것이다. 그 교수의 논리에서 누락된 것은, 남자보다 더 많은 여자가 학위를 마치지 못하도록 좌우하는 조건화되고 비궁극적이고 상호의존적인 모든 원인과 조건들, 즉 남녀에게 부과된 엄격한 일련의 기대치이다. 남녀 모두가 몰입해 있는 조건화된 상호의존적 매트릭스의 변화, 즉 모든 사람이 더 큰 정신적 유연성을 가지는 것과 같은 변화로 이러한 상대적 상황은 쉽고 완전하게 바뀔 수 있을 것이다.

사람들이 자신이 따르던 관습적인 젠더 역할이 어떤 면에서는 문제가 있고 만족스럽지 않으며 고통을 초래한다는 사실을 깨달으면, 조건화된 현상에 대한 충성이 항상 그렇듯이, "더 나은", 개혁되고 "더 공정한" 새로운 젠더 역할 세트를 해결책으로 제안한다. 일반적으로 제안된 새로운 역할 세트는 보다 "평등주의적"이라고 소개된다. 더 지배적인 성별의 일부 특권이 다른 성별에게도 어느 정도 허용되지만, 이는 진정한 평등이나 젠더 역할의 감옥에서 진정한 자유를 얻을 가능성을 보장하지 못하며, 단지 또 다른 감옥일 뿐이다. 이런 부분적인 해결책은 일반적으로 자신의 열등한 지위에 항의하는 다양한 집단에게 제시된다. 예를 들어, 여성은 과거보다 더 많은 교육을, 심지어 동등한 교육을 받지만, 졸업 후에는 여전히 직장에서의 유리 천장에 갇힌 자신을 발견하며, 부모가 될 경우 같은 직업의 남성보다 더 많은 책임을 떠안게 된다. 또는 장기 파트너십을 가진 동성애자는 결혼한 이성애자가 누리는 경제적, 법적 혜택을 원하지만, 그 대신 "가족 파트너십"이 제공된다. 그러나 가족 파트너십은 결혼이 제공하는 모든 법적 보호도, 정서적이고 사회적인 편안함도 제공하지 않는다. 사회 전체적으로는 약간 개선되었으나, 인종적·문화적 소수자들은 여전히 열등한 지위에 처하는 상황을 일상적으로 경험한다. 이러한 "해결책"의 문제는 여전히 그 대상자들이 성별과 젠더, 인종, 성적 지향과 같은 어떤 상대적인 정체성의 관점에서 정의된다는 점이다. 그리고 이러한 정체성에 대해 그것이 가지지 않은 수준의 실재성이나 진정한 존재, 궁극성을 부여한다는 점이다. 흔히 말하듯, 감옥을 확장하는 이런 해결책은 벽에 몇 개의 균열을 만들 수는 있지만 여전히 좁은 한계를 가진 감옥이며, 그 작은 균열을 통해 빠져나갈 수 있는 사람은 거의 없다.

일부 페미니스트들이, 때로는 불교도들도 함께, 가부장적 젠더 역할의 감옥에 대한 보다 정교한 대안으로 제안한 것은 상호보완적 특성에 주목하는 이원적 젠더 본질주의이다. 여기서의 상호보완성은 여자와 남자 간의 관계가 아니라, "남성적" 자질과 "여성적" 자질 간의 상호보완성이다. 이 관점에 따르면, 바람직하고 필수적인 인간의 자질은 "여성적"이거나 "남성적"인 것으로 유효하게 분류될 수 있으며, 남성적 자질과 여성적 자질은 동등한 가치를 가진다. 그런 다음 어떤 신비한 과정을 통해, 여자와 남자 모두는 "남성적"이면서 "여성적"이라고 주장된다! 이것은 관습적 젠더 역할에 내재된 문제를 해결하려는 듯 보이는 복잡하고 다층적인 가설이다.

이러한 가설의 변이형들은, 가부장적 체계에서 여성과 관련된 자질이 불공정하고 부정확하게 폄하되어 왔다는 통찰에서 출발한다. 여성 관련 자질들은 전체 체계의 기능에 필수적이다. 특히 여자들이 해 온 남자와 아이를 돌보는 일이 수행되지 않는다면, 그 체계는 붕괴할 것이다. 여성의 일은 필수적이고 유용하므로, 우리는 그 일을 높이고, 존엄하게 여기고 나아가 찬양해야 한다. 이는 "여성적인 것"으로 불려야 하지만, 더 이상 여자에게만 국한되거나 기대되어서는 안 된다. "여성적"인 것은 "남성적"인 것과 동등한 가치를 지닌다고 주장된다.

이런 말은 남자들과 비교하여 자신이 얼마나 중요하지 않고 하찮은 존재인지 지속적으로 학습해 온 가부장적 체계 속의 여자들에게 종종 매우 유혹적으로 다가온다. 우리 일이 가진 가치는 부정당해 왔다. 명성과 특권은 물론 교육과 리더십의 역할 또한 우리에게 주어지지 않았다. 이로 인해 우리가 낮은 자존감을 가지게 되는 것은 당연하지 않을까? 여성의 존엄성을 표현하는 이러한 말은, 우리가 평생 동안 들어 온 대부분의 메시지, 특히 종교적 메시지와는 극명하게 대비된다. 그렇기 때문에 종교적 맥락에서 이런 말의 메시지를 장려하고 허용하는, 언어적이고 예술적인 여성의 이미지는 깊이 있고 아름답다. 이는 매우 매력적일 뿐만 아니라 고상하다. 여성이 폄하되어 온 사회 체계에서, 이러한 메시지는 우리 자신에 대해 더 나은 감정을 느끼게 한다. 많은 여자들이 여기에 열렬히 호응하는 것은 당연하다!

그러나 많은 사람들은 이러한 여성적 이미지가 실제로 여성에게 미치는 영향과, 우리가 흔히 말하는 '현실'에 어떤 변화를 가져오는지에 대해 궁금해 한다. 많은 종교적 맥락에서 남자들이 이제는 가치있는 여성성의 측면을 상징적으로는 받아들이려 하는 것이 분명하다. 그러나 여성의 일 가운데 일상적이고 반복적이며 지루하고 평가절하된 측면을 남성들이 기꺼이 맡을 의향이 있는지는 명확하지 않다. 여자들이 이제 상호보완적인 "남성적"인 면을 갖출 수 있게 되었더라도, 불교의 스승과 같은 일반적으로 남자가 맡아 온 역할을 여자가 자주 맡게 될지는 불분명하다. 여자와 남자 모두가 동등한 가치를 지닌 남성적 덕목과 여성적 덕목을 동등하게 갖출 수 있다는 젠더 상호보완성의 **개념**은 매력적이지만, 그것이 어떤 식으로든 남성 지배를 약화시키는 데 효과적이었는지는 논의할 필요가 있다. 그것이 여성으로 다시 태어나는 것을 비참하게 만드는 조건을 완화하는 데 기여하는가? 이러한 질문들에 대한 답은 긍정보다는 부정적인 쪽으로 훨씬 더 기울어져 있다.

세계 종교에서 남성적인 것과 여성적인 것 사이의 상징적인 상호보완적 이원론 체계는 널리 퍼져 있는데, 이는 어떤 깊은 심리적이고 종교적인 욕구를 충족시키는 것으로 보인다. 여기에는 다양한 변형이 있다. 최근 서구 페미니즘의 예에서 볼 수 있듯이, 일부 체계는 남녀 간의 상호코완성을 도입하지 않고 가부장적 이원론을 반대로 뒤집는 경우도 있다. 가부장제에서 심하게 상처받은 여자들이 겪은 강렬한 분노의 결과로, 이제 여자와 관련된 특성은 중요하고 좋은 것으로 격상되고 남자와 관련된 특성은 폄하된다. 남자의 폭력적 성향은 여자에게 특징적이라고 여겨지는 평화적 성향과 부정적으로 대비된다. 예를 들어, 어떤 사람들은 여자가 세상을 지배하면 전쟁이 줄어들 것이라고 주장한다. 이러한 종류의 서구 페미니즘이 아시아에서 페미니즘에 대한 고정관념을 유발하는 원인일 수 있다. 그러나 서양의 불교 페미니스트들은 이런 버전의 페미니즘을 설파하지 않았다.

역사적으로나 대부분의 현대 사례에서 진정한 상징적 상호보완성은 더 일반적이다. 그렇다면 어떻게 해서 어떤 것들에 "여성적"이거나 "남성적"이라는 라벨이 붙게 되었을까? 이런 라벨에는 어떤 논리가 있을까? 예를 들어, 일부 금강승불교에서 젠더 상호보완성의 상징체계가 여성성을 지혜와, 남성성을 연민과 동일시하는 이유는 무엇일까? 정보가 부족한 일부 해설자들은 이러한 상징적인 연관성에 대해 문화를 가로지르는 획일성을 주장하며 젠더 본질주의를 입증하려고 한다. 그러나 대부분의 사람들이 금강승불교의 상징주의를 처음 접하고 놀라는 것에서 알 수 있듯이, 이러한 획일성은 사실이 아니다. 상징적인 젠더 상호보완성에 대한 또 다른 큰 위험은 여자가 남자보다 여성적인 특성을 더 많이 가지며, 그 반대의 경우도 마찬가지라는 주장이다. 이는 젠더 역할이라는 감옥의 좀 더 예쁜 버전일 뿐이다. 지혜와 연민 간의 상호보완성에서, 지혜는 여성적이므로 여자가 남자보다 더 지혜롭다고 주장하는 것이 금강승불교도들에게 얼마나 유용할까? 다행히도 불교의 경우, 무아와 공에 대한 가르침이 매우 명확하기 때문에 젠더 본질주의의 가능성은 약화된다. 더욱이 금강승불교 수행에서 개인의 특정한 생리적 젠더는 젠더 상호보완성의 상징주의와 관련된 수행을 하는 방법과 무관하다. 더 나아가 불교의 관점에서 볼 때, 여전히 이원적인 어떤 체계가 장기적으로 완전한 적절성을 가질 수 있는지도 질문해야 한다.

상징적인 젠더 상호보완성의 체계가 그렇게 매력적인 이유는 무엇인가? 나는 사람들이 자신을 닮은 궁극적인 상징을 보는 데서 진정한 심리적·영적 위안을 찾는다고 믿는다. 3장에서 언급한, 내가 여성으로 생각하고 위안받았던 천사들을 빼앗겼을 때 느꼈던 슬픔처럼 말이다. 여기서 대조되는 것은 여성 궁극자가 거의 없는 서양 일신교의 상징체계와, 그러한 남성 일신교를 이해할 수 없는 나머지 세계 사이의 대조이다. 서구 페미니즘 신학에서 여신(Goddess) 운동에 투신했던 사람으로서 나는 이 주제를 잘 알고 있다. 궁극자가 항상 남성인 종교적 상징체계는 엄청난 박탈감을 준다. 여신 운동에서 우리는 한때 이 체계 안에 품위 있는 여성적 상징주의를 포함시키면 모든 것이 달라질 것이라고 생각했다. 그러나 결국 우리는 교리상으로 상징적인 젠더 상호보완성이 충분히 포함된 종교적 상징체계조차도 사회적으로는 여전히 남성 지배적이라는 사실을 깨달아야 했다. 비록 그것들이 남성 일신교에서는 찾아볼 수 없는 심리적 보상을 제공할지라도 말이다.

이런 점은 내가 상징주의를 광범위하게 연구하면서 그 어떤 것보다도 공명정대하고 고귀하다고 보는 금강승불교의 젠더 상호보완적 상징체계에도 적용된다. 티베트 사회에서 여성은 여전히 여러 면에서 박탈되고 불리한 위치에 있는데, "여자"를 의미하는 티베트어 단어

중 하나는 문자 그대로 "천하게 태어났다"는 의미를 가질 정도이다. 킴 구초프(Kim Gutschow)가 2004년에 출판한 『불교 비구니가 된다는 것』(*Being a Buddhist Nun*)에서 말하듯이(그리고 이전 장에서 살펴본 것처럼), 이러한 고귀한 여성 상징이 남성 상징과 동등한 존엄성을 지닌다고 하더라도, "결론은 분명하다. 제정신을 가진 불교도라면 아무도 여성의 몸을 원하지 않는다."[25] 이러한 상징체계는 특히 심리적으로 젠더 역할의 감옥에 갇혀 살아가는 데 따른 부정적인 영향을 극복하는 데 유용한 방편이 될 수 있다. 내가 그 점을 비판하는 것은 아니다. 하지만 그것들이 가부장적 사회 체제에 대한 완전한 해독제는 아니다. 젠더 상호보완성의 상징주의를 포함하는 이러한 고귀한 수행을 할 수 있는 여자는 남자와 똑같이 그 수행을 하지만, 그러한 수행을 할 수 있는 사회적 위치에 있는 여자는 남자보다 훨씬 더 드물다. 젠더 역할의 감옥에서 벗어나기 위해 우리는 여전히 다른 작업을 해야 한다.

젠더 역할의 감옥에서 벗어난 자유는 어떤 것일까?

젠더 역할의 감옥에 대한 대안으로 제시된 것들, 즉 그런 역할이 감옥이라는 것을 부정하고 단순히 남녀에 대한 정확한 묘사라고 주장하거나, 더 나은 공정한 젠더 역할을 구성하려고 하거나, "여성성"을 "남성성"과 동등한 위치로 끌어올리려는 시도들은 누군가에게는 여전

---

[25] Gutschow, *Being a Buddhist Nun*, 17.

히 젠더 역할의 감옥이 될 것이다. 그것은 여전히 내가 어린 시절에 이미 좌절의 진짜 원인으로 파악했던 "그 시스템"일 것이다. 내 여성의 몸이 아니라 모든 사람에게 효과가 있는 다른 원대한 계획을 제안하여, 사람들을 젠더 역할의 감옥에서 해방시키는 것은 불가능하다. 그런 해결책은 전혀 효과가 없을 것이다. 종교적 다양성의 문제와 마찬가지로, 사람들은 너무나도 독특하여 하나의 "시스템"이 보편적으로 적합하게 적용될 수 없다.

우리가 모든 사람에게 효과가 있을 만한 다른 원대한 계획을 제시하지 않는다면, 해결책은 무엇일까? 우리는 단순히 하나의 원대한 해결책은 없다고 인정할 수도 있다. 젠더 역할의 감옥이 없는 사회에서는 성별화된 신체를 가지고 사람들이 하는 일에 대한 획일성은 크지 않을 것이다. 불교도들이 즐겨 이야기하는 "고귀한 인간으로의 탄생"을 활용하기 위한 모든 윤리적 선택은, 성별화된 신체가 어떤 모습이든지, 그 신체가 현재의 성기를 가지고 태어났든 아니든, 모든 사람에게 열려 있을 것이다. 남성도 여성도 아닌, 젠더를 넘어선 깨달은 마음에 관해 이야기한다는 것은 또 무엇을 의미할 수 있을까? 모든 성별화된 신체가 그에 적합하다고 여겨지는 젠더 역할을 강요받는다면, 어떻게 자신이나 타인이 인식하는 젠더 역할에 더 이상 집착하지도 끄달리지도 않는 마음 상태가 되어 자유로워질 수 있을까? 아주 간단하다. 젠더 정체성에 끄들리는 것을 포기하면 신체의 모양 때문에 특정 방식으로 되거나 느껴야 한다는 어떤 내적이거나 외적인 강요도 더 이상 존재하지 않게 된다. 이것은 내가 어렸을 때 여성의 몸에서 좌절감을 느끼게 했던 "그 시스템"과는 상당히 다를 것이다.[26]

관습적으로 주어진 젠더 역할에 **끄달리는** 것이 문제라면, 이와 다른 "새롭고 개선된" 젠더 역할 세트의 **도입**이 해결책이 될 수 없다는 것은 잠시만 생각해도 알 수 있다. 그것은 단지 다른 일련의 관습에 **끄달리게** 되는 것에 불과하다. 불교도에게 끄달림은 항상 고통의 원인이다. 그러니 각기 다른 전망을 가진 선지자들이 사회와 남녀 관계를 조직하는 더 나은 방법에 대해 다양한 가치있는 아이디어를 가지고 있을 수 있지만, 우리 모두는 상대적인 해결책과 제안을 절대화하지 말아야 한다는 점을 기억해야 한다. 다른 사람들과 마찬가지로 페미니스트들도 이 점을 잊어서는 안 된다. 젠더에 대한 페미니스트 사고 세트에 끄달리는 것도 다른 젠더 역할 세트에 끄달리는 것만큼이나 젠더 역할의 감옥에 끄달려 깨달음을 전복하는 것이다.

어떤 젠더 역할이든 그 내용 자체가 그렇게 나쁜 것은 아니다. "남자의 일"도 "여자의 일"도 본질적으로 비인간적이라거나 피해야 할 대상은 아니다. 비인간화는 특정 업무가 남자나 여자 중 한 성별에만 연결될 때 발생한다. 요리는 숙련을 요하고 흥미로울 수 있으며, 누구나 반드시 해야 하는 일이다. 나도 가끔 요리하기를 즐긴다. 하지만 내가 여성의 몸을 가졌다는 이유만으로 남자와 아이들을 돌보

---

26 이 장을 생각하는 과정에서 나는, 여성의 불행에 대한 베티 프리단(Betty Friedan)의 고전적 연구인 1963년 출간작 『여성성의 신화』(*The Feminine Mystique*)를 다시 읽었다. 이 책에서 그녀는 "이름 없는 문제"라는 표현을 만들어 냈다. 이 책은 젠더 역할의 감옥을 놀랍도록 정확하게 묘사하고 있다. 그 감옥은 여성과 남성 모두를 제한된 존재 방식으로 몰아넣고 여성들을 무기력하게 만들었기 때문에, 제2물결 페미니즘의 폭발을 초래했다.

기 위해 일 년 내내 하루 세 끼를 요리해야 한다면, 그것은 불만스러운 일이 될 것이다. 내가 남성의 몸을 가졌다고 해서 군복무를 강요받거나 여성이라는 이유로 군복무가 금지되는 것도 원하지 않을 것이다. 어렸을 때는 "램프의 먼지를 터는" 삶에 갇힐까 봐 두려웠지만, 이제는 어른이 되어 기꺼이 아름다운 골동품 램프의 먼지를 닦는다. 또 다른 예로, 나는 이제 타이핑을 꽤 잘하지만 젊은 시절에는 여성이었기 때문에 타이핑을 너무 잘하지 않으려고 노력했던 기억이 있다. 그렇지 않았다면 비서직을 갖도록 강요당할 수 있었다. 그러나 지금은 컴퓨터가 어디에나 존재하므로, 남자도 타이핑을 할 수 있어야 한다.

나는 평생 동안 "남성" 분야에서 일해 왔다. 내가 종교학 분야에 입문했을 당시, 종교학에서 여자 박사보다 물리학에서 여자 박사가 더 많을 정도로 종교학은 "남성" 분야로 여겨졌다. (당시 물리학은 대표적인 "남성 분야"였다.) 내가 시카고 대학교 신학대학에 입학했을 당시, 400명의 학생 중 여성은 12명이었는데, 교수들은 이에 경악했다. 그들은 "종교 공부를 하겠다는 이 여자들을 어떻게 해야 할까?"라는 질문을 하게 되었다. 일부 교수는 강의실에 여자가 있다는 이유로 강의 내용을 바꾸기도 했다. 이 "남성" 분야는 나와 완벽히 맞는다. 이 분야와 내 여성의 몸은 꽤 잘 어울린다. 법을 가르치는 스승이라는 "남성" 역할은 내게 더 잘 어울린다. 내가 더 남성적인지 아니면 더 여성적인지, 누가 알겠는가? 누가 상관이나 할까? 나는 여자치고는 너무 남성적이라는 말을 자주 들었는데, 이는 대개 내가 지나치게 자신감 있고 유능하며 성공했다는 의미로 사용되었다. 또는 내가 남성의 마음과 여성의 몸을 가지고 있다는 의미일 수도 있다! 그런 말은 참으로 터무니없는 소리로 들린다. 내 여성의 몸은 나의 질을 표식으로 삼지만, 마음이 어떻게 남성적이거나 여성적일 수 있단 말인가? 페니스나 질을 제외한 다른 어떤 것을 남성적 또는 여성적이라고 라벨을 붙이거나, 이 둘 중 하나로 분류된다고 가정하는 것은 점점 더 터무니없어 보인다.

이 모든 예들은 젠더화된 존재, 즉 남성이거나 여성인 것과 젠더 역할이라는 감옥 사이의 차이를 보여준다. 젠더화된 존재가 깨달음을 전복하는 것이 아니라, 젠더 정체성에 **끄달리는** 것이 깨달음을 전복한다. 이러한 결론은 불교 지식이 조금이라도 있는 사람이라면 놀랄 일이 아니다. 사성제의 두 번째 진리는 끄달림이 우리 고통의 원인이라고 말한다. 우리 몸의 형태가 무엇을 **의미해야만** 하는지 또는 그것이 우리를 어떻게 제한해야 하는지에 우리가 고착되거나, 젠더 정체성에 지나치게 끄달려 다르게 생긴 몸을 가진 다른 사람들이 불법을 따르는 방식을 제한하려 든다면, 그것이 어떻게 다를 수 있겠는가? 젠더에 대한 우리의 관념에 끄달리는 것은 우리 자신뿐 아니라 다른 사람들에게도 고통을 줄 수 있다. 이는 불교 윤리에 헌신하는 불교도라면 누구나 고민해야 할 문제이다.

내가 젠더 역할의 감옥에서 벗어난 자유를 제안할 때마다 누군가는 "하지만 남자와 여자는 서로 다르지 않습니까! 거기엔 뭔가 의미하는 바가 있어요! 경계가 있어야 한다고요!"라고 반박하는데, 보통 그런 주장은 남성의 특권적 영역을 지키려는 남자가 제기한다. 남자와 여자는 다르다! 무슨 뜻일까? 여자와 여자, 남자와 남자도 역시 다르다! 모든 여자는 다른 모든 여자와 같지 않고 모든 남자도 다른 모든 남자와 같지 않다는 사실을, 확실한 젠더 역할이 있어야 한다고 주장하는 사람들은 전혀 고려하지 않는다. 나는 내가 생물학적으로 여성이라는 점을 받아들이며, 이는 다른 사람들도 쉽게 알 수 있는 사실이다. 하지만 이미 언급했듯이, 그것만으로 나에 대한 신뢰할 만한 정보를 얻기는 어렵다. 그러니 젠더 역할의 감옥에 대한 당신의 버전을 내게 투영하는 것은 그만두라. 붓다의 가르침처럼 그러한 생각은 실제로 "당신"이나 "당신의 것"이 아니라는 것을 인식하고, 일상적인 불교 가르침처럼 자신을 그런 생각과 동일시하는 것을 멈추고 그런 생각이 굳어지게 두지 마라. 그렇게 그런 생각을 버리는 것이 자신과 다른 사람 모두의 "안녕과 행복"을 위하게 될 것이다.

"그렇지만 우리가 규정할 수 있는, 우리가 주장할 수 있는 규칙은 없을까요?"라고 묻는 사람도 있을 것이다. 이런 질문에 나는 긍정적으로 답하겠다. 사람들이 함께 정한 어떤 선택지나 일련의 관행에 관해 던져야 할 적절한 질문은, 그것이 모든 사람에게 젠더를 넘어선 자연적 마음 상태, 즉 상대적인 기준에 얽매이지 않는 마음 상태를 인식하는 능력을 고취하는지이다. 사회적으로든 개인적으로든 그렇지 않은 관행은 버려야 한다. 여기에는 몇 가지 지침이 있을 수 있지만, 생물학적 남성과 여성을 특정하는 젠더 역할은 포함되지 않는다. 규율과 깊은 관조가 필요할 것이다. "세속적인 중생"의 관습적 세계에서 가치 있게 여겨지는 많은 것들을 포기하는 것도 필요할 것이다. 그러나 생물학적 성별에 따라 사람들을 집단으로 나누는 것은 생물학적 여자와 남자 모두에게 규율과 관조, 그리고 내려놓음을 고취하는 데 도움이 되지 않았다. 또한 사람들을 집단으로 나누고, 그중 일부를 다른 집단을 돌보는 사람으로만 정의하는 것도, 젠더를 넘어선 깨달은 마음 상태를 인식하는 데 도움이 되지 않는다. 불교도들이 남성도 여성도 아닌 젠더를 넘어선 깨달은 마음 상태를 진지하게 추구하고자 한다면, 젠더 역할의 감옥에 대한 어떤 버전도 옹호하는 것을 중단해야 한다고 제안한다.

하지만 여전히 불편함을 느끼며 여자와 남자 간 젠더에 따른 행동과 상호작용을 더욱 정확하고 상세하게 규정하는 규칙을 원하는 사람들도 있을 것이다. 명확한 규칙이 없다면 사람들이 어떻게 행동해야 할지를 어떻게 알 수 있을까? 정확하고 구체적인 규칙이 없다면 무질서가 너무 심해지지 않을까? 하지만 각 성별에 맞는 일련의 규칙과 그 상호작용이 젠더 역할의 감옥으로 전락하지 않도록 어떻게 막을 수 있을까? 그것은 불가능하지는 않더라도 어려울 것으로 보인다. 게다가 우리 불교도들은 이미 팔정도와 기본 계율의 형태로 우리에게 필요한 모든 지침을 가지고 있다고 생각한다. 여기서의 지침은 모든 젠더에게 정확히 동일하게 적용된다. 해치지 말라. 자신과 타인에게 해가 되는 방식으로 섹슈얼리티를 잘못 사용하지 말라. 우리에게 무엇이 더 필요할까?

예상할 수 있듯이, 누군가가 젠더 역할이라는 감옥의 어떤 버전도 더 이상 장려하지 않는 것이 올바른 법의 수행일 것이라고 제안할 때마다, 누군가는 그러한 제안을 두고 "법을 젠더화"하고 젠더를 과도하게 문제 삼는 것이라고 불평할 것이다. 이런 믿기 어려운 반응에 나는 고개를 저을 수밖에 없다. 불교 생활과 제도에서 젠더의 결정력을 **줄이는** 것이 어떻게 "법의 젠더화"로 간주될 수 있을까? 나라면,

예를 들어 여자나 남자 중 누가 출가자가 될 수 있는지를 결정하기 위해 젠더에 의존하는 것이야말로 "법을 젠더화"하는 것이라고 생각했을 것이다. 또는 가장 어린 비구가 가장 연장자 비구니보다 우선권을 가지는 것과 같은 관행이 법을 젠더화하는 것이라고 생각했을 것이다. 이러한 관행들은 불교에서 가치를 두는 역할과 수행을 맡는 데 성별이라는 무의미한 요소를 기준으로 삼으면서, 동시에 연륜이나 출가 생활에 대한 적합성 같은 훨씬 더 관련된 요소는 무시한다. 이것이야말로 젠더를 "중요한 문제"로 만드는 것 아닌가?

그러나 내가 그저 법이 이미 얼마나 젠더화되었는지를 지적했을 뿐인데도, "법을 젠더화"했다는 비난을 얼마나 자주 받아왔는지는 이루 말할 수 없을 정도이다! 젠더가 법 수행의 관점에서 무엇을 할 수 있고 할 수 없는지를 결정짓는 요인이 되었을 때에만, 우리는 법이 젠더화되었다고 말할 수 있다. 이러한 점을 지적하는 우리는 "법의 젠더화"와 전혀 무관하다! 사실, 우리가 내놓은 제안이 진지하게 받아들여진다면, 법의 젠더화는 훨씬 줄어들 것이다. 법의 젠더화를 멈추고 젠더를 중요한 문제로 만들지 않는 방법은, 남녀를 그렇게 다르게 대하는 것을 멈추는 것이다! 그토록 많은 사람이, 심지어 저명하고 권위를 가진 많은 스승들조차도 이 단순한 요점을 이해하는 데 어려움을 겪는 것은, 그들이 얼마나 반성 없이 관습적인 사고에 갇혀 있는지를 보여준다. 자아를 공부하고 깨달음의 길을 성취하기 위해서는, 우리가 습관적으로 하는 일들이 진정으로 "우리의 것"이며 신뢰할 수 있다고 믿게 만드는 윤회하는 에고가 우리를 구속한다는 사실을 기억하는 것이 중요하다. 이 장을 시작하면서 인용한 붓다의 가르침을 다시 한 번 되새겨야 한다.

법이 이미 얼마나 젠더화되었는지를 지적하며 이를 시정하려는 여성들에게 많은 논평가들이 "에고의 문제"를 지적하면서, 우리의 수행적 평안함이 심각한 위험에 처했다고 걱정하는 모습은 참으로 놀랍다. 그들이 제시하는 해결책은 이미 존재하는 젠더 역할의 감옥에 반대하지 말고, 단지 수행에 더 많은 주의를 기울여야 한다는 것이다. 결국 깨달은 마음은 남성도 여성도 아니며 젠더를 넘어선다는 사실을 다시 한 번 더 상기하게 된다. 그러나 언제부터 부적절한 현상 유지를 무비판적으로 묵인하는 것이 법에 더 부합하고, 깨달음을 더 잘 보여주는 증거가 되었나? 수행이 가져다주는 정교하고 잘 연마된 초연한 지혜인 반야(般若, prajna)를 활용하여, 남녀 모두를 위한 법 수행 상황을 개선하는 것이 더 중요한 일이 아니었나? 법에 따라 젠더 역할의 감옥이 부적절하다고 분명하게 보는 것이야말로, 우리가 그 젠더 없는 깨어 있는 마음 상태에 대해 어느 정도 알고 있다는 증거일 수 있다! 우리는 보살의 서원을 세우고 다른 사람들을 돕기를 원하므로, 자아를 공부하고 깨달음의 길에 이르고자 하는 여성이나 남성 누구에게도 도움이 되지 않을 것이 분명한 관행을 해체하기를 원한다. 젠더 위계가 남성 수행자들이 자아를 공부하고 깨달음의 길에 이르는 데 어떤 식으로든 도움이 된다는 것을 입증하기는 불가능할 것이다. 그러나 그것이 여성에게는 실제로 큰 방해가 된다는 것을 입증하기는 매우 쉽다.

현 상태에 순응하지 않는 여자들이 법 수행을 해친다고 우려하는 동일한 논평가들이, 남자들이 젠더 특권을 유지하기 위해 격렬히 주장하는 것에 대해서는 비슷한 걱정을 제기하지 않는다는 점은 흥미롭다. 현 상태를 받아들이지 않는 여자에게 "에고의 문제"가 있다고 한다면, 동일한 현 상태를 옹호하고 주장하는 남자에게는 왜 에고의 문제가 있다고 보지 않는 것일까? 현 상태가 남성에게 유리하다는 점을 감안하면, 남자들이 이기적인 자아 집착에 빠질 위험이 더 크다고 볼 수 있다. 특히 법의 젠더화가 약화되어야 한다고 주장하는 여성을 깎아내리며, 자신의 젠더 특권이 보장된 현 상태의 유지를 강력히 옹호할 때 더욱 그렇다!

구체적인 예로, 한 여학생이 여성 스승에게 원로 비구니가 아기 비구에게도 절을 해야 하는 것이 사실인지 물었다는 이야기를 들은 적이 있다. 그 스승은 여자가 남자 아기에게 절하는 것을 어렵게 여긴다면, 그것은 확실히 에고의 문제를 가지고 있는 것이라고 대답했다. 여기까지는 문제가 없어 보이며, 이 학생은 스승에게서 다소 법의 훈계가 필요했을 수도 있다. 그러나 문제는 여전히 남아 있다. 왜 비슷한 상황에서 남자는 여자아이에게 절을 해야 한다고 기대되지 않는 것일까? 과연 그런 반대의 상황이 존재하기는 할까? 문제는 이중 잣대이지, 적절한 상황에서 여자가 남자에게 절을 하는 것을 요구하는 것 자체가 아니다. 그렇게 하지 못한 여자는 분명히 부적절한 행동을 하는 것이다.

현 상태를 옹호하는 불교도들은 종종 "업"(業, karma)을 근거로 들어,[27] 현재의 조건에 이의를 제기하거나 미래에 이를 개선하려는 시도

---

27 [역자주] 산스크리트어인 카르마는 "짓는다"라는 뜻이며, 한국 불교에서는 업으로 번역한다. 어떤 결과의 원인으로 생각되는 일체 행위를 말하며, 행위와

조차 해서는 안 된다고 말한다. 업에 대한 가르침은 세상에 대한 불교 이해의 핵심이며, 모든 스승들은 이를 협상 불가능한 것으로 간주한다. 업의 개념을 부정하면서 불교도라고 할 수는 없다. "연기"(緣起, dependent arising)로 설명되는 업은 어려운 주제로, 종종 심각하게 오해되거나 오용된다. 가장 널리 퍼진 오해는 "업"은 인간이 바꿀 수 없는 운명으로 우리가 아무것도 할 수 없는 것이라고 여기는 것이다. 업에 대한 가르침은 때때로 원인과 결과에 관한 것이라고 하지만, 연기를 가르칠 때, 나는 종종 업을 "결과와 원인"으로 이해하는 것이 훨씬 더 적합하다고 제안한다. 이 미묘한 차이는 중요하다. 현재의 어떤 상황도 있는 그대로 존재한다. 그것은 하나의 결과이며 분명히 바꿀 수 없다. 그러나 이 현재 상황에서 무엇을 할 것인지는 미리 정해져 있지 않다. 현재에서 무엇을 하느냐가 미래의 결과를 결정하는 데 도움이 되는 원인이다. 불교 수행의 핵심은 현재의 상황을 지혜롭고 능동적으로 대처하여 미래에 현재의 어려움이 완화될 수 있도록 하는 것이다. 우리 불교도가 남성 지배적 제도라는 상황을 물려받았다고 해서, 그것이 마땅히 그래야 한다거나 계속 유지되어야 한다는 뜻은 아니다.

    어려운 상황에 직면하여 사람들은 업에 대한 가르침에서 개인적인 위안을 얻고 현재의 상황을 초래한 자신의 역할에 대해 책임을 인식할 수 있다. 그러나 이러한 가르침은 쉽게 오용될 수 있다. 특히 다른 사람들의 현재 고통을 정당화하기 위해, "가난한 것도, 학대받는

말 그리고 생각으로 나누어 신구의身口意 삼업三業이라 한다.(참고: 실용 한-영 불교 용어사전, "업" 항목)

것도, 남성의 지배에 종속된 것도 다 당신의 업이에요. 그냥 받아들이세요"라고 말하는 것처럼 말이다. 이런 식으로 업에 대한 가르침을 오용하여, 어려운 환경에 처한 사람들이 자신의 상황을 바꾸려고 노력하는 것을 막고, 오히려 그 상황은 적절하며 자신들이 "만들어낸" 것이니 그냥 받아들여야 한다고 주장하는 경우가 흔하다. 확실히 업에 대한 가르침은 남성 지배 체계에서 여성으로 태어난 것을 "업"의 결과라고 주장하며, 여성을 남성 지배에 순응시키는 방식으로 사용되어 왔다. 그러니 체계를 바꾸려고 하기보다는, 그에 순응하고 미래의 삶에서 남성으로 다시 태어나기를 바라야 한다는 것이다.

이렇게 특권은 업의 결과라고 주장되며, 따라서 적절하고 심지어 정당하다고 여겨진다. 그러나 특권은 위계질서를 수반하며, 어떤 식으로든 더 열악한 위치에 있는 사람들이 존재하게 된다. 어떤 사람들은 "위"에 있지만 다른 사람들은 "아래"에 있다. "위"에 있는 사람들의 지위는 흔히 "아래"에 있는 사람들의 지위에 직접적으로 의존한다. 전통적인 불교 사상은 이러한 상황을 대체로 문제 삼지 않는다. 사실 불교가 아닌 다른 많은 사상도 마찬가지다. 상호 의존적인 위계질서 속에서는 한 사람이 특권을 누리기 위해 다른 사람은 불리한 위치에 처해야 하는 경우가 많다. 그러나 "정상"에 있는 사람들은 자신의 특권이 "얻어낸" 것이며 "받을 자격"이 있다고 믿는다. 이러한 주장은 특히 부와 특권의 위계질서와 관련하여 강하게 나타난다. 더욱 문제가 되는 것은, 유리한 환경을 물려받은 사람들이 때로 자신이 특권을 누리고 있다는 사실조차 인식하지 못하는 경우이다. 그러나 이러한 역학 관계에 대해 완전히 다르게 생각할 수도 있다. 누군가가 자신의 특권적 지위를 이용해 다른 사람을 억압한다면, 전통적인 업에 대한 이해와 설명 방식에 따라 이는 스스로에게 "부정적인 업"을 쌓는 행위가 아닐까? 그렇다면, 이는 위계질서의 "위"에 있는 사람이 어떤 행동을 해야 하는지에 대해 무엇을 의미하는 것일까?

일부 사회 비평가들, 특히 많은 페미니스트들은 위계질서를 부정적으로 본다. 그러나 불교에는 어느 정도의 위계질서가 필요하다. 불교의 해방적 가르침은 미묘하며, 대중의 환호 속에 쉽게 받아들여질 수 있는 성격의 것이 아니다. 이미 여러 번 언급한 것처럼, 역사 속의 붓다가 깨달음을 통해 이해한 내용을 가르치기 주저했던 이유는, 그것이 대부분의 사람들이 듣고 싶어 하는 내용이 아니었기 때문이다. 따라서 스승은 선출될 수 없으며, 가르침을 더 깊이 이해하는 사람과 그렇지 못한 사람 사이에는 위계질서가 있어야 한다. 그런 종류의 위계질서는 문제가 되지 않는다. 문제는 자의적인, 즉 당면한 과제와 무관한 기준에서 비롯된 위계질서이다. 지금 논의하는 문제에서는 법을 이해하고 잘 가르치는 데 있어서 남자가 여자보다 실질적인 우위를 전혀 가지지 않는 것이 분명하다. 하지만 불교 역사 전반에 걸쳐 남자는 법을 가르치는 스승의 역할을 독점해 왔다. 스승으로 인정받는 것과 깨어 있는 마음 상태를 깊이 자각하는 것은 반드시 동일하지 않을 수 있다. 아마도 불교 역사 전반에 걸쳐 인정받지 못하고 주목받지 못한 스승들도 많았을 것이다. 그런 상황은 누구에게도 도움이 되지 않는다. 그래서 나는 법을 배우는 학생 시절부터 일관되게, 불교가 역사적인 남성 지배를 넘어서 더 적절한 방향으로 나아가고 있는지를 판단하는 리트머스 시험지는, 법을 가르치는 스승의 절반가량이 여성으로 구성되는지 여부라고 주장해 왔다.

  일부 불교계에서는 현재 벌어지는 일들에 대한 비판적 탐구를 권장하지 않는다. 학생들은 참여 불교 운동과 같은 것에 관심을 가지는 데 대해 죄책감을 느끼게 된다. 그러한 관심은 어차피 도움이 되지 않고 오히려 명상 수행을 방해한다는 주장들도 있다. 그중 하나는 사회 문제는 해결할 수 없는 난제이기 때문에 좌절, 우울, 분노를 초래하며, 이러한 태도는 깨달은 마음 상태와 맞지 않는다는 것이다. 또 다른 주장으로는, 사회 개혁이나 어떤 형태로든 사회 개선을 도모하려고 하면 집착이 생기는 것을 피할 수 없다그 한다. "끄달림"(clinging)이라고도 부르는 집착(attachment)은, 깨달음의 길을 추구하는 사람에게 분노나 우울보다 훨씬 더 문제가 된다. 따라서 자신의 수행에만 집중하는 것이 더 낫다는 것이다. 이러한 경그는 진정으로 타당하다. 아직 수행 중인 학생들이 어떤 "대의명분"에 관여하게 되면, 앞서 언급한 모든 성향들을 발전시키는 일이 자주 발생한다. 그들은 감정의 흐름에 휘둘리는 덧잇감이 되기 쉽다. 전통 불교에서는 쉽게 찾아볼 수 없는 개념인 정의와 권리라는 언어가 서양에서는 흔히 사용되며, 이는 불교 수행 입문자의 초기 단계에서 의식 형성에 이미 영향을 미친 경우가 많다 이러한 학생들은 종종 자신의 대의명분에 대해 강한 이념을 발전시키며, 상당히 독단적이 되곤 한다.

  법을 가르치는 스승에게는 이런 학생들과 함께 수행하는 것이 어려울 수 있다. 명상 수행자에게 독선과 이념은 바람직하지 않다. 이는 실질적으로 아무것도 해결하지 못할 뿐 아니라, 자신과 관련된 모든 사람들의 상황을 악화시키기 때문이다. 새로 온 학생이 특정

대의명분에 지나치게 감정적으로 얽매어 고통받는 모습을 지켜보는 것은 쉽지 않다. 그러나 그 학생이 자신의 대의명분에 열정적으로 참여하는 모습에는 많은 선의와 어느 정도의 지혜가 담겨 있다. 결과는 어떻게 될까? 어떤 스승은 학생에게 법과 자신의 일상생활 외의 모든 관심을 버리라고 권유하거나, 심지어 이를 요구하기도 한다. 이 시점에서 스승의 훌륭한 역량이 필요하다. 학생의 이념을 억제하려다 보면 무관심을 조장하는 방향으로 흐르기 쉬운데, 이 역시 법의 가르침에 부합하는 적절한 조언이라고 할 수 없다. 불교 외부인들은 불교가 집착의 문제와 거리두기의 미덕을 많이 강조하기 때문에, 불교가 무관심을 조장한다고 오해하기 쉽다. 그러나 무관심은 "공함(emptiness)의 독" 중 하나에 해당할 수 있고, 이는 공함에 대한 어느 정도의 통찰을 가진 학생들이 흔히 저지르는 실수이기도 하다. 이러한 실수는 종종 "모든 것이 공하여 아무것도 중요하지 않으니, 나는 원하는 것을 무엇이든 할 수 있고 책임 있는 행동을 하지 않아도 된다"와 같은 말로 표현된다.[28] 이념적으로 분노하며 대의명분에 얽매이거나, 무관심과 냉담으로 참여를 회피하는 것만이 유일한 대안이라는 잘못된 가정을 조장하지 않도록 주의해야 한다.

하지만 수행은 분노에 찬 이념과 냉담한 회피 사이에서 중도의 길을 제공한다. 이는 불교의 가르침이 현대적 논의에 기여할 수 있는 중요한 지점 중 하나이다. "독선적 분노"라는 말은 사회 문제를 다루는

---

[28] 이 개념에 대한 더 많은 내용은 다음을 보라. Traleg Kyabgon, *Mind at Ease: Self-Liberation through Mahamudra Meditation*(Boston: Shambhala Publications, 2004), 203.

서구 담론에 깊이 자리 잡고 있으며, 심지어 많은 유능하고 지혜로운 사상가들조차 불교의 사상과 수행을 알게 된 후에도 이 문제로 오랫동안 시달리는 경우가 적지 않다. 그들은 여전히 유일한 대안이 무관심뿐이라는 두려움을 가지고 있다. 그들은 여전히 이원론적 사고를 하면서, 즉 내가 만일 이것이 아니라면 저것일 것이라고 두려워한다. 화가 나지 않는다면, 결국 나는 아무것도 신경 쓰지 않게 될 것이라는 우려를 갖는다.

반면, 일부 불교도들은 특히 논쟁적인 문제에서 다른 사람과 의견이 다를 경우, 한 사람이 관점을 가지면서도 분노하거나 이념적으로 치우치지 않을 수 있다는 점, 즉 평정한 상태로 관점을 취할 수 있다는 점을 인식하는 데 어려움을 겪는다. 꿰뚫는 통찰은 문수보살의 칼날처럼 무관심과 집착을 동시에 끊어낸다. 이는 결코 놀라운 일이 아니다. 젠더를 넘어선 깨달은 마음은 텅 빈 마음 상태가 아니다. 그 마음은 지성적이지만 이념에 얽매이지 않는다. 깨달은 마음은 그 통찰이 언어로 충분히 표현될 수 없다는 사실을 인식하기에, 그러한 표현을 가벼이 받아들인다. 따라서 완전히 우연하다. 통찰의 언어적 표현은 더 많은 정보와 더 나은 논리가 변화를 요구할 때, 자연스럽고 유연하게 변화할 것이다. 깨달은 마음은 또한 두려움이 없고 공격과 대립을 평정심으로 견딜 수 있으며, 공격성에 의지하지 않고도 자신의 견해를 지킬 수 있다.

불교 페미니즘을 발표할 때마다 나는 이러한 역동성을 여러 번 경험했다. 어떤 사람들은 때때로 내가 남성 지배를 지지하지 않는 유일한 이유가 분노 때문이라고 주장한다. 그러나 그런 시절은 이미 오래전에 지나갔다. 내가 종종 발견하는 것은, 나의 페미니즘을 싫어하는 사람들이 내가 그들에게 자동으로 양보해야 한다고 여긴다는 점이다. 아마도 그들은 여자로부터 양보 받는 것에 너무 익숙해져 있기 때문일 것이다. 내가 양보하지 않으면 그들 스스로 매우 화를 낸다.

기억에 남는 한 만남에서, 한 남성이 공격적이고 권위적인 태도로 내게 자신의 견해를 받아들이라고 요구했다. 그의 입장은 불교 예식에서 사용하는 일반적인 남성적 언어가 문제 되지 않는다는 것이었다. 그는 내가 제기한 문제에 대해 합리적으로 논의할 의향을 전혀 보이지 않았다. 대신 그는 내가 화를 내면서 반응하도록 부추기는 데 온 힘을 쏟았다. 이는 내가 화를 내면 그는 간단히 나와 내 입장을 거부할 명분을 만들 수 있었기 때문이다. "보십쇼! 제가 저 여자는 단지 화난 페미니스트 년이라고 말하지 않았습니까!" 그러나 나는 그 어떠한 미끼에도 걸려들지 않았고, 확고함과 평정심을 동시에 유지했다. 결국 그는 굴복하며 내가 제기한 요점을 함께 논의하고 싶다고 말했다. 몇 시간 동안 이어진 토론 끝에 그는 마침내 "당신이 옳습니다!"라고 인정했다. 다음 날 그는 법을 논하는 대규모 프로그램에서 참석자들에게, 중요한 텍스트의 언어를 일반적인 남성형에서 젠더 포괄적이고 중립적인 표현으로 바꾸는 것을 선호한다면 이를 허용할 수 있다고 발표했다.

남성의 특권과 지배력을 주장하기보다 처음부터 문제를 논의했다면 훨씬 더 간단하지 않았을까? 논쟁 중에 화를 내지 않음으로써 자동적으로 지지 않는 것도, 남자가 남성 지배를 주장할 때 자라면서 교육받은 대로 순응하지 않는 것도, 상당한 훈련을 필요로 한다. 이 대치 상황에서 상대가 스승의 위계질서에서 나보다 더 높은 지위의 남성 불교 스승이었다는 점을 굳이 언급할 필요가 있을까? 이 이야기를 하는 이유는, 통찰이 평정심과 함께할 때 더욱 효과적일 수 있음을 보여주기 위해서이다. 이는 공격에 직면했을 때 단순히 분노에 의존하는 것보다 훨씬 더 효과적이다. 또한, 변화가 필요한 문제에 대해 긴박감을 유지하는 연료로 작용하는 분노를 내려놓는다고 해서, 무관심해지고 관습과 현 상태에 굴복하게 되는 것은 아니라는 점을 설명하기 위해 이 이야기를 한다.

그렇다면 결국 젠더 역할의 감옥에서 벗어난 자유는 어떤 모습일까? 그 자유는 그 사람이 남자인지 여자인지, 또는 그 사람의 생활 방식이 전통적인지 급진적인지와는 아무런 관련이 없다. 그것은 전적으로 그 사람의 마음 상태와 관련이 있다. 젠더를 넘어선 그 깨달은 마음 상태에 접근하고 있는가? 그렇다면 그 마음은 분노로 특징지어지지 않을 것이며 어떤 이념도 강하게 고수하지 않을 것이다. 그 마음은 지극히 유연하고 평정심에 쉽게 머물지만, 평정심과 무관심을 혼동하지 않을 것이다. 남성 지배와 젠더 역할의 감옥이 어떤 형태이건 문제되지 않는다고 주장하는 사람의 마음 상태는 여기에 해당하지 않는다. 그 사람은 여전히 특정한 이념에 사로잡혀 있는 것이다. 또한 "페미니스트"라는 입장을 취하는 것만으로 반드시 더 자유로운 마음 상태에 접근하고 있다는 뜻도 아니다. 그것은 결국 그 사람의 마음 상태가 얼마나 유연하고 평온한지에 달려 있다. 무엇을 제시하든 자신의 입장과 정체성을 가볍게 받아들인다. 그것의 상대적 특성을 분명하게 인식한다. 그것을 궁극적인 것으로 만들지 않는다. 진정으로 자아를 공부한 사람은 결국 그 자아를 잊고 편해질 수 있다.

제5장 토착 불교 페미니즘

서양 불교도는 물론, 아시아 불교도들까지도 종종 "페미니즘"이 "서구"의 산물이라는 이유로 불교에 적합하지 않다고 주장한다. 나는 이 주장이 늘 의아했다. 우선 어떤 것이 서양에서 유래했다고 해서 불교나 불교도와 무관하다고 단정할 수는 없다. 내가 아는 많은 아시아 불교도는 서양에서 유래한 휴대전화와 다른 많은 기술을 결코 포기하려 하지 않을 것이다. 하지만 이 주장에 내가 의문을 품는 데에는 훨씬 더 근본적인 이유가 있다. 물론 "페미니즘"이라는 용어는 서구적이지만, 그 의미와 포괄하는 내용은 불교와 양립할 수 있을 뿐 아니라, 불교 역사의 거의 모든 시기와 모든 불교 학파의 많은 경전에 이미 깊이 자리 잡고 있다. 불교가 시작된 이래 역사 전반에 걸쳐, 일부 불교도는 항상 불교의 남성 지배적 계층구조를 조롱하며 이를 거부해 왔다. 페미니즘이 불교와 무관하다고 주장하려면, 불교도들은 역사 속의 붓다에서부터 파드마삼바바(Padmasambhava)에[1] 이르기까지 중요한 스승들이 남긴 권위 있는 많은 경전들을 무시해야 할 것이다. 서구 불교 페미니스트가 동일한 주장을 한다면, 일부에서는 그것을 서구식 "페미니즘"이라는 이유로 즉시 거부할 주장들을 제기하기 때문이다. 최근 몇 년 동안 나는 서구의 영향을 받은 것이 아닌 이러한 "페미니스트" 경전이 실제로 얼마나 널리 퍼져 있는지를 보여주며, 이를 "토착 불교 페미니즘"이라 부르고 그 개념에 초점을 맞추기 시작했다. 나는 불교도들에게 서구의 관행과 가치를 모방하라고 설득하려는 것이 아니다.

부당한 서구의 식민주의적 개입을 막으려는 정당한 시도 속에서, 불교도들은 왜 불교 전통의 중요한 통찰 중 하나인, 젠더는 궁극적으로 비현실적이고 무의미하다는 가르침을 무시했을까? 앞서 여러 차례 설명했듯이, 서구는 최근까지도, 심지어 지금까지도 젠더 관행에 있어 어떠한 우월성도 주장할 수 없다. 젠더 평등과 형평성에 관한 불교 전통의 잠재력과 비전을 실현하기 위해, 나는 불교도들에게 여자와 남자가 동등하게, 많은 불교도들이 좋아하는 표현대로 남성도 여성도 아닌 젠더를 넘어선 깨달음의 마음 상태에 도달할 수 있도록 사회적 실천을 촉구하고자 한다. 이를 위해 불교도들은 전통 불교의 여러 다른 차원을, 특히 반대 방향을 가리키며 남성 특권을 포함하는 많은 제도적 관행들을 과감히 무시해야 할 것이다. 이미 여러 번 언급했듯이, 젠더 중립성과 평등을 장려하면서 젠더를 넘어선 깨달은

---

1 〔역자주〕 파드마삼바바는 "연꽃에서 태어난"이라는 뜻의 산스크리트어로, 티베트 불교의 창시자이며 "두 번째 붓다"로 알려진 구루 린포체(Guru Rinpoche)를 일컫는다.(rigpawiki.org)

마음을 칭송하는 관점은, 남성 지배의 제도적 관행과 양립할 수 없다. 현대 의학이 젠더 역할에 대한 요구를 그렇게 많이 바꿔놓기 이전에는 이러한 남성 지배적 관행을 피하기 힘들었을지 모른다. 그러나 단지 익숙하다는 이유로 시대에 뒤떨어지고 부적절한 관행에 계속 매달리는 것만큼 더 나쁜 것은 없다. 불교도들은 자신의 예리한 분석 능력을 통해 관점과 관행 사이의 이러한 불일치를 쉽게 꿰뚫어 보고 해결할 수 있을 것이다.

물론 페미니즘이 원래부터 불교에 존재했다고 주장하려면 우선 "페미니즘"이 무엇을 의미하는지부터 명확히 해야 한다. 여기서 많은 문제가 발생한다. 서구에서도 (특히 서구에서?) 페미니즘은 대중 매체에서 종종 과소평가되거나 왜곡되어 전달되곤 한다. 이 맥락에서 페미니즘에 대한 적절한 정의는 내가 일관되게 사용해 온 정의, 즉 젠더 역할이라는 감옥에서 벗어나는 자유와 함께, 불교적 이해에 기반한 덜 개인적인 정의가 있을 뿐이다. 이는 곧 인간으로 태어난 것이 얼마나 큰 행운인지에 대한 인식을 바탕으로, 여자와 남자는 동등하게 "귀중한" 인간의 삶을 누릴 자격이 있다는 것을 의미한다. 인간으로 태어나는 것을 가치 있게 만드는 것은 남성도 여성도 아닌, 젠더를 넘어선 깨달은 마음 상태를 발견할 가능성인데, 젠더 역할의 감옥은 이를 방해한다. 올바르게 이해된 페미니즘은 여성 우월주의도 남성 혐오도 아니다. 우리 페미니스트들은 남성의 특권과 지배를 긍정적으로 보지 않지만, 해악을 끼치는 그러한 사회적 관행을 싫어하는 것은 남자를 혐오하는 것과 아무런 관련이 없다. 사람들이 이 두 가지를 구분하려 하지 않고, 페미니스트는 "사랑에 운이 없거나"

남자를 싫어하는 여자라고 단정하는 것은 안타까운 일이다. 가부장적이거나 남성 지배적인 사회적 상황에서 "페미니스트" 개혁을 적용하면, 여성과 소녀들의 상황은 당연히 현 상태를 유지하는 것보다 개선될 것이다. 그것이 어떻게 누군가에게 문제가 될 수 있을까?

학문의 정치

불교 연구는 아시아에서든 서구에서든, 어떤 경전이 중요하고 어떻게 해석해야 하는지에 대해 모든 사람이 동일한 결과를 내놓는 객관적인 실천 분야가 아니다. 때로는 어떤 경전이 필요 이상으로 많이 주목받기도 하고, 반대로 특정 해석 집단에 의해 관련 경전이 수 세기 동안 무시되기도 한다. 이 두 과정은 토착 불교 페미니즘과 관련된 경전들이 불교도와 서양 불교학자 모두에게 받아들여지는 방식에 깊은 영향을 미쳤다. 많은 경전이 불교도들로부터 마땅히 받아야 할 관심을 받지 못한 것으로 보인다. 예를 들어 제4장에서 논의한 바와 같이, 불교에서는 인간을 본질적으로 두 성을 가진 존재라고 인식하는데, 이는 남성을 우선시하고 여성은 그로부터 파생된 존재라고 보는 서양 경전의 내용과 매우 다름에도 불구하고 불교도들에 의해 충분히 활용되지 않았다. 이러한 경전들은, 인간이 본질적으로 두 성을 가진다는 불교적 이해보다 서구의 남성 지배적 종교 제도에 더 일치하는, 불교 내 남성 지배적 제도를 명확히 반박한다.

그러나 서양 불교도들에게 있어, 서양 불교학자들의 남성 중심주의(androcentrism)는 불교 관련 교과서에 포함될 경전을 선택하는 방식과 그 책들이 불교 유산의 어떤 요소를 강조할지를 심각하게 왜곡했다. 이러한 해석 관행은 서양 불교도들이 자신들의 전통에 대해 이해하는 방식에 깊은 영향을 미칠 수밖에 없다. 남성 중심주의는 남성 지배(male dominance)와 다르며, 그 차이는 중요하다. 가부장제로도 알려진 남성 지배는, 사회와 그 제도를 남성이 통제하도록 조직하는 방식이다. 가부장적 사회에서는 여성들이 학자를 포함한 외부 관찰자들에게 대체로 눈에 띄지 않을 수 있으며, 흥미롭거나 중요한 존재로 간주되지 않을 가능성이 크다. 그 결과 여성은 그 사회나 종교에 대한 설명에서 배제되며, 이러한 현상이 바로 남성 중심주의이다. 1960년대 중반 내가 대학원생으로 학문에 입문했을 당시, 종교학 분야의 상황은 이와 같았다. 여성의 종교적 삶과 역할을 연구하려던 나는 심각하게 낙담했는데, 남성 중심적인 서구 학자들이 여성에게는 주목할 만한 종교적 삶이 없다고 "판단"했고, 심지어 여성을 연구하는 것조차 학문적 에너지의 낭비라고 생각했기 때문이다. 나는 남성 지배적 종교에서도 여성은 종교적 삶과 역할, 의견을 가지고 있다고 반박했다. 연구 초기에 나는 여성은 흥미롭지도 중요하지도 않다고 여기는 남성 중심적 학자들이, 자신들이 연구하는 종교와 관련된 많은 중요한 자료들을 간과해 왔다는 것을 알게 되었다.[2] 여성학계는 이러한 패턴을 지속적으로 밝혀냈다. 중요한 점은, 남성 중심주의가 **학자들의 마음속에 자리 잡은** 일련의 전제일 뿐이지, 학자들이 연구하고 관찰하는 자료 **저 밖에** 실제로 존재하는 어떤 것이 아니라는 사실이다. 마찬가지로

---

[2] 내가 쓴 다음의 논문을 보라. "Menstruation and Childbirth as Ritual and Religious Experience among Native Australians," in *Garland*, 131-42.

중요한 것은 서구 학계 전반이 비교적 최근까지도 남성 지배적일 뿐만 아니라 완전히 남성 중심적이었다는 사실을 깨닫는 것이다. 서양의 불교 연구 역시 이러한 일반화에서 예외가 아니다.

게다가 이러한 남성 중심적 학자들은 자신이 "보고"하는 남성 지배를 과장하며, 마치 그것을 즐기는 듯한 태도를 보이기도 한다. 이와 관련해, 오랜 시간이 지난 지금까지도 내 기억 속에서 여전히 불편함을 남기는 일화가 하나 있다. 1967-1968학년도에 내가 수강했던 2학년 산스크리트어 수업에서, 요가 수행자를 뜻하는 "요기"(yogi)라는 용어가 어떤 이유에서인지 언급되었다. 교수는 과도한 기쁨과 비웃음을 드러내며, 해당 용어의 여성형은 "요기니"(yogini)라고 설명했다. 그러나 그는 곧 여성형 용어가 실제로는 "마녀"를 의미한다며, 여성 요가 수행자를 뜻하는 요기니는 존재하지 않는다고 단언했다. 그러한 결론에 대한 그의 기쁨 자체도 불쾌했지만, 무엇보다 그는 잘못 알고 있었다. 당시 나는 적절한 지식이 부족하여 그의 잘못을 바로잡을 수 없었다. 그러나 금강승불교에 대해 조금이라도 아는 사람이라면 "요기니"라는 용어가 여성 수행자에게 긍정적으로 자주 사용되며, 그들은 마녀로 간주되지 않고 성취로 인해 존경받는다는 사실을 알고 있을 것이다. 이러한 잘못된 정보가 극도로 남성 중심적인 학문 분야에서 자리 잡으려는 젊은 여성 학자들에게 얼마나 심각한 소외감을 줄 수 있을지 상상하는 것은 어렵지 않을 것이다. 그런데도 남성 학자들은 운동장 바닥은 기울어져 있지 않고 완전히 평평하며, 여성 학자들이 직면한 근무 조건은 남성들과 전적으로 동일하다고 주장한다.

서양 학문의 남성 중심주의는 학자들이 경전과 그 안의 요소를 선택하고 강조하는 방식에 상당한 영향을 미치며, 덜 남성 중심적인 해석보다 훨씬 더 중심적인 위치를 차지하게 만들곤 한다. 최근 내가 가르치며 강조하기 시작한 사례 중 하나는 내가 가장 좋아하게 된 경전 중 하나인 『대반열반경』(大般涅槃經, Mahaparinibbana Sutta)과 관련이 있다. 이 경전은 특히 팔리어 불교 문헌에 익숙하지 않은 대승불교와 금강승불교 청중들을 가르치기에 적합하다. 팔리 경전 중 가장 길며 붓다의 생애 마지막 석 달을 서술하고 있다. 이 경전에는 많은 일화가 나오는데, 나는 그중에서도 토착 불교 페미니즘 논의와 관련이 있는 중요한 몇 가지에 초점을 맞추려 한다.

중요한 일화 중 하나는 붓다가 자신의 생명력을 포기하기로 결정하고, 이로 인해 석 달 후 죽음에 이르게 되는 내용이다. 팔리 경전에 따르면, 마라는 오늘날 일반적으로 알려진 이야기와 달리, 붓다가 깨달음을 얻은 이후에도 그의 생애 내내 끊임없이 도전과 시험을 계속했다. 『대반열반경』의 세 번째 일화에서, 마라는 다시 붓다에게 다가가 이제 열반(parinibbana)을 성취할 때가 되었다고 말한다. 마라는 붓다가 처음 깨달음을 얻었을 때도 비슷한 제안을 했었다며, 그 당시 붓다에게 이미 최종적인 해탈을 얻었으니 더는 살아 있을 이유가 없다고 주장했었다고 회상한다. 그러나 그때 붓다는 아직 해야 할 일이 남아 있다며 그 일이 끝난 후에야 열반을 성취할 수 있을 것이라고 말하며 마라의 제안을 거절했었다. 이제 마라는 붓다가 스스로 정해놓은 과업을 완수했으니, 열반에 들어야 한다고 다시 주장한다. 붓다는 이에 동의하며, 석 달 후 실제로 열반을 성취할 것이라고 선언한다.

붓다가 자신의 과업이 완수되었다고 선언하기 이전에 충족되어야 했던 조건들은 중요하다. 붓다는 다음과 같이 선언했다.

> 나는 비구들과 제자들이 완성되고, 훈련받고, 숙달되고, 정통하며, 법을 아는 자들이며, 법에 따라 훈련받고, 올바르게 그 길을 따르는 자들로서, 그들이 스승으로부터 배운 것을 전하고, 가르치고, 선포하고, 확립하고, 설명하고, 분석하고, 명확히 하고, … 할 때까지, 최종적인 열반에 들지 않을 것이다.[3]

현대 독자들에게는 다소 성가시게 느껴질 수 있는 팔리 경전 특유의 반복적인 문체로 동일한 조건들이 다시 한 번 제시된다. 이번에는 "비구니들과 여성 제자들"에 관한 것이며, 이어서 "재가 남성 제자들" 그리고 마지막으로 "재가 여성 제자들"에 관한 조건이 두 번 더 반복된다.[4] 붓다와 마라는 이러한 조건들이 충족되었다는 점에 동의하고, 붓다는 마라에게 석 달 안에 열반에 들겠다고 확약한다.

이 구절은 붓다의 과업이 완수되기 위해서는 완전한 성취를 이룬 비구니와 남성 재가자, 여성 재가자가 승가에 포함되어야 함을 강조한다는 점에서 주목할 만하다. 붓다의 과업은 완전히 성취한 비구만 있다고 해서 완성되는 것이 아니다. 이러한 조건은 현대의 불교 공동체 대부분을 향한 심한 질책이 된다. 현대 불교 공동체는 오직 비구만을

---

[3] Walshe, *Long Discourses*, 246-47.
[4] Mahaparinibbana Sutta 3.7-9. 앞의 책, 247.

강조하고 지원하면서 비구니를 무시하고, 재가자가 교사나 완전히 성취한 제자로서 중요한 역할을 맡을 수 있다는 상상조차 하지 않는다. 이 경전에서 재가자 남녀는 단순히 승가를 경제적으로 지원하며 공덕을 쌓는 역할만을 요구받는 것이 아니다. 붓다의 사명을 완성하기 위해서는 그의 공동체 내에 완전히 성취한 재가자 남녀 신도들이 필요하다. 승가도 능력 있는 비구만으로는 충분하지 않다. 능력 있는 비구니도 똑같이 중요하다. 이 구절은 팔리 경전에서 자주 강조되는 내용을 반영하며, 완전한 불교 공동체는 비구, 비구니, 재가자 남성, 재가자 여성으로 이루어진 "사부대중"(四部大衆, fourfould sangha)을 포함해야 한다. 현대 불교에서 흔히 그러하듯 비구니를 제외해서는 안 된다는 점을 강조한다. 이런 구절들은 서양 학자들뿐만 아니라 비구니 수계 복원을 주장하는 불교도들에 의해서도 자주 간과된다.

서양 학자들은 불교 경전 선집과 초기 불교 논의에서 다른 이야기에 더 집중하는 경향이 있다. 즉, 역사 속의 붓다가 여성이 관습적인 가내 생활을 버리고 출가 생활을 하려는 것을 허락하지 않으려 했다는 이야기이다. 특히, 붓다가 비구니에게만 매우 차별적인 여덟 가지 규칙을 부과하고, 여성이 비구니가 되는 것을 허용하지 않았다면 법이 두 배 더 오래 지속되었을 것이라고 주장하는 결말을 그들은 매우 선호하는 것처럼 보인다. 이 학자들은 특정 텍스트에만 집중하며, 『대반열반경』처럼 사부대중의 중요성을 강조하는 경전 내용을 배제하는데, 이는 적어도 세 가지 중요한 점을 간과하는 것이다.

첫째, 올바른 승가는 사부대중을 모두 포함해야 한다는 관점이, 비구니 승단이 후대에 추가된 것에 불과하다고 보는 특정 경전의 내용보다 더욱 규범적이다. 이는 초기 경전들에서 사부대중을 포함한 승가를 전제로 하는 내용이 광범위하게 나타나기 때문이다. 둘째, 많은 현대의 경전 학자들은 붓다가 비구니 승가를 공동체에 통합하기를 꺼렸다는 이야기가 후대에 와서 경전에 삽입된 것이라고 결론짓고 있다. 이는 초기 불교 문헌 곳곳에서 비구니 승가의 존재가 빈번히 언급된다는 사실과 명백히 모순되기 때문이다. 셋째, 붓다가 비구니 수계를 꺼렸다는 이야기를 그대로 받아들인다 해도, 여기에는 초기 불교의 토착 페미니즘을 나타내는 중요한 내용이 담겨 있다. 이는 내가 『가부장제 이후의 불교』에서 지적한 내용이다. 불교에 대한 가부장적 해석가들이 즐겨 인용하는 이 이야기에서, 붓다는 자신의 **마음을 바꾼다**. 일반적으로 전해지는 이야기에서 붓다는 출가 승단에서 여성을 제외하려는 결심이 확고했던 듯하며, 이모의 요청을 이미 세 번이나 거절했다. 이모는 절망적인 상황에서 머리를 깎고 누런 누더기를 입고 맨발로 먼 길을 걸어 붓다를 따라갔음에도 거절당했다. 이때 아난다가 여자들의 입장을 대신하여 붓다께 여자도 출가 생활을 하면 아라한의 경지에 이를 수 있는지를 묻는다. 이에 붓다는 긍정적으로 답한다. 더 이상 여자들의 요청을 거절할 이유가 없어졌고 붓다는 결국 승낙하지만, 여덟 가지의 무거운 계율과 붓다의 가르침이 더 빨리 쇠퇴할 것이라는 예측이 바로 이어진다.[5] 그렇다면 왜 이 이야기

---

5 이 이야기는 다음을 보라. *The Kullavagga* 10.1.1-4. In *The Sacred Book of the East,* edited by F. Max Müller, vol. 20(Oxford: Clarendon Press, 1885), 320-24. Vol. 20 is called Vinaja Texts: Part III, *The Kullavagga,* IV-XII, translated by T. W. Rhys Davids and Hermann Oldenberg.

에서 붓다가 마음을 바꾼 부분은 무시한 채 다른 모든 요소만을 강조하는 것일까? 그가 마음을 바꾼 부분은 토착 불교 페미니즘을 나타낸다. 누군가가 이 경전에, 모든 이의 존경을 받는 붓다께서 여성에 관한 중요한 문제에 대해 마음을 바꾸셨고, 이전보다 훨씬 더 긍정적 태도를 보이셨다는 주제를 주저 없이 포함시킨 것이다. 내가 『가부장제 이후의 불교』에서 썼듯이, 붓다조차 불교에 확립된 남성 지배에 대해 마음을 바꾸실 수 있었다면 현대 불교의 어떤 가부장도 그렇게 할 수 있다. 그들에게는 따라야 할 본보기가 있는 것이다.[6] 나는 "젠더 정체성에 집착하는 것이 어떻게 깨달음을 그르치는가?"라는 제목의 강연에서 이 주제를 자주 강조했는데, 일부 청중은 매우 불쾌해했다. 한 번은 "아니요, 붓다는 마음을 바꾸지 않았어요!"라고 외치는 사람도 있었다. 그렇다면 이를 무엇이라 불러야 적절할까?

비구니 수계를 복원하거나 확립하기를 거리는 많은 불교도들은 역사 속의 붓다가 사부대중을 얼마나 규범적으로 중시했는지를 단순히 무시한다.[7] 그들은 『대반열반경』과 같이 사부대중의 중요성을

---

[6] 다음을 보라 Gross, *Buddhism after Patriarchy*, 39.
[7] 〔역자주〕기원전 6세기경 인도에서 붓다께서 비구니 계를 수계한 후, 500여 명의 석가족 여인들이 출가하며 비구니 승가가 형성되었다. 이는 기원전 3세기경 아소카왕 시기에 불교와 함께 국제적으로 전파되는데, 대표적으로 아소카 왕국의 공주와 다섯 명의 비구니가 스리랑카에 파견되어 스리랑카에 비구니 승가가 형성된다. 이후 불교는 무역로를 따라 1세기경 중국에 전해졌고 4세기경 큰 인기를 얻기 시작하였다. 중국 불교에서는 5세기경 스리랑카의 비구니들을 초청하여 법에 따른 비구니 수계를 진행하여 434년 300명이 구족계를 받았다. 우리나라에서는 4세기경 고구려가 중국으로부터, 백제가 인도로부터, 신라가 고구려를

강조하는 경전은 언급하지 않은 채, 대신 계율의 문제에만 초점을 맞춘다. 붓다는 현재와 같이 비구니 승단이 없는 상황에서 이를 새롭게 시작하기 위한 절차는 마련하지 않았다. 출가 규율에 따르면, 비구니는 비구니와 비구로 구성된 이중 승단에 의해 수계를 받아야 하는데, 상좌부불교와 티베트불교에는 이러한 이중 승단이 존재하지 않는다. "그러니 우리보고 어떻게 하란 말인가?" "우리는 여성을 반대하는 것이 아니다. 우리는 그저 붓다의 가르침을 충실히 따르려는 것뿐이다"라고 그들은 주장한다. 바로 그 붓다께서 자신의 과업이 완수되기

통해 불교를 받아들이면서 비구니의 법맥 또한 전래된 것으로 추정된다. 특히 588년 백제는 일본에서 건너온 선신니 등에게 수계를 진행하였고, 이들은 일본 최초의 비구니가 되었다. 우리나라 기록에 등장하는 최초의 비구니는 신라에서 불교를 공인한 법흥왕의 비妃로, 한국의 비구니 법맥은 이후 약 2,000년에 걸쳐 이어져 왔다. 그러나 인도에서는 3세기경 불교 쇠퇴와 함께 비구니 승단이 사라졌고, 스리랑카에서는 11세기 초 남인도의 침입으로 인해 비구니 승가가 절멸되었으며, 상좌부불교에서도 비구니 계맥이 끊겼다. 티베트불교는 인도에서 불교가 전해질 당시 아예 비구니 법맥이 전해지지 않았다. 동아시아에서도 중국은 공산화 이후 불교 전통 자체가 크게 쇠퇴하였고, 일본에서는 출가하여 수행하는 비구니가 없어, 한국의 비구니 계맥은 국제적으로 큰 주목을 받고 있다. 이처럼 끊어졌던 비구니 계맥을 복원하기 위한 국제 연대 운동의 노력으로 1997년 스리랑카 비구니들의 수계가 재개되었으나, 동남아 지역에서는 여전히 수계가 실현되지 못하고 있다. 한편, 티베트불교에서는 2022년 부탄에서 144명의 사미니가 수계를 받으며 최초로 비구니 승단이 설립되었다.(참고: 유정 스님, 2022년 4월 26일, "세계 비구니 계맥의 흐름을 보다", 샤카디카 코리아 홈페이지; 법보신문, 2006년 11월 14일, "비구니 승가의 재건"; 동아일보, 2009년 9월 19일, "비구니연구소장 본각 스님 "비구니 법맥은 세계적 문화유산"; 법보신문, 2009년 12월 23일, 〔이것이 한국불교 최초〕 28. 비구니比丘尼〔상〕")

위해서는 승가에 재가자 남성뿐만 아니라 능력 있는 비구니와 재가자 여성이 포함되어야 한다고 강조하셨는데도 말이다. 중국의 비구니 승단은 어떤가? 그들은 다른 승가 계율을 따른다. 일부에서 제기하는 더 약한 논리는, 중국인은 대승불교도이고 대승불교만의 독자적인 승가 계율은 없으니 논의할 필요가 없다고 한다. 또는 불교 수행을 실행하고 해탈을 얻는 데에 출가자의 지위는 필요하지 않으니, 여성이 비구니가 될 수 없다는 것은 중요하지 않다고도 주장할 것이다. 그 주장은 분명히 옳지만 그렇게 말하는 비구들은 그 주장을 자신에게 역으로 적용하지는 않는다. 붓다의 가르침을 따르기 위해 여성에게 승가가 필요하지 않다면 그들에게는 왜 승가가 필요한가? 남성의 해부학적 특징 외에 그들의 특권적 지위를 정당화하는 것이 과연 무엇일까? 다른 문제와 관련하여 논의한 바 있듯이, "거위 요리에 어울리는 소스에는 암수가 없다." 여성에게 승가가 필요하지 않다면 남성에게도 필요하지 않다. 나는 일부 계율(vinaya) 학자들에게 법적 선례와 윤리 규범, 특히 종교 전통의 핵심적 윤리 규범이 충돌할 경우, 장기적으로는 윤리가 법적 형식주의보다 우선해야 한다고 제안했다. 윤리적으로 시급한 과제는 붓다가 비구니에 대해 보였던 명확한 선호를 다시 규범으로 삼을 수 있는 사회적 조건을 마련하는 것이다. 또한, 불교도들이 남성 지배에 대한 페미니스트들의 불만을 무시할 때 자주 언급하는 것이 바로 남성도 여성도 아닌 젠더를 넘어선 깨달은 마음 상태인데, 이를 추구하는 데 있어서 여성이 불이익을 받지 않는 사회적 조건을 마련하는 것이다. 자비심을 그토록 강조하는 불교 전통이 어떻게 그 창시자의 자비로운 의도보다 자비롭지 않은 법적 형식주의의 우위를 허용할 수 있는 것일까? 그러나 지금까지 그러한 주장을 한 사람들로부터 어떤 답변도 들을 수 없었다. 하지만 어떤 경우든, 이미 여러 번 언급했듯이, 남성의 수계 계보와 관련된 문제였다면 그들은 모든 것을 빠르고 쉽게 해결했을 것이라고 확신한다. 과거 상좌부불교와 티베트불교에서 실제로 그랬던 사례가 있다.[8]

학문의 정치에 대한 마지막 사례로는, 남성 중심적 서양 학자들이 불교를 실제보다 훨씬 더 남성 지배적이고 여성 혐오적인 것으로 보이게 만드는 텍스트를 선택하는 악명 높은 경우를 들 수 있다. 『대반열반경』의 거의 마지막에 등장하는 짧은 한 구절은, 긴 전체 내용에서 발췌되어 불교 경전 선집에 포함되는 경우가 많다. 그러나 경전 전체에 대한 설명이나, 이 경전이 사부대중의 중요성을 강조한다는 점은 전혀 언급되지 않는다. 붓다가 살아 있겠다고 약속했던 석 달이 지나 붓다는 병들어 임종을 앞두게 된다. 붓다는 함께 여행하던 비구들과 입멸지인 쿠시나가르(Kushinagar)에 도착한 후, 두 그루의 사라(sal) 나무 사이에 누우시고 거기서 돌아가신다. 붓다는 자신의 생애에서 일어난 네 가지 주요 사건의 장소를 순례하는 방법과 자신의 사후 시신을 처리하는 방식에 대해 지시하는데, 그 과정에서 여성의 출가를 허용해달라고 탄원했던 아난다가 질문을 한다.

"세존이시여, 우리는 여자들을 어떻게 대해야 합니까?" 이에 붓다가 답하시길, "그들을 보지 말라, 아난다여." "하지만 보게 된

---

8 다음을 보라. Thubten Chodron, "A Tibetan Precedent for Multi-tradition Ordination," in Mohr and Tsedroen, *Dignity and Discipline*, 183-94.

제5장 토착 불교 페미니즘 197

다면, 어떻게 행동해야 합니까? 세존이시여." "그들에게 말하지 말라, 아난다여." "하지만 그들이 우리에게 말을 하면, 세존이시여, 우리는 어떻게 행동해야 합니까?" "마음 챙김을 실천하라, 아난다여."[9]

이 부분을 말로 설명할 때, 적절한 설정이 갖춰지면 청중들은 폭소를 터뜨리곤 한다. 이 시점에 이러한 내용이 삽입되었다는 사실은 지나치게 어이없이 느껴질 수도 있기 때문이다. 왜 편집자는 이 시점에 이 구절을 삽입했을까? 붓다와 제자들은 45년 동안이나 여성에 대해 어떻게 행동해야 하는지를 논의해 왔고, 이제 죽음을 앞둔 바로 이 순간은 그 주제를 다루기에 적절한 때인 것이다! 그 사실을 언급하지 않더라도, 붓다는 아난다를 칭찬하시며 그가 비구뿐만 아니라 비구니와 재가 여성이 붓다를 접견할 적절한 시점을 항상 잘 알고 있던 훌륭한 시자侍者였다고 말씀하신다. 편집자의 판단은 분명 우리가 충분히 추측할 수 있는 내용이다. 하지만 수많은 서양 불교학자들이 긴 전체 내용을 생략하고 이 몇 줄만 발췌하여, 불교에 대한 지식이 부족해 보이는 학생들과 일반 대중을 위한 선집에 포함시킨 것은 어떤 판단에 따른 것일까?[10] 내가 보여주려 했듯이, 이러한 남성

---

[9] Mahaparinibbana Sutta 5.9., in Walshe, Long Discourses, 264.
[10] 25년 전, 내가 팔리 문헌에 대한 지식이 지금보다 부족했던 당시 Buddhism after Patriarchy(44쪽)에서 이 여섯 줄을 인용했었다는 사실을 인정하는 것은 부끄럽다. 그러나 이는 당시 내가 연구하던 불교 경전 선집에서 이 여섯 줄이 얼마나 널리 퍼져 있었는지를 보여준다.

중심주의는 바로 그 학자들의 마음에 자리 잡고 있으며, 그들이 연구한 다고 주장하는 불교 자료를 통해 그것을 강요한다.

붓다 주변 여성들에 관한 이야기의 변화

서구 페미니즘보다 수 세기 앞선 토착 불교 페미니즘의 근거는, 후대의 문학 전통에서 붓다와 가까웠던 여성들에 대한 이야기들로 뒷받침된다. 붓다에 대해 가장 많이 전해지는 이야기들에서는 그의 삶에서 중요한 여성들, 특히 양어머니 파자파티(Pajapati)와 아내 야소다라(Yasodhara)에 대한 언급이 거의 없다. 이 여성들은 붓다의 생애를 다룬 초기 기록에서 중심인물로 다뤄지지 않는다. 실제로, 비구 나나몰리(Bhikkhu Nanamoli)가 팔리 경전에 근거해 서술한 붓다의 생애에서는 붓다의 아내가 전혀 등장하지 않으며, 마하파자파티(Mahapajapati)도 단지 몇 차례 간략히 등장할 뿐이다.[11] 이러한 초기 기록에서는 붓다가 출가 전 함께했던 여성들보다 그의 (남성) 제자들이 훨씬 더 중요한 위치를 차지한다. 심지어 싯다르타(Siddhartha)가 자신의 목적을 이루기 위해 아내와 갓 태어난 아들을 버리고 떠났다는 잘 알려진 이야기조차 경전 기록에서는 찾아볼 수 없다. 나는 불교도들에게 널리 알려진 "주일 학교" 버전의 붓다 생애 이야기가, 초기 불교도들이 선택한 붓다에 관한 이야기들이 아니라는 점을 인식하는 것이 중요하다고 생각한다.

---

11 Bhikkhu Nanamoli, *The Life of the Buddha: According to the Pali Canon*(Kandy, Sri Lanka: Buddhist Publication Society, 1992).

대략 기원후 2세기경부터 현재에 이르기까지의 후대 불교 문헌에서는 이들의 이야기가 상당히 확장되는데, 이는 불교가 발전하는 과정에서 불교도들이 이야기를 재창조하고 수정하는 데 있어 상당한 자유를 누렸음을 보여준다. 이러한 전통적인 유연성을 고려할 때, 현대 불교도들, 아시아인이나 서양인 모두가 새로운 자료를 도입하는 데 주저하는 이유가 무엇인지 의문이 든다. 더욱이, 붓다의 생애에 등장하는 여성들에 관한 이야기에서 추가된 내용은 야소다라와 파자파티의 지위와 업적을 확장하고 높이는 방향으로 이루어졌다. 이는 오늘날 제안되었다면 분명히 "페미니스트"라는 라벨이 붙었을 것이다.

1) 야소다라

야소다라(산스크리트어로는 Yashodhara)의 이야기는 두 가지 방식으로 정교화되었다. 하나는 싯다르타가 그녀와 갓 태어난 아기를 떠난 친숙한 이야기를 확장하는 방식이며, 다른 하나는 이 이야기를 근본적으로 벗어나는 방식이다. 첫 번째 이야기는 야소다라의 슬픔을 강조하며, 마침내 그녀가 전 남편 싯다르타를 다시 만났을 때 그를 심하게 책망하는 모습을 묘사한다. 또한 미래 붓다의 아내이자 동반자로서 그녀의 역할이 중요함을 부각한다. 이러한 서사는 보살이 깨달음을 얻는 데 필요한 공덕과 덕목을 개발하는 과정에서, 미래의 붓다와 그녀의 오랜 동반자 관계 그리고 붓다에 대한 그녀의 변함없고 충실한 헌신의 중요성을 강조한다. 그러나 같은 이야기는 야소다라의 영적 성취와 깨달음, 열반, 신통력에 대해서도 다루고 있다.

그러나 야소다라의 이야기는 티베트불교도가 따르는 산스크리트

계율서인 『근본설일체유부비나야』(根本說一切有部毗奈耶, *Mulasarvastivada Vinaya*)에서 완전히 다른 방향으로 전개된다.[12] 이 이야기에서 붓다의 아들 라훌라는 싯다르타가 집과 가족을 버리고 떠난 날 태어나는 것이 아니라, 그날 밤에 잉태된다. 야소다라는 부부 간의 사랑을 나눈 후 무서운 꿈을 꾸고 강렬한 불길한 예감을 느낀다. 그녀는 싯다르타에게 어디를 가든 자신을 데려가 달라고 요청하고, 그는 그렇게 하겠다고 약속한다. 그러나 아침에 눈을 떠보니 싯다르타는 이미 떠나고, 그녀는 임신한 상태가 된다. 그러나 그들의 여정은 계속되는데, 싯다르타는 깨달음을 향해 고군분투하고 야소다라는 그가 출가 후 깨달음을 얻기까지의 6년 동안 임신 상태를 유지한다. 싯다르타가 깨달음을 얻은 날 밤, 야소다라는 마침내 아들을 출산한다.

이 기이한 이야기를 어떻게 해석할 수 있을까? 출산과 깨달음을 동등하게 중요한 또는 주목할 만한 사건으로 간주하기는 어렵다. 출산은 매우 흔한 일이지만 깨달음은 극히 드문 일이기 때문이다. 이 이야기는 싯다르타가 야소다라를 떠난 후에도 두 사람 사이의

---

12 다음을 보라. John S. Strong, "A Family Quest: The Buddha, Yasodhara, and Rahula in the *Mulasarvastivada Vinaya*," in Juliane Schober, *Sacred Biography in the Buddhist Traditions of South and Southeast Asia*(Honolulu: University of Hawaii Press, 1997), 113-28. 스트롱은 이 논문에서 해당 자료의 시점을 명확히 밝히지 않았지만, 설일체유부파(Sarvastivadins)와 근본설일체유부파(Mulasarvastivadins)는 초기 불교의 18개 학파 중 하나이다. 나는 이 자료들이 대략 기원후 2세기 이전에 작성되었을 가능성은 낮다고 보고, 불교 역사 약 700년 후의 시점에 작성된 것으로 추정하고 싶다.

유대가 계속되었음을 보여주는 분명한 시도로 보인다. 또한 비록 그들이 헤어졌지만 각자의 삶은 같은 궤도를 따라 진행되었음을 강조한다. 싯다르타가 금식을 하면 야소다라도 금식을 하고, 그가 음식을 먹기 시작하면 그녀도 먹었다. 결국 그녀의 임신과 그의 영적 탐구는 동시에 절정에 이른다. 불교도 여성이자 페미니스트로서, 나는 개인적으로 야소다라의 이 이야기에서 본받을 만한 점을 찾지는 못했지만, 싯다르타가 떠난 후의 그녀 삶에 대해 관심을 기울였다는 점은 높이 평가한다. 표면적 이야기가 무엇을 암시하든 간에 이 이야기는, 불교 전통에서 금욕 생활이 강조됨에도 불구하고, 남녀 간의 지속적이고 본질적인 동반자 관계를 설명하려는 미완의 시도로 읽힐 수도 있다. 아니면 더 급진적인 방식으로 이야기를 해석할 수도 있다. 임신과 출산을 경험하는 여성은 세속을 버리고 깨달음을 얻은 남성만큼이나 가치 있는 존재이며, 불교의 전반적인 가치 체계 안에서 쉽게 무시되어서는 안 된다는 것이다. 어떤 남자도 경험한 적 없는 임신과 출산을 겪은 많은 여자들은 아마도, 불교의 비구들이 어떻게 생각하든 간에, 자신의 성취가 남자의 성취만큼이나 어렵고 중요하다고 **정말로** 느낄 것이다. 이러한 생각이 이 특이한 이야기의 저자들에게 동기를 부여했을 것이라고 상상하기는 어렵지 않다.

후대의 태국 이야기는 야소다라가 남편을 헌신적으로 섬겼음에도 버림받은 것에 대해 느끼는 극심한 슬픔과 부당함의 감정을 상세히 다룬다.[13] 이 일화는 붓다가 깨달음을 얻은 후 처음으로 고향을 방문했

---

13 이 일화를 번역한 돈 스웨어(Don Swearer)는 1799년으로 날짜가 표시된 원고에서 이를 가져왔다. Donald Swearer, "Bimba's Lament," in *Buddhism in Practice*,

을 때의 이야기 속에 삽입되어 있다. 이 이야기에서 빔바(Bimba)로 불리는 야소다라는 붓다의 친척 중에서 유일하게 붓다를 맞이하러 나가지 않았다. 대신 그녀는 방에서 슬픔을 가누지 못하여 울며 기절하고, 자신의 끔찍한 운명은 전생의 나쁜 업의 결과라고 되뇌인다. 결국에는 붓다를 만나게 되고 그녀는 긴 머리카락을 풀어 붓다의 발 위로 쓸어 넘긴다. 그녀는 그에게 경의를 표하며, 책망한다. "세존이시여, 당신에게 경의를 표합니다. 저는 불운하며 당신 앞에서 부끄럽습니다. 당신은 아무런 연민도 없이 저와 우리 아이를 버렸습니다. … 당신은 저를 이렇게 오랫동안 홀로 내버려둘 것이라는 암시를 한 번도 주지 않았습니다."[14] 그녀의 극심한 슬픔은 많은 불교도들에게 모범적인 행동으로 여겨지지는 않을 수 있지만, 많은 여자들이 이 이야기에 대해 느끼는 감정을 분명히 반영한다. 이 이야기를 "해명하는" 것은 상대적으로 어려울 수 있다. 불교가 태국의 지배적인 종교로 자리 잡은 지 오래된 후에도, 붓다의 행동에 대한 급진적 비판이 그의 삶의 서사에 삽입될 수 있었던 점은 새롭게 다가온다.

란지니 오베예세케레(Ranjini Obeyesekere)가 2009년에 번역한, 상좌부불교 전통의 스리랑카 신할라어 문헌은 초기 팔리와 산스크리트 전통에서 야소다라의 더 잘 알려진 서사를 따르면서도, 완전히 다른 방향으로 전개된다.[15] 언급할 두 텍스트 중 하나인 『야소다라의 성스러

---

ed. Donald S. Lopez, Jr.(Princeton, NJ: Princeton University Press, 1995), 541-52.

14 앞의 책, 550-51.

15 Ranjani Obeyesekere, trans., *Yasodhara, the Wife of the Bodhisattva: The*

운 전기』(*Yasodharapadanaya*)는 12세기 또는 13세기에 쓰여진 것이며, 다른 하나인 『야소다라 이야기』(*Yasodharavata*)는 확실한 작성 날짜나 작가가 알려지지 않은 민간전승 시이다. 두 텍스트 모두 대체로 동일한 이야기 전개를 따르며, 결국 야소다라가 기적을 행하는 아라한으로서 붓다로부터 극찬을 받고, 성공적으로 열반에 드는 것으로 마무리된다. 둘 다 또한 싯다르타가 야소다라를 떠난 사건과 이에 대한 야소다라의 반응을 다루고 있으며, 싯다르타와 야소다라의 오랜 동반자 관계에 대해서도 서술한다. 그들의 동반자 관계는 미래의 싯다르타이자 붓다가 처음 보살 서원을 했을 때 시작되었다고 하며, 미래의 야소다라는 그 전생에서 항상 싯다르타의 동반자로 다시 태어나 그를 돕겠다고 서원했다그 한다. 따라서 이야기 중 일부는 그녀의 헌신과 보살의 길을 걷는 붓다를 돕기 위해 그녀가 기여한 여러 가지 방식을 강조한다.

　민간전승 시 『야소다라 이야기』는 싯다르타에게 버림받은 야소다라의 감정적 충격에 주로 초점을 맞춘다. 그녀는 전생 내내 그를 지지해왔음을 회상하며 그를 책망하고, 자신의 주요 불만을 토로한다. 그녀가 느끼는 진정한 문제는 그가 자신을 떠난 것이 아니라, 떠나기 전에 무엇을 하려는지조차 말하지 않았다는 점이다. 전생에서 헌신적으로 그를 도왔던 자신을 이렇게 대하는 것은 불공평하다고 느끼는 것이다. 이러한 문학에는 충실하지만 버림받은 아내의 목소리가 등장하는데, 이는 불교 역사 전반에 걸쳐 아마도 많은 여성이

Sinhala Yasodharavata("The Story of Yasodhara") *and the Sinhala Yasodharapadanaya*("The Sacred Biography of Yasodhara")(Albany: State University Press of New York, 2009).

경험했을 법한 감정일 것이다. 실제 삶에서는 거의 목소리를 내지 못하거나 중요하게 대접받거나 신뢰받지 못했을 인물이, 이러한 문학에서는 자신의 슬픔과 좌절을 표현할 수 있다. 평범한 여자들이 이러한 문학적 인물과 자신을 동일시하며, 충족감을 주지 못하거나 성취되지 못한 관계에 대한 슬픔을 위로받는 모습을 쉽게 상상할 수 있다. 이 시를 번역한 오베예세케레는 여자들은 노동을 하면서 이런 비탄의 노래를 부르고, 새로운 구절을 즉흥적으로 지어낸다고 설명한다.[16] 이러한 문학은 서구 페미니즘과 전혀 관련 없는 것이 분명하다. 그러나 이는 많은 현대 서구 페미니스트들이 페미니즘 의제로 여길 만한 요소들을 보여준다. 즉 침묵당하던 여자들에게 목소리를 부여하고, 그들의 정서적 삶을 탐구하며, 그들이 동일시할 수 있는 종교적 대중 영웅을 제시하는 것이다. 많은 토착 논평가들에게 이러한 문학을 페미니즘과 연결하려는 생각이 전혀 떠오르지 않는다는 사실은, 페미니즘이라는 라벨이 얼마나 애매하며 궁극적으로 무의미할 수 있는지를 보여준다.

두 텍스트 모두 야소다라가 어떻게 비구니가 되어 부지런히 수행한 끝에 아라한의 경지에 이르렀는지를 이야기하며, 이를 통해 그녀와 붓다와의 관계뿐만 아니라 그녀 자신의 영적 삶에도 초점을 맞춘다. 두 작품 모두에서 야소다라는 노년에 아라한 비구니가 되어 열반에 들고, 붓다로부터 찬사를 받으며, 민간 전승 시에서는 붓다가 그녀의 상여에 꽃을 올린다.[17] 그런데 『야소다라의 성스러운 전기』는

---

[16] 앞의 책, 15.
[17] 앞의 책, 55-56.

전적으로 야소다라의 성공적인 열반에 관한 이야기이다. 본문의 시작 부분에서 야소다라는 이제 열반에 들 때가 되었다고 결정하고 이를 알리기 위해 붓다를 찾아간다. 그러자 붓다는 그녀를 두고 다음과 같이 말한다.

> 이 존경받는 분은 셀 수 없이 많은 과거 생을 볼 수 있는 지식을 지닌 분이다. 그녀는 천안통(天眼通, Divine Eye)과 천이통(天耳通, Divine Ears)을 얻어 특별한 시각과 청각의 능력을 갖추었다. 또한 모든 번뇌(Defilements)를 소멸시키고 삼종지(三種智, the Three Kinds of Knowledge)의 정상에 도달했다. 그녀는 붓다에 필적할 만한 초능력을 지니고 있다.[18][19]

이후 붓다는 야소다라에게 초능력을 보여 달라고 요청하고, 그녀는 기적을 선보인다. 만약 이 서사가 영화로 제작된다면, 최고 수준의

---

18 앞의 책, 65.
19 〔역자주〕 천안통과 천이통은 선정을 닦아 얻는 육신통六神通, 즉 여섯 가지 초인간적이고 불가사의한 능력 중 일부이다. 천안통은 거리와 관계없이 우주법계의 모든 현상을 낱낱이 볼 수 있는 신통력이며, 천이통은 멀고 가까운 모든 소리를 들을 수 있고, 짐승과 귀신의 말까지도 이해할 수 있는 신통력이다. 한편, 삼증지는 삼지三智라고도 하며, 다음과 같은 세 가지 지혜를 의미한다. 도종지道種智라는 보살이 중생을 교화할 때 세간世間, 출세간出世間, 유루有漏와 무루無漏의 도를 말하는 지혜, 일체지一切智라는 모든 법의 총체적 모양을 아는 지혜, 일체종지一切種智라는 일체 만법의 별상別相을 낱낱이 아는 붓다의 지혜가 그것이다.(참고: 실용 한-영 불교 영어사전, "육신통"과 "삼지" 항목)

특수효과 거장들이 필요할 정도로 경이로운 장면들이 펼쳐진다. 그 후 야소다라가 여러 생을 거치며 싯다르타를 얼마나 많이 도왔는지에 대한 긴 설명이 그녀의 열반 서사 속에 삽입된다. 민간전승 시와 달리, 보다 정통적이고 문학적인 이 텍스트에서는 그녀가 버림받았다는 슬픔이 언급되지 않는다. 오히려 야소다라는 싯다르타와 함께한 여러 전생을 회상하며, 어떤 상황에서도 그의 행동을 받아들이고 지지해 왔다고 선언한다. 그런 다음 붓다가 다시 등장하여 야소다라의 위대함을 찬양하며, 자신과 함께 그녀가 깨달음에 필요한 모든 덕목을 스스로 실천했다고 선언한다. 야소다라는 이렇게 기적을 보여주고, 함께한 윤회의 모든 생에서 붓다를 헌신적으로 도왔음을 회상하고, 붓다로부터 최상의 영적 경지에 도달했다는 극찬을 들은 후, 수도처로 돌아가 그날 밤 열반에 든다. 이 텍스트에서는 또한 정교한 장례 의식이 거행되는데, 붓다가 직접 그녀의 사리를 수습하여 탑을 세우고 꽃과 향을 공양하는 모습이 묘사된다.[20]

이 이야기들은 붓다와 야소다라의 동반자 관계와 야소다라가 독립된 수행자로서 쌓은 공덕에 동등하게 초점을 맞추고 있다. 『근본설일체유부비나야』에 나오는 기이한 이야기처럼, 이 텍스트들은 야소다라를 무시하면서 붓다에게만 거의 전적으로 집중하려 하지 않는다. 물론 야소다라가 붓다와 동등하게 중요한 존재로 그려질 수는 없었겠지만, 이 텍스트들은 그들 간 동반자 관계의 강도와 그것이 붓다의 긴 여정 전체에 기여한 방식에 훨씬 더 관심을 가진다. 마치 항상

---

[20] 앞의 책, 79.

남성인 미래의 붓다는 여성 동반자 없이는 불완전하고 부적절하다고 선언하는 것처럼 보인다. 반면 더 전통적이고 익숙한 이야기에서는 전적으로 남성 붓다에게만 초점이 맞춰지며 야소다라는 싯다르타가 궁전을 떠나자마자 이야기에서 사라져 주목받지 못한다. (당시의 인도 사회를 고려할 때, 싯다르타가 가장으로 사는 동안은 아내가 필요했지만, 그녀가 그의 삶에서 중요한 역할을 해야 하는 것은 아니었다.) 하지만 이 이야기들에서 두 사람의 관계는 "죽음이 그들을 갈라놓을 때까지" 계속되며, 야소다라는 전체 줄거리에서 필수적인 인물로 다뤄진다. 이 텍스트들에는 야소다라가 상대방의 가혹한 대우를 감내하면서도 그에게 헌신하는 등 남성 지배적인 요소가 많이 남아 있지만, 그럼에도 불구하고 야소다라와의 동반자 관계에 대한 관심과 그들의 오랜 관계 속에서 동반자 관계의 성격을 강조하는 점은 어느 정도 "페미니스트" 요소로 여겨질 수 있다. 특히 야소다라를 무시하는 더 전형적인 이야기들과 비교할 때 이러한 해석은 더욱 두드러진다.

더욱 "페미니스트"적인 점은 야소다라가 생애 마지막에 아라한의 길을 완전히 완성하며 "붓다에게 뒤지지 않는" 신통력을 얻었다는 주장이다. 야소다라가 이전에 어떤 일을 겪었거나 어떤 고통을 견뎌냈든, 생애 마지막 순간에는 더 이상 붓다보다 열등하지 않았다. 다만, 모든 깨달은 존재는 스스로 열반의 길을 발견할 수 없었다는 점에서 붓다보다 "열등"하다는 사실만 제외하면 말이다. 그러나 일단 깨달음을 얻었을 때, 그녀는 붓다만큼이나 실제적이고 완전하게 자유로웠다. 이는 이전의 더 전통적 이야기와 얼마나 다른가. 그리고 싯다르타가 집을 떠나는 시점에서 그녀 이야기가 단순히 끝나는 대신, 그녀가 아라한의 경지에 도달한다는 결말은 얼마나 더 "페미니스트"적인가. 그리고 붓다 자신이 그녀의 사리를 기리고 예를 표하는 것은 얼마나 "페미니스트"적인가. 여성은 깨달음을 얻을 수 없다고 가르치는 전통에서 자란 여성들에게, 이 이야기는 분명히 중요한 의미를 지닌다.

2) 마하파자파티

파자파티(산스크리트어로는 Prajapati)는 붓다의 양어머니이자 최초의 비구니로 고타미(팔리어로는 Gotami, 산스크리트어로는 Gautami)라고도 알려져 있다. 그녀에 대한 이야기들은 표준적인 이야기만큼 정교하지는 않지만, "페미니스트" 요소가 더해져 더욱 인상적이다. 야소다라의 이야기는 싯다르타의 아내이자 동반자로서 평생을 함께했기 때문에 정서적 울림을 주는 반면, 마하파자파티는 마지막 생은 물론 전생에서도 싯다르타와 복잡한 감정적 관계를 가졌다고 여겨지지 않았다. 대신 전생 이야기에서 그녀는 파두무타라(Padumuttara) 붓다가 살았던 시기에 태어나 그 붓다가 자신의 이모를 모든 비구니의 수장으로 삼는 모습을 지켜보았다고 한다. 그녀는 미래의 붓다 생애에서 자신이 바로 그와 같은 여인이 되겠다고 결심했다. 그 후 파자파티는 도리천(忉利天, the Heaven of the Thirty-Three)에서 여신으로 다시 태어나 오랫동안 그곳에서 살았다. 그녀의 나머지 생애는 간략히 언급되며, 결국 마지막 생에서 싯다르타의 이모로 태어난다.[21]

그녀의 이야기는 『쿳다까 니까야』(Khuddaka Nikaya)의[22] 아파다나

---

[21] Jonathan S. Walters, "Gotamī's Story," in Lopez, *Buddhism in Practice*, 128-30.
[22] 〔역자주〕 팔리어로 "신身"이나 "집集"을 뜻하는 니카야는 대승불교의 아함에

(*Apadana*) 부분에 나오는데, 이 경전은 일반적으로 팔리 경장 부분에 가장 늦게 포함된 것으로 여겨지므로 야소다라에 관한 신할라어 텍스트보다 훨씬 오래된 것이다. 아파다나는 역사 속 붓다 시대에 살면서 열반에 든 유명한 비구와 비구니들의 전생 이야기를 담고 있다. 불교가 빠르게 대중화되던 아소카왕 직후의 시대(기원전 마지막 두 세기)에 쓰여진 것으로 추정된다. 이러한 전생 이야기는 불교도가 된 많은 재가자들에게 영감을 주었을 것이라고 여겨진다. 그들이 비록 현생에서는 비구나 비구니가 되지 않더라도, 유명한 비구나 비구니가 이전 생에서 어떻게 살아왔는지를 통해 본보기로 삼을 수 있었다.[23] 이 경전은 조나단 월터스(Jonathan S. Walters)가 훌륭하게 번역하고 주석을 달았다.[24]

야소다라에 관한 신할라어 문헌처럼, 이 텍스트는 본질적으로 마하파자파티의 열반에 대한 설명이다. 시작 부분에서 마하파자파티는 나이가 들어 붓다의 죽음을 직접 마주하고 싶지 않아, 자신이 먼저 열반에 이르기로 결심한다. 그녀는 붓다를 찾아가 마지막 인사를 하고 자신의 결정을 전한다. 마지막 부분은 마하파자파티와 그녀와

해당하는 상좌부불교의 경장으로, 총 5가지로 구성된다. 그중 가장 마지막 편인 쿳다까 니까야는 구전 과정에서 형성된 것으로 보이며, 그 기원은 부파 분열 이전까지로 거슬러 올라갈 수 있다.(참고: 고익진, 『불교의 체계적 이해』, 광륵사, 2015; 미디어 붓다, 2018년 3월 5일. "아함은 삼장 중에 경장에 해당되고 구전으로 전승되었다")

23 앞의 책, 113.
24 Jonathan S. Walters, "A Voice from the Silence: The Buddha's Mother's Story," *History of Religions* 33, no. 4(May 1994): 350-79.

함께 "출가한" 오백 명의 비구니들을 위한 장례 의식 묘사를 포함하며, 붓다가 그녀를 극찬하면서 이야기가 마무리된다. 이 서사에는 마하파자파티와 붓다가 다른 불교도들에게 전하는 많은 가르침과 마하파자파티의 전생에 대한 설명, 그리고 붓다와 마하파자파티의 마지막 대화 내용이 포함되어 있다. 이 맥락에서 토착 "페미니즘" 또는 원시 페미니즘이라는 주제와 관련된 몇 가지 일화를 논의할 수 있다.

짧고 흥미로운 한 대화에서 마하파자파티는 붓다가 비구니 승단 설립에 매우 주저했던 잘 알려진 사실을 분명히 지적하며, 붓다에게 자신이 잘못했다면 용서해 달라고 요청한다. 그러나 그녀는 곧 붓다의 대답을 기다리지도 않고, 이렇게 선언한다.

용서할 수 없는 일! 용서하라!
내가 왜 이제 와서 나의 덕을 칭송해야 하나?
당신께 더 무슨 할 말이 있겠는가?
내가 열반에 들 터인데.[25]

또 다른 구절에서 그녀는 이렇게 말한다.

장로들도 보지 못하는 그 상태
불심 없는 스승들도 보지 못하는 것을
불심을 가진 소녀들이 목격하네.
겨우 일곱 살에.[26]

---

[25] Walters, "Gotamī's Story," 123.

그러나 우리 주제와 가장 관련있는 진술은, 마하파자파티가 붓다에게 이제 "가야" 할 때가 되었고 붓다의 가르침을 성취했다고 말하자 붓다가 그녀에게 한 요청이다. 붓다는 이렇게 말한다.

> 그러나 여전히 의심하는 어리석은 자들이 있다니,
> 여자도 진리를 깨달을 수 있다는 것을.
> 고타미여, 기적을 보여
> 그들이 잘못된 견해를 버리게 하라.[27]

그 요청에 응하여 마하파자파티는 적어도 야소다라에 못지않은 기적을 보여준다. 이 구절은 불교도들이 불교 가르침의 타당성을 증명하기 위해 기적에 지나치게 의존하기 시작했음을 알려준다. 또한 이 구절은 불교도들 사이에서 여자가 깨달음을 얻을 수 있는지에 대한 의구심이 커지기 시작했으며, 그런 관점이 불교계 곳곳에서 더욱 확고해졌음을 분명히 보여준다. 그러나 여기서 붓다는 이것이 "잘못된 견해"라고 말하고 있다. 붓다를 따라 이것이 잘못된 견해라는 것을 받아들이면, 어떻게 누가 여성은 깨달음을 얻을 수 없다는 믿음을 계속 고집할 수 있을까? 다수의 추종자들이 여성에 관한 부정확하고 부정적인 견해나 관행에 빠져 있을 때, 그들의 잘못된 견해를 바로잡는 붓다의 모습을 나타내는 것보다 더 "페미니스트"적인 입장이 있을 수 있을까? 페미니즘을 "여성의 지위를 기존에 받아들여진 상태에서

---

26 앞의 책, 125.
27 앞의 책, 126.

의도적으로 높이려는 모든 운동"이라고 정의할 수 있다면, 기원전 마지막 몇 세기의 이 불교 경전 저자들은 분명 토착 불교 "페미니스트들"이었다.

아파다나 문헌을 가장 많이 연구한 학자인 조나단 월터스는 한걸음 더 나아간다. 그는 이 경전의 사유체계에서 남자는 항상 남자로, 여자는 항상 여자로 다시 태어난다고 주장한다.[28] 이러한 믿음이 여성은 깨달음을 얻을 수 없다는 믿음과 결합하면 심각한 문제가 발생한다. 깨달음과 끝없는 윤회로부터의 자유라는 불교의 목표는 약 절반의 인구인, 즉 많은 경건하고 근면한 불교 여성들에게 결코 달성할 수 없는 목표가 되는 것이다. 월터스는 고타미의 이야기를 이러한 문제를 해결하려는 시도로 보고, "붓다에 대응하는 여성이자 비구니 종단의 창시자로서, 비구 종단의 창시자이자 지도자인 고타마와 (그를 대체하지는 않지만) 동등한" 존재로 고타미를 묘사했다고 주장한다. 월터스는 고타미가 "여자들을 위한 붓다"라고까지 주장한다.[29] 그는 이러한 해석을 뒷받침하기 위해, 여기서 마하파자파티는 항상 고타미라는 씨족 이름으로 불리지만 다른 문헌에서는 보통 파자파티라는 이름으

---

[28] 이는 상좌부불교의 일부 학자들이 주장하는 내용이다. 나는 개인적으로 이것이 옳은 주장인지에 대해 의문을 가지고 있다. 왜냐하면 이는 가장 기초적인 불교 논리와 너무 반대되기 때문이다. 자타카와 아파다나 서사에는 생애마다 성별 전환이 포함되어 있는데, 이는 성별 전환이 불가능하다는 것이 고정된 교리가 아님을 시사한다. 이후의 대승불교에서 성별 전환은 널리 퍼진 이야기들 속에 자주 등장하는 공통 주제가 되었다.

[29] Walters, "Gotamī's Story," 117, and Walters, "A Voice from the Silence," 369-79.

로 불린다는 점을 강조한다. 고타미라는 이름의 중요성은 그녀가 여성 부처로 상징된다는 데 있다. "문법적으로 '고타미'는 붓다의 알려진 이름인 '고타마'에 정확히 대응하는 여성형이다."[30] 우리는 아파다나의 다른 구절을 인용하면서 이 탐구를 마무리할 수 있을 것이다. 문헌은 고타미의 "출가"에 대해 다음과 같이 말한다.

붓다의 위대한 열반은 훌륭하나,
이것만큼 훌륭하지는 않다.
고타미의 위대한 출가는
정말로 빛났다.[31]

고타마와 고타미 사이의 경쟁 구도에 초점을 맞추지 않더라도, 이 텍스트는 여성이 영적 능력 면에서 남성보다 열등하지 않다는 강력한 주장을 펼치고 있다고 확실히 결론 내릴 수 있다. 만약 이 텍스트가 오늘날 쓰였다면, 어떤 사람들은 이를 성스러운 불교 경전에 포함시키기보다는 오히려 "페미니스트적"이라며 배척하려 했을지도 모른다!

우리는 역사 속 붓다의 삶에서 가장 중요한 두 여성에 관한 이야기들이 불교도들에 의해 어떻게 확장되었는지를 보여주는 사례를 통해 두 가지 결론을 도출할 수 있다. 첫 번째는 불교 전통에서 젠더 논쟁과

---

30 Walters, "Gotamī's Story," 117.
31 앞의 책, 136.

관련된 문제이다. 나에게 이 문헌은 두 여성뿐만 아니라 일반 여성의 지위를 높이려는 시도로 보인다. 이를 위해 두 여성의 깨달음이 붓다나 남성 아라한보다 결코 뒤처지지 않음을 보여주는 방식으로, 그들의 삶에 대한 기존 서사가 확장된 것이다. 이는 초기 불교에서 붓다만이 법을 발견할 수 있지만, 그 후에는 여성을 포함해 누구든 그 법을 온전히 깨달을 수 있다는 가르침과도 일치한다. 또한 파자파티와 야소다라를 비롯한 여성들의 이야기가 확장된 이유는, 여성 불교도의 지위가 하락하기 시작했음을 일부 현명한 불교도들이 알아차렸기 때문으로 보인다. 이러한 상황은 불교의 근본 가르침에 맞지 않으며, 이에 따라 이 이야기들은 불교에 스며들기 시작한 부적절하고 법에 맞지 않는 젠더 위계를 의도적으로 바로잡으려는 것이었다. 오늘날이라면, 이렇게 바로잡는 시도는 "페미니즘"이라고 불릴 수 있을 것이다.

새롭게 재해석된 이 익숙한 이야기의 모호함과 복잡성은 면밀히 분석할 가치가 있다. 이 이야기들이 전개되는 과정에서 가장 중요한 점은, 불교에서는 남성 지배가 항상 논쟁의 대상이었다는 사실이다. 불교의 남성 지배와 가부장제 전통은 아주 분명하지만, 그것이 전부는 아니다. 아시아와 서구 모두에서 제기된 비판과는 달리, 이러한 논쟁을 단순히 "페미니즘의 혁신" 또는 서구 페미니즘의 영향으로만 해석해서는 안 된다. 나는 불교 경전에서 적절한 여성 역할 모델을 찾는 서양 불교 페미니스트 중 한 사람이며, 이러한 탐구가 남녀를 불문하고 현대 불교도에게 중요하다고 오랫동안 생각해 왔다. 불교 기록을 면밀히 연구한 결과, 적어도 30년 전에 서양 불교도들이 알고 있던 것보다는 훨씬 더 많은 관련성 있는 여성 역할 모델들이 존재한다는 사실을 알 수 있었다. 그러나 여성과 관련된 역사적 역할 모델을 찾는 이러한 탐색을 불교의 과거에 대한 이분법적인 흑백 논리로 단순화하려는 유혹에 빠지기 쉬운데, 이는 순진할 뿐 아니라 오히려 역효과를 가져올 수 있다. 불교 속 여성들에 대한 지속적인 이야기 전통을 탐구함으로써, 나는 불교가 전적으로 가부장적이었다거나, 불교에는 젠더 문제가 없으므로 페미니스트 비판은 무의미하다는 기존의 일반적 주장보다 더 정확하고 적절한 서사를 회복할 수 있다고 제안한다.

다시 기본적인 요점으로 돌아가 보자면, 불교에는 항상 "페미니스트" 운동이 존재해 왔다. 이는 불교에 "고유한" 것이다. 따라서 비구니 승가의 복원과 같은 변화를 제안하는 것에 "페미니스트"라는 라벨을 붙이고, 그 라벨을 사용하여 해당 제안이 명백히 서구적이고 식민주의적이며 토착 아시아 불교도들은 결코 생각해 낼 수 없는 것이라며 묵살하는 것은, 진지한 불교적 논의로서 가치 없는 주장이다. 비구니 승가의 복원은 불교의 본래 목표를 증진하는 진정한 불교적 관심사인가? 왜 불교 전통에 대한 비판은 불교적 토대 위에서 이루어질 수 없고, 반드시 어떤 외부적 시각에서 비롯되어야 한다고 가정하는가? 예를 들어, 붓다가 사부대중의 중요성을 강조한 점을 부각하는 것은 비구니 승가 복원의 주요 논거로 활용되어 왔다. 최근 불교 역사에서 그것이 충분히 인정받았는지 여부와는 관계없이, 이것 또한 전통적으로 계승되어 온 불교 규범이다.

전통 속의 문제를 비판적으로 사고하지 않은 채 모든 것을 수동적으로 받아들여야 한다고 주장한다면, 그것은 아시아인이든 서양인이든 불교도의 지성과 진실성에 큰 해를 끼치는 일이라고 단언할 수 있다. 또한 이러한 비판적 관점과 가치가 불교적인 근거가 아니라 비불교적인 것에서 비롯되었다고 가정하는 것도 마찬가지로 문제이다. 이러한 비판적 관점이 불교적 영감에서 비롯된 것이라면, 그것을 서양인이든 아시아인이든 누가 언급하든 간에 그것은 불교에 고유한 것이다. 그러니 특정한 이름을 붙여 비방하기보다는, 불교의 젠더 평등과 관련된 문제들을 그 본질에 따라 논의하자. 어떤 제안에 "페미니스트"라는 라벨을 붙여 무시하는 것은, 불교의 그 많은 가르침을 스스로 부정하는 것이 아니라면 전혀 적절하지 않다.

두 번째의 주요 결론은 종교 담론에서 "이야기"가 지니는 중요성으로 돌아간다. 이 메시지를 전달하는 매체가 논리적이고 추상적인 표현 방식이 아닌 이야기라는 점은 주목할 만하다. 지나치게 고상하거나 이성적인 사람이 아니라면 누구나 이야기를 이해할 수 있으며, 그 힘과 생생함에 감동할 수 있다. 또한 나는 사람들이 자신들의 성스러운 이야기 속에서 살아가면서도, 항상 오래된 전통적이고 성스러운 이야기를 현대 상황에 맞게 새롭게 말하고 싶어 한다고 주장하고자 한다. 따라서 이야기를 다시 말하고, 바꾸고, 심지어 급진적으로 재해석하는 것은 전통에 대한 불경함이나 무시를 나타내는 것이 아니라, 오히려 그 전통의 가치가 여전히 사람들의 삶과 정신에 깊이 울려 퍼지고 있음을 보여주는 것이다. 만약 이야기가 더 이상 다시 말해질 수 없고, 함부로 손댈 수 없는 신성한 버전으로 굳어진다면, 그 이야기는 죽은 것이며 더 이상 사람들에게 영감을 주거나 삶을 활기차게 할 수 없게 된다.

이 성스러운 이야기들을 둘러싼 경험적 역사를 탐구하는 것은, 그 이야기들이 여전히 살아 있는 경전임을 훼손하지 않는다. 그러나 근본주의적 입장, 즉 성스러운 이야기가 곧 경험적 역사라는 주장은 이야기를 완전히 다비시켜서, 그것이 시대와 세대를 넘어 새로운 관련성을 가지고 살아 있는 경전이 될 수 있는 능력을 앗아간다. 이야기는 항상 다시 말해지고, 확장되며, 갱신되기 때문이다. 살아 있는 경전의 본질을 이해하고 소중히 여긴다면, 성스러운 이야기에는 최종적이고 결정적인 버전이 있을 수 없으며, 결코 완전한 정본 형태로 고정될 수도, 새로운 해석과 재구성을 막을 수도 없음을 이해해야 한다.

외부인들은 불교의 이러한 이야기 전통이 현대에도 여전히 살아 있으며 활발히 이어지고 있는지 궁금해할 수도 있다. 역사 속의 붓다에 관한 한, 특히 아시아의 불교권에서는 이러한 이야기 전통이 지금까지도 계속되고 있다. 일본의 인기 있는 만화 시리즈 『붓다』는 데즈카 오사무(Tezuka Osamu)가 붓다의 생애를 그린 것으로, 1972년 9월부터 1983년 12월까지 방영되었다.[32] 또 인도에서는 2013년부터 볼리우드 스타일로 화려하게 제작된 TV 시리즈 「붓다: 왕 중의 왕」(*Buddha: Rajaon Ka Raja*)이 방영되었는데, 이 역시 붓다의 생애를 다룬다. 장편소설처럼 전개되는 틱낫한(Thich Nhat Hahn) 스님이 쓴 붓다의 "전기"도 있다.[33] 이 책은 전통적인 이야기와 함께 사회적 평등이나 여성의

---

32 이 만화는 8권 세트로 출판되었고, 이후 장편 애니미이션 영화로도 각색되었다.
33 Thich Nhat Hanh, *Old Path, White Clouds: Walking in the Footsteps of the Buddha*(Berkeley, CA: Parallax Press, 1991).

지위 같은 현대적 관심사를 결합하여, 불교를 공부하는 서양인들 사이에서 인기가 높다. 유쾌한 "동화책" 버전으로 붓다의 삶을 다룬 『천국으로 간 고양이』(*The Cat Who Went to Heaven*)는 일본을 배경으로 한다.[34] 영화에서도 이러한 이야기 전통은 이어지고 있다. 1993년에 개봉한 영화 「리틀 붓다」(*Little Buddha*)는 현대적 맥락에서 붓다의 이야기를 재구성한 것으로, 한 소녀가 권위 있는 **남성** 불교 스승의 환생인 툴쿠가 될 수 있다고 시사한다. 이렇게 여자로 환생한다는 것은 과거 생의 남자 스승에게 중대한 실수가 있었음을 나타낼 뿐이므로, 전통적인 티베트불교의 맥락에서는 상상조차 할 수 없는 일이다. 그러나 관습적인 남성 지배에 불만을 가지는 현대와 서양의 관객들에게는 공감을 얻는다. 달라이 라마는 환생 계보가 계속**된다면** 미래에는 여성 달라이 라마가 나올 수도 있다고 언급한 적이 있는데, 이 제안은 티베트인보다 서양인들에게 더 긍정적으로 받아들여지는 듯하다.

---

[34] Elizabeth Coatsworth and Raoul Vitale, *The Cat Who Went to Heaven*(New York: Aladdin, 2008).

제6장 나의 청중과 목적

이 책을 통해 나는 누구에게 영향을 끼치고 싶은가? 서양 불교학자이자 수행자로서 나는 서양 불교도들에게 먼저 나의 견해를 전하고자 한다. 서양 불교가 서구 문화와 역사적으로 불교 전통을 지배해 온 가부장제로부터 자유로운 불교로 발전해 나아가는 데에 나의 견해가 기여할 수 있기를 바란다. 이것이 나의 주요 목표이고 이들이 나의 주요 청중이다. 그렇다면 아시아의 불교는 어떤가? 불교는 결국 아시아에서 발전했고, 아시아에는 서양보다 훨씬 더 많은 불교도가 살고 있다. 내 견해가 그들 중 누군가에게는 다양한 방식으로 흥미롭거나 적절하게 받아들여지기를 바란다. 마지막으로 젠더와 종교, 또는 보다 일반적인 젠더 연구에 관심이 있는 사람들이나 사회 참여적 불교에 관심있는 사람들 또한 내 견해를 고려해볼 수 있을 것이다.

나는 서로 다른 두 부류의 청중 사이에서 압박을 받는 입장에 놓여 있다. 두 집단 모두 각기 다른 근거를 들어 젠더 평등을 지향하는 서양 불교가 그다지 적절하거나 중요하지 않다고 주장한다. 한편, 아시아 불교도들은 여전히 때때로 서양 불교를 통제하려고 한다. 서구 수행자들은 불교 전통과 수행법을 전수해 준 아시아 불교도들에게 깊이 감사하는 마음과, 아시아 불교의 젠더 위계처럼 자신들에게 맞지 않는 요소에서 벗어나려는 정당한 필요 사이에서 균형을 잡는 것이 어려울 수 있다. 특히 일부 아시아 불교도들은 서구의 사상이나 관행이 자신들에게 어떤 관련성을 가질 수도 있다는 주장을 거부하기 때문에, 이 문제는 더욱 어렵다. 다른 한편, 서구의 많은 사회 운동가들과 전 세계의 많은 참여 불교도들은 젠더 억압을 "나중에" 해결할 수 있는 사소한 문제로 여기며, 심지어 그것이 해결할 필요가 있는지조차 의문시한다. 다른 남성의 통제를 받는 것에 분개하는 많은 남성이, "자신의" 여성을 통제하는 것은 아무 문제가 없고 오히려 당연하다고 여기는 경우가 얼마나 많은지 놀라울 따름이다. 게다가 사회 운동가들이 억압을 서열화하고 자신들이 당하는 억압이 가장 심각하고 중요한 문제라고 주장하는 경향도 큰 어려움을 초래한다. 다른 억압을 전면에 내세우는 사람들에 대한 그들의 분노는 역효과를 낳을 수 있다. 페미니스트들이 이러한 분노의 대상이 되는 경우가 많았다.

"페미니즘"과 서양 불교 또는 아시아 불교

서구의 불교 페미니스트 학자이자 수행자들은 서구와 불교의 남성 중심주의와 남성 지배, 그리고 여성 혐오로부터 자유로운 불교를 발전시키기 위해 끊임없는 열정을 쏟고 있다. 이러한 실천은 복잡한 기원을 가진다. 우리는 서양 문화에서 사회화되었기 때문에 우리의 사고방식에는 서구의 흔적이 불가피하게 남아 있다. 서구인으로서 물려받은 것에 대한 불만으로 우리는 불교도가 되었다. 그 불만 중 일부에는 서양의 남성 중심주의와 남성 지배, 여성 혐오에 대한 강한 반감이 포함된다. 우리는 그러한 반감을 불교에 대한 우리의 신념으로도 가져왔다. 서양의 남성 지배에 반발했던 우리가 불교의 남성 지배에 더 호의적으로 반응할 것이라고 기대할 수 없다. 그리고 아시아 불교가 상당한 남성 지배를 드러낸다는 것을 부정하기는 어렵다. 그런데도 일부 아시아 불교도들은 서양 불교도들이 불교의 남성 지배를 비판하는 것을 싫어한다. 그들은 남성 지배에 대한 우리의 비판이, 불교나 서양과는 상관없는 남성 지배 **전반에 대한** 비판이라는 점을 종종 인식하지 못하는 것 같다. 또한 아시아 불교도들은 서구의 남성 지배가 얼마나 강력하고 억압적이었는지도 충분히 인식하지 못하는 것 같다.

사실 나의 경우 툴교의 수행과 가르침에서 느낀 안락함을 거부했는데, 이는 종교 비교 연구를 전공하며 이미 젠더와 종교에 관한 주요 연구를 수행한 학자로서, 아시아 불교의 가부장제를 잘 알고 있었기 때문이다. 하지만 1970년대 중후반, 이미 제2물결 페미니즘의 영향을 받은 초기 서구 불교의 모습은 달라 보였다. 내가 초기 서구 불교에서 본 것이 내가 서구 종교에서 이미 경험했고 아시아 불교에서도 마찬가지임을 잘 알고 있던 남성 지배와 같은 모습이었더라면, 나는 결코 불교에 귀의하지 않았을 것이다. 하지만 그렇지 않았다. 마침내 나는 종종 다음과 같이 표현해 온 결정을 내리게 되었다. "법은 너무 심오해서 가부장들이 독차지하게 내버려둘 수 없다."라고 말이다. 나는 불교가 서구 종교의 모든 문제를 완벽하게 해결해 줄 것이라는 낭만적 환상을 가진 적이 없고, 삼보(三寶, the Three Jewels)에[1] 귀의하던 날부터 언젠가는 『가부장제 이후의 불교』를 써야 할 것이라는 사실을 알고 있었다.

그 결과 등장한 불교 페미니즘에서 무엇이 불교적이고 무엇이 서구적인지를 구분하는 것은 불가능하며, 이는 서구 불교 전반에서 예상할 수 있는 일이기도 하다. 그럼에도 불구하고 경계를 넘나드는 이러한 시도는 사방에서 무차별적으로 공격을 받는다. 초창기에는 나의 페미니스트 신학운동 동료들도 서구 불교 도반들도 모두 내가 미쳤다고 생각했다. 페미니스트 동료들은 누군가가 가부장적 종교에 귀의하려는 이유를 이해하지 못하면서도, 유대교나 기독교를 자신들에게 맞게 변화시키려는 이유는 완벽하게 이해했다. 내게는 서구 종교의 **영적** 수행과 가르침이 더 이상 의미가 없다는 것을, 따라서 그 종교들을 페미니즘의 방향으로 변화시키려는 노력 역시 무의미해 졌다는 사실을, 그들은 이해하지 못하는 듯했다.

나의 서양 불교 도반들은 나보다 조금 먼저 불교에 입문했지만 아시아 불교 경전과 현대적 수행에 대한 학자적 지식을 갖고 있지 않았고, 자신들은 불교의 남성 지배를 경험한 적이 없으므로 그런 현상은 존재하지 않는다고 주장했다. 그들은 내가 "법을 젠더화"하고 있다면서, 이는 불교에 대해 가르치거나 출판하는 것을 금지해야 할 중대한 범죄라고 주장했다. 이는 마치 짧고 보호받는 삶을 산

---

[1] 〔역자주〕 삼보는 불교도가 받들고 공양해야 하는 세 가지로, 붓다(佛, buddha)와 법(法, dharma), 승가(僧, sangha)를 말한다.

열여덟 살의 대학 새내기 (의도적으로 이 말을 사용해 보자면) 여학생들이, 성차별주의를 경험한 적이 없으니 여성 운동은 필요 없다고 주장하는 모습을 떠올리게 한다.

그리고 아시아 문화를 연구하지만 불교 수행자는 아닌 서구 사회과학자들이 있다. 그들에게는 정치적 올바름이 무엇보다도 중요한 가치이다. 그들은 불교에 관여하고 불교 제도의 발전에 영향을 미치려는 서양인은 다른 사람들의 영성을 훔치는 식민주의자라고 주장한다. 이러한 주장은 불교에 대한 깊은 무지를 드러내는 것이다. 붓다는 살아계실 때 이미 자신의 가르침을 지역 너머로 전파하라고 제자들에게 말씀하신 것으로 알려져 있다. 그 시작 지점에서부터 불교는 전근대 아시아인들이 알던 세계 전역으로 퍼져 나갔다. 그런데 왜 그 확산이 지리적이고 문화적으로 서구라는 경계에서 멈춰야 한다고 기대해야 하는가?

서양 불교와 아시아 불교의 상호 침투는 훨씬 더 복잡하고 중요한 문제이다. 아시아 불교도들은 특히 서양인들이 불교의 남성 지배를 지적할 때 방어적인 태도를 보이곤 하지만, 아시아의 불교 제도가 남성 지배적이라는 사실을 부정할 수는 없다. 결국 남성 지배 아래서 여자가 겪는 수모는 미래에 남자로 다시 태어남으로써 극복할 수 있다는 관점을 내놓은 것도 아시아인들이다. 물론 이는 여성으로서 현재의 삶 속에서 아무런 문제를 일으키지 않는다면, 즉 남성 지배에 반대하지 않는다면 그렇다는 것을 의미한다! 결국, 여자에게 주어지는 보상은 미래에 남성으로 태어나 다른 여자를 지배할 수 있는 능력이 되는 것이다! 지적·영성적 독립을 어느 정도 갖춘 여자들이 어떻게 그러한 가르침을 불쾌하게 여기지 않을 것이라고 기대할 수 있는가? 이러한 가르침의 문화적 기원은 그것이 불쾌하다는 사실과는 무관하다. 이 가르침이 서양에서 유래했더라도 똑같이 불쾌할 것이며, 우리는 다른 어떤 것보다 서양의 가부장제에 대해 경계심을 늦추지 않고 있다.

동시에, 지난 30년 간 서양의 불교 연구를 통해 **서구의 학문적 남성 중심주의**가, 서구 불교 수행자를 포함하여 서양인들이 불교를 바라볼 때 인식하는 내용을 흐리게 했다는 사실은 더욱 분명해졌다. 남성 중심주의는 시몬 드 보부아르(Simone de Beauvoir)의 획기적인 저서 『제2의 성』(*The Second Sex*, 1949)에서 처음 설명되었으며, 초기의 제2물결 페미니즘 학계에서 중요한 개념이 되었다. 남성 중심주의는 우선 **학자의 머릿속에 존재하는** 인간성 모델이지 소위 데이터로 **외부에 존재하는 것이 아니다.** 이 인간성 모델은 남자를 이상적이고 정상적인 인간으로 보고, 여자는 특별히 언급하거나 연구하지 않아도 "인류"(mankind)라는 포괄적인 개념에 포함된다고 본다.[2] "남자 화장실"처럼 명확한 경우를 제외하면, "남자"(men)라는 용어에 여자(women)가 포함된다고 이해하는 것이다. 그런 다음 이 인간성 모델을 "데이터"에 적용하여 결과적으로는 크게 왜곡된 그림을 만들어 낸다.[3]

---

[2] 이 문제에 대한 나의 초기 고전적 논문인 "Androcentrism and Androgyny in the Methodology of History of Religions,"는 *Garland*, 55-64에 있다.

[3] 이 주제를 입증하는 나의 박사 논문에 대한 요약은 다음을 보라. "Menstruation and Childbirth as Ritual and Religious Experience among Native Americans" in *Garland*, 131-42.

이 인간성 모델은 불교의 가부장제보다 훨씬 더 효과적이고 광범위하게 그 그림 안의 여자들을 지워버린다. 적어도 불교의 가부장제는 남성 지배가 존재하며 그것이 여성에게 매우 불쾌하므로 미래의 삶에서는 시정되어야 한다는 것을 인정한다. 제2물결 페미니즘의 초기에 서구 학계의 남성 중심주의는 너무 두드러져서, 나는 종종 농담으로 인간이 두 성으로 존재한다는 사실을 모르는 다른 은하계에서 온 연구자가 이 학자들이 쓴 책을 본다면 그 사실을 알아낼 수 없을 것이라고 말하곤 했다. 그 책들에는 모든 구성원이 "그"(he)로 지칭되는 "인류"(mankind)만이 있었기 때문이다. 이러한 사고방식은 분명히 서구 불교 학자들에게도 영향을 미쳤다.

서구 학계의 남성 중심주의는 너무나 만연하여, 대학원생 시절 나의 지도교수들은 여성에 대해 특별히 연구할 필요가 없다고 주장했다. 여성은 이미 "포괄적인 남성형" 언어에 포함되어 다뤄지고 있다는 것이 그 이유였다. 우리가 아는 모든 사회에는 명백한 젠더 역할의 차이가 존재한다는 점에도 불구하고 말이다! 그런 터무니없는 주장이 어떻게 학문적 가치를 가질 수 있었을까? 그럼에도 불구하고, 나는 남성 중심적인 학문적 가정이 여성의 종교적 삶에 대한 자료를 적절하거나 충분하지 않게는 물론이고, 전혀 "포함하고 다룰 수" 없다는 것을 보여주었다는 이유로 시카고 대학교 대학원에서 거의 쫓겨날 뻔했다! 불교와 관련하여 서구 학자들은 일부 사실을 강조하고 다른 사실을 무시함으로써, 실제 자료가 보여주는 것보다 더 남성 지배적인 불교의 초상을 만들어 냈다. 이러한 왜곡의 예는 앞의 제5장에서 제시했다.

그런데도 많은 아시아 불교도들은 "페미니즘"이라는 용어에 알레르기 반응을 보이며, 서구에서 비롯된 대중 매체의 고정관념을 넘어서 페미니즘이 실제로 무엇인지 탐구하려 하지 않는다. 예를 들어, 기독교 신학자인 내 동료 한 명은 태평양 북서부의 한 대학에서 라마(*lama*) 또는 게셰(*geshe*)라는[4] 거창한 티베트 직함을 가진 티베트인과 함께, 불교와 기독교의 상호교류에 관한 강좌를 공동으로 가르쳤던 경험을 이야기해 주었다. 강좌에서 다룰 주제 중 하나는 젠더였고, 내 기독교도 동료는 학생들에게 불교의 젠더에 대한 읽을거리 과제로『가부장제 이후의 불교』중 일부를 제안했다. 이는 그리 놀랍지 않은 제안이었으나, 그 티베트인 동료는 이를 거절했는데, 부제에 "페미니스트"라는 용어가 포함되어 있다는 이유로 그 책을 읽어보는 것조차 거부했다고 한다! 그 기독교도 동료는 티베트인 동료에게 내가 불교도이자 수행하는 학자이며, 비불교도인 붓다 연구자가 아니라는 점과 티베트 스승으로부터 받은 티베트불교 학위가 있다는 점을 지적했지만, 소용이 없었다. 그 기독교도 동료는 불교에 대해 거의 아는 바가 없었음에도 불교와 젠더에 관한 자료를 직접 가르쳐야 했다. 그러나 티베트불교를 공부하는 서양 학생들은 거창한 직함을 가진 티베트인 스승들을 무조건적이고 비판 없이 존경해야 한다!

아마도 "페미니즘"이라는 논쟁적인 용어를 제쳐두고, 실제로 관련

---

4 〔역자주〕 라마는 금강승불교에서 "영적 스승"을 뜻하는 티베트어로, 네 종류 또는 여섯 종류의 하위 구분이 존재한다. 게셰(또는 여성형 게셰마, *geshema*)는 "덕이 있는 친구"를 뜻하는 티베트어로, 티베트불교의 한 종파인 겔룩파에서 해당 학문 과정을 마친 학자 승려에게 수여하는 칭호이다(rigpawiki.org).

된 사상과 실천에 대해 논의하는 것이 더 현명할 것이다. 많은 맥락에서 "페미니즘"이라는 용어는 단순히 비난의 의미로 사용될 뿐이다. 어떠한 경우에도 페미니즘을 분노로 인해 남성에 반대하는 입장으로 이해해서는 절대로 안 된다. 그러한 감정은 어떤 논리적 형태의 페미니즘에도 속하지 않으며, 페미니즘을 그렇게 설명하려는 시도는 실제 탐구 없이 단순히 그 운동에 대한 불신을 조장할 뿐이다. 나 자신도 이제는 이 용어를 거의 사용하지 않지만, 내가 이 용어를 통해 의미하는 바는 분명하다. 그리고 내가 페미니즘이라는 말을 사용할 때는 내가 뜻하는 바만을 의미할 뿐이다. 다른 사람들이 이 용어를 어떻게 사용하는지를 내게 또는 내 작업에 적용하는 것은 정당하지 않다. 나는 오랫동안 페미니즘을 간단히 "젠더 역할의 감옥에서 벗어나는 자유"라고 정의해 왔으며, 이는 모든 성별과 모든 젠더를 포괄한다. 때때로 나는 이 용어를 더 제한된 의미로 사용하기도 한다. 즉 "페미니즘"은 기존 사회에서 받아들여진 여성의 지위를 의도적으로 향상시키려는 모든 운동을 말한다. 이러한 운동은 더 큰 젠더 평등과 형평성을 가져올 것으로 기대된다.

    그러한 목표를 가진 운동에 반대할 만한 이유를 찾기란 어렵다. 남자가 여자를 통제해야 하고 여자는 사회적, 경제적, 종교적으로 불이익을 받아야 한다고 주장하지 않는 한 말이다. 그러나 많은 아시아 불교도는 "페미니즘"은 "서구적"이고 그 이유만으로 거부되어야 한다고 생각하기 때문에 이에 반대한다. 이러한 반대에 대한 몇 가지 반론은 충분히 타당하다. 첫째, 어떤 사상이나 실천이 그 출처에 따라 수용되거나 거부되어서는 안 된다. 논의해야 할 것은 페미니즘이

"서구적"인지 아닌지가 아니라, 남성이 여성의 삶을 통제하는 것이 적절한지 아닌지이다. 둘째, 나는 포스트모던 관점에 크게 공감하지만, 모든 윤리가 문화적으로 상대적이고 특수하다는 주장에는 동의하지 않는다. 여성의 권리와 존엄성을 보호하는 것이 단지 현대 서구의 선호일 뿐 보편적인 정당성은 없다는 주장이나, 그러한 관행을 장려하는 가치 체계와 그렇지 않은 가치 체계가 도덕적으로 구별되지 않는다는 주장에는 (예를 들어, 소녀에 대한 교육을 부정하는 것에는) 동의할 수 없다. **현지 여성들이** 소녀들의 교육 제한을 지지하더라도, 나는 그런 주장에 반대할 것이다. 셋째, 아시아와 서구의 불교 관행을 구별하기보다는 "현대적" 관행과 "전통적" 관행을 구별하는 것이 더 유용할 것이다. 이것이 실제로 중요한 구분선이기 때문이다. 이미 전 세계적으로 특정 현대적 혁신과 관행이 받아들여진 상황에서, 이제 그것들을 "서구적"이라고 부르는 것은 별 의미를 가지지 않는다. 내가 제5장을 시작하며 언급했듯이, 페미니즘이 서구적이라는 이유로 거부하는 아시아 불교도들은 페미니즘만큼이나 "서구적"인 (사실은 훨씬 더 서구적인) 휴대전화와 컴퓨터 및 기타 기술을 열렬히 받아들인다.

  마지막으로 그리고 가장 중요한 점은, 불교 페미니즘이 오로지 서구적 출처에서 유래했다는 주장이 전혀 명확한 설명이 아니라는 것이다. "페미니즘"이라는 용어가 아시아 불교 경전에 등장하지는 않지만, 페미니즘의 개념과 실천은 불교의 시작부터 역사 전반에 걸쳐 존재해 왔으며, 나는 최근의 논문들과[5] 이 책의 여러 부분에서 이를 입증했다. 전통 불교에 대한 이러한 사실을 남성 중심적인 서양 불교학자들은 대체로 간과했지만, 이는 아시아 불교도들에게 큰 변화를 가져올 수 있다. 불교 자료 자체가 불교 "페미니즘"에 대한 충분한 근거를 제공한다. 오늘날의 누군가가 제안한다면 "페미니스트"라는 라벨이 붙을 만한 여러 주제가, 현대 페미니즘이 등장하기 수세기 전에 쓰여진 경전에서 발견된다. 따라서 불교 페미니즘은, 우리가 그것을 어떻게 부르든 간에, 흔히 주장되는 것처럼 서구의 인권 이론에 의존하지 않는다. 서구의 인권 이론과 불교가 양립할 수 없다는 것은 아니지만, 불교 페미니즘은 서구의 인권 이론에 의존하지 않는다. 그것은 불교 경전에서 쉽게 도출되며, 그 타당성을 부정하려면 아시아 불교와 그 유산의 상당 부분을 부인해야만 할 것이다. 그것은 "서구적"이라면 무엇이든 반대하는 사람들에게 상당한 변화를 가져다 줄 것이다.

그러므로 아시아 불교도 청중에게는, 내가 쓴 젠더와 불교에 관한 글에서 도움이 되는 점을 발견한다면 기쁘겠다고만 말하겠다. 내 생각에 그들에게 가장 유용할 수 있는 것은, 서양 불교도들이 치유해야 할 서구 문화 속의 남성 지배와 여성 혐오의 심층을 더 깊이 이해하는 것이다. 그래서 나는 불교의 평등주의적 가르침을 더 남성 지배적인 서구 사상과 자주 대조해 왔다. 아시아 스승들이 서구의 여성 혐오와

---

5 출간 예정인 "Living Scriptures: The Example of Storytelling about Women Surrounding the Buddha," *Journal of Comparative Scripture*(a bilingual Chinese-English journal), 그리고 "Indigenous Non-Western 'Feminism' in Early Buddhist Literature," in *Decolonizing Indian Studies*,, edited by Arvind Sharma(Delhi: D. K. Printworld), 2015.

남성 지배의 광범위함을 더 잘 이해한다면, 남성 지배에 반대하는 서구 학생들에게 더 연민을 가지고 대응할 수 있을 것이다.

특히 아시아 스승들은 남학생들이 남성도 여성도 아닌 젠더를 넘어서는 깨달음의 경지에 다가가기 위해서는, 서구 문화에서 자라며 물려받은 남성 우월적 관점을 극복하는 것이 얼마나 중요한지를 이해해야 한다. 이는 남학생들이 진정으로 자아를 탐구하고, 젠더 역할의 감옥을 넘어서 불교적 관점의 핵심인 젠더 중립성과 젠더 평등주의를 실천하는 데 반드시 필요한 과정이다.

마찬가지로, 아시아의 스승들은 서구의 여성 혐오와 여성의 결함 및 열등함에 대한 가르침이 서양의 여성 수행자들에게 얼마나 큰 상처를 주었는지를 더 명확하게 이해할 필요가 있다. 그 여성들 중 많은 이들이 스스로 깨달음의 상태에 이르기 위해서는 자신감을 얻고 낮은 자존감을 극복해야 한다. 결국 깨달은 마음은 젠더를 넘어서며 남성도 여성도 아니라는, 이 거듭되는 열렬한 선언이 남성 지배와 여성 혐오, 그리고 젠더 역할의 감옥과는 양립할 수 없다는 사실을 받아들여야 한다.

아시아인들이 불교의 남성 지배에 대한 서구의 불만에 방어적으로 반응할 때, 그들은 마치 서구 문화가 젠더 문제를 완전히 해결한 것처럼 우월한 위치에서 말한다고 생각할 수도 있다. 그러나 서구 문화 역시 아시아 문화와 마찬가지로 젠더 문제를 해결하지 못했다. 이는 우리 모두가 다양한 방식으로 함께 해결해야 할 문제이다. 나는 어느 정도 특권을 누리는 서양 여성으로서, 남성의 통제로부터 어느 정도 자유로워진 것에 감사하고 또 고맙게 생각한다. 남자들은 내 삶을 통제하지 않으며 그렇게 할 수도 없다. 나는 교육을 받을 수 있었고 경제적으로 독립할 수 있었다. 나는 자신의 영적 선택을 스스로 내릴 수 있었다. 내가 모든 여자와 남자에게 바라는 것은 이것이다. 이를 페미니즘이라고 하든 다른 이름으로 뭐라고 부르든 그것은 상관없다.

아시아인들이 이러한 제안에 대해 어떻게 생각할지는 아시아 불교도들이 결정할 문제이다. 내가 아시아 불교도들이 남성 지배적인 아시아 불교 관행을 채택하지 않는 서양 불교도들을 통제하려고 해서는 안 된다고 주장하는 것처럼, 아시아 불교에서 남성 지배적 관행을 없애는 것은 아시아인들이 주도해야 할 과제이다. 서구 사회와 아시아 사회는 여전히 다르기 때문에 남성 지배나 젠더 정체성에 대한 끄달림은 두 지역에서 다르게 나타날 수 있다. 그럼에도 불구하고, 불교에서 젠더 정체성에 대한 집착이 무엇을 근거로 어떻게 정당화될 수 있을지는 여전히 상상하기 어렵다. 또한 젠더 정체성에 기반한 자아에 집착하지 않으면서 어떻게 남성의 지배를 옹호하거나 정당화할 수 있을지도 상상하기 어렵다. 더 나아가, 일부 사람들이 내게 그랬던 것처럼, 내가 속한 문화권에서 더 "페미니즘적"이고 따라서 더 평등주의적인 불교를 옹호한다고 해서 아시아 불교도들이 나를 비난하지 않기를 바란다.

내가 이 책을 통해 주로 영향을 미치고 싶은 청중에 관한 질문으로 다시 돌아가 보면, 그 답은 명확하며, 주저 없이 **서양 불교도들**이다. 누구나 알 수 있듯이, 내가 어떻게 아시아 불교도들에게 큰 영향을 미칠 수 있겠는가? 나는 서양 불교도들이 아시아 불교를 "구원"할 것이라고 기대하지 않는다. 때때로 그렇게 보인다는 오해를 받기도 하지만 말이다. 나는 『가부장제 이후의 불교』에서 서구에서 일어난 불교와 페미니즘의 상서로운 우연적 만남에 관해 썼다.[6] 그러나 그것은 서양 **불교도**에 관한 것이었으며, 아시아 불교도에 관한 논의는 아니었다. 1960년대 후반, 아시아 불교의 스승들과 제2물결 페미니즘이 서구에서 만나면서 새로운 불교적 상황이 형성되었다. 현재의 서구 불교는 아시아 불교와 제2물결 페미니즘이라는 두 부모를 가지고 있다. 서구에서 제2물결 페미니즘의 영향이 없었다면, 단 한 세대 만에 법을 가르치는 서양 스승의 약 절반이 여성이 된 현재의 상황은 상상하기 어려웠을 것이다.

서구에서 일어난 불교와 페미니즘의 "상서로운 우연적 만남"을 언급하는 이유는, 서양 불교도들에게는 불교에 남성 지배가 스며드는 것을 허용할 어떤 변명의 여지도 없음을 강조하기 위함이다. 아시아 스승들은 종종 우리에게, 깨달은 마음은 남성과 여성도 아니며 젠더를 넘어선다는 구절을 인용하며, 불교의 가르침이 젠더 중립적이고 젠더 평등적이라는 점을 상기시켜 준다. 그것이 서양 불교도에게 있어 젠더와 관련된 유일한 요소이다. 우리는 불교도이므로, 서구 종교 전통에 뿌리를 둔 서구의 깊은 여성 혐오 유산은 우리와 **전혀 무관**하며, 적어도 그렇게 되어야만 한다. 우리는 서양인이므로, 아시아 불교의 남성 지배적 제도를 뒷받침하는 남성 지배 문화 역시 우리와 무관하다. 서구 불교가 젠더 역할의 감옥에서 벗어나 자유로운 새출발을 하지

---

[6] Gross, *Buddhism after Patriarchy*, 215-221.

않을 이유는 없다. 전혀 없다.

 이것이 아시아 불교도들에게는 무엇을 의미할까? 그것은 그들에게 달려 있다. 그들이 더욱 젠더 평등한 불교 제도를 원한다면 스스로 그러한 변화를 만들어야 할 것이다. 반대로, 남성 지배적인 제도를 유지하기로 한다면, 그것 또한 그들의 선택이다. 그러나 여성으로서, 학자로서, 페미니스트로서, 그리고 서양 불교도에게 법을 가르치는 교사로서 내 삶의 경험을 종합해 볼 때, 사람들이 젠더 역할의 감옥에서 벗어날 자유 대신 남성 지배를 선택하게 될 납득할 만한 이유를 나는 결코 찾을 수 없을 것이다.

한 사람의 해방으로 모두가 해방된다: 누구의 해방이 가장 중요한가?

이 책은 젠더 역할의 감옥 중 특정한 형태에서 주로 고통받아 온 사람의 관점에서 쓰였다. 즉, 남성 지배적이고 극도로 여성 혐오적인 서구 문화 속에서 살아가며, 전통적인 불교 제도와 어느 정도 관련이 있는 여성의 관점에서 쓰인 것이다. 그렇다고 해서 나의 특정한 상황이 젠더 역할이라는 감옥의 다른 측면이나 다른 종류의 문화적 박탈에 처한 사람들의 처지를 헤아리지 못하게 한다는 의미는 아니다. 내가 특히 불교의 관점에서 젠더 역할의 감옥과 그 다양한 버전들을 다룰 때, 사람들은 종종 "그렇다면 다른 많은 형태의 어려움은 어떻게 해야 하나요?"라고 묻곤 한다. 나는 보통 다음과 같이 답한다. 내가 사용해 온 방법들, 즉 내가 속한 전통의 문헌을 공부하고, 그 전통의 기본 가르침을 깊이 성찰하며, (권력에 진실을 말하는) 목소리를 내는 것은 누구에게나 적용 가능하다고 말이다. 비록 이러한 방법이 종종 느리고 사람들이 기대하는 만큼 효과적이지는 않지만, 어느 정도는 도움이 된다고 답한다.

특정 문제에 깊은 관심을 가진 사회 운동가들은 종종 그 문제를 전면에 내세우며, 누구의 대의가 가장 중요한지, 누구의 고통이 가장 큰지 경쟁하게 된다. 안타깝게도 억압과 해방에 대한 논의가 때때로 누구의 해방이 먼저 이루어져야 하는지, 누구의 억압이 가장 고통스러운지, 심지어 여성과 같은 특정 집단이 더 나은 생활 환경과 해방을 누릴 자격이 있는지에 대한 논쟁으로 전락하기도 한다. 권리와 정의, 해방, 억압에 대한 이러한 논의는 확실히 아시아나 전통적인 아시아 불교보다는 서구에서 더 두드러진다. 서양 불교도들에게 그런 언어를 피하는 것은 불가능하며, 이는 서구 유산의 일부이다. 그러나 우리는 서구 담론에서 그런 언어를 특징짓는 이념과 분노에서 벗어나야 하며, 그것이 불교의 감성에 전혀 맞지 않다는 점을 유념해야 한다. 더불어, 국제적인 참여 불교 운동을 통해 정의롭고 적절한 사회 질서에 관한 관심이 아시아 불교 논의에서도 중요한 특징이 되어 가고 있다는 점은 주목할 만하다. 완전히 상호 연결되고 상호 의존적인 오늘날의 세계에서, 특정 논의가 서양 불교도에게만 혹은 반대로 아시아 불교도에게만 해당된다고 구분짓는 것은 점점 더 의미를 잃어가고 있다.

여성들은 종종, 누구의 해방이 우선되어야 하는지, 누구의 억압이 더 고통스러운지에 대한 양극화된 논의에서 뒷전으로 밀려난다. 해방 운동에서 남성들은 다른 남성, 즉 다른 인종이나 다른 문화 또는 다른 국가 남성의 지배에서 자신을 해방시키는 데에는 깊이 몰두하면서도, "자신들의" 여성을 통제하려는 것은 전혀 문제가 아니라고 여기는 경우가 많다. 하지만 "자신들의" 여성이라는 표현이 암시하듯이, 남성이 여성을 소유하는 것이 과연 적절할 수 있을까? "자신들의"(their) 또는 "우리의"(our) 여성과 같은 표현이 화자나 청중에게 전혀 문제시되지 않은 채, 얼마나 쉽게 많은 사람들의 입에서 자연스럽게 나오는지 돌아보라. 이러한 무의식적인 젠더 언어는 매우 많은 것을 드러낸다. 그렇기 때문에 불교 의례에서 젠더 중립적이고 젠더 포괄적인 언어를 더욱 정확하게 사용하는 것은 매우 중요하다. 그러나 이를 주장하는 불교 페미니스트들은 종종 남성 동료 수행자들뿐만 아니라, 때로는 여성들에게서도 조롱받고 무시당하기도 한다.

제2물결 페미니즘은 1960년대 시민권 및 평화 운동에 참여했던 여자들이, 자신의 역할이 운동을 이끄는 남자들을 위해 커피를 만들고 복사기를 돌리는 것으로 제한되는 것에 질리면서 시작되었다. 실제로 1964년, 스토클리 카마이클(Stokely Carmichael)은[7] 자신이 속한 급진적 시민권 단체에서, 여성에게 허용된 유일한 위치(position)는 "엎드린 자세"(prone)라는 말장난을 했다.[8] 농담이든 아니든, 이 발언은 사회

---

7 〔역자주〕(나중에 Kwame Ture로 개명한) 스토클리 카마이클(1941~1998)은 1960년대 미국 흑인 시민권 운동의 핵심 인물르, 흑인들의 인종적 자부심과 자결권을 강조했다. 초기에는 비폭력 저항의 철학을 따랐으나, 〈학생비폭력조정위원회〉(SNCC) 의장으로 선출된 후 방향을 바꾸어 "블랙파워"를 주창하였고, 이후 범아프리카주의로 전환하며 전 세계의 해방운동에 큰 영향을 미쳤다.

8 Susan Brownmiller, *In Our Time: Memoir of a Revolution*(New York: Dial, 1999), 14. 발췌 내용은 여기를 참조하라. https://www.nytimes.com/books/first/b/brownmiller-time.html(Dec. 23, 2014 검색).

정의를 위한 운동에조차 널리 퍼진 여성의 권리, 독립성, 존엄성에 대한 태도를 반영하며, 이는 여성들 사이에서 정당한 좌절감을 불러일으켰다. 그때나 지금이나 여성들은, 자신이 속한 사회에 더 나은 대우를 요구하는 것은 "더 큰 관심사"에 비해 사소한 일이라는 말을 듣는다. 여기서 더 큰 관심사란 항상 남성들이 자신을 위해 원하는 무언가를 의미한다. 이러한 문제들은 종종 인종화된다. "페미니즘"은 외부인이 유색 인종 여성을 유색 인종 남성으로부터 보호하려는 시도에 불과하다는 주장과 함께 피해야 할 용어가 된다. 유색 인종의 여자들은 자신이 여성으로서 겪는 억압보다는 "자신들의" 남자들을 돕는 데 주력해야 한다는 것이다. 인종화된 맥락에서는 이러한 주장들이 한 가지 중요한 현실에 대한 관심을 효과적으로 제거한다. 그것은 백인 남성이 때때로 백인 여성을 학대하거나 억압하듯이, 유색 인종 남성 또한 때때로 유색 인종 여성을 학대하거나 억압하는 경우가 있다는 사실이다.

마찬가지로, 아시아와 서양의 참여 불교 운동은 종종 국제통화기금과 각국 정부, 국제 기업 및 이들의 관행으로 인한 경제적 또는 환경적 여파를 비판하는 데는 열중하면서, 여성 문제는 완전히 무시한다. 예를 들어, 태국의 주요 참여 불교 지도자인 술락 시와락사(Sulak Sivaraksa)의 칠순을 기념하여 펴낸 논문집에 실린 83개의 논문 중, 어떤 식으로든 젠더 문제를 다룬 것은 단 세 편뿐이었다.[9] 불교도들에

---

[9] David W. Chappell, ed., *Socially Engaged Spirituality: Essays in Honor of Sulak Sivaraksa on His 70th Birthday*(Bangkok: Sathirakoses-Nagapradipa Foundation, 2003). 여기에 실린 내가 쓴 "Why (Engaged) Buddhists Should

게는 편리하게도, 그들의 비판은 불교에서 직접 통제하지 않는 외부 기관을 향한 것이다. 자신이 통제하지 않거나 통제할 수 없는 조직을 비판하기는 쉽다. 불교도들은 자신들의 제도와 그 안의 젠더 배치를 통제하며, 이는 불교 역사 전반에 걸쳐 지속되어 왔다. 그럼에도 불구하고 불교의 젠더 배치는 다른 종교나 사회와 마찬가지로 공평하지 않다. 불교 가정의 가정 폭력이나 불교도 소녀의 인신매매가 억압적인 정부만큼 비난받을 만한 일이 아닌 이유는 무엇인가? 참여 불교에 관한 논문집에서 젠더 주제가 논의될 때, 유일하게 다루어지는 문제는 비구니 수계에 관한 것이다. 마치 그것이 불교 여성이 직면한 유일한 문제인 것처럼 말이다. 불행히도 그것조차 남성이 여성을 통제하는 상황으로 귀결된다. 비구니 수계가 한 번도 시행되지 않았거나 더 이상 시행되지 않는 승가 계보에서, 여자들이 완전한 계를 받을 수 있는지 여부를 결정하는 특권은 남자들에게 있다. 남성의 단절되었던 수계 계보는 여러 차례 복원되었음에도 불구하고, 그들은 이런 주장을 한다. 그러나 역사 속 붓다의 가르침 중 확실한 것이 있다면, 그것은 재가 남성과 재가 여성, 비구, **비구니**라는 네 가지 유형의 제자로 (사부대중으로) 구성된 종교 공동체를 설립한 것이라고 결론 내릴 수밖에 없을 것이다.[10]

불행히도, 특히 미국에서는 서로 다른 억압과 이를 극복하기 위한

Care about Gender Issues"은 *Garland*, 245-49에도 있다.

10 이 운동과 문제에 대한 전체적인 논의는 다음을 보라. Thea Mohr and Jampa Tsedroen eds., *Dignity and Discipline: Reviving Full Ordination for Buddhist Nuns*(Boston: Wisdom Publications, 2010).

사회운동에 대한 논의가 종종 "밑바닥 경쟁"으로 전락하여 자신이 가장 큰 피해자라고 주장하는 상황이 벌어지고 있다. 나는 이 불행한 전개를 "내가 너보다 더 피해자이니, 너는 내게 빚을 졌다! 엄청나게!" 라는 주장으로 표현한다. 불교의 관점에서 피해자의 에고는 매우 집요하기 때문에 가장 다루기가 어렵다. 이는 피해자가 되면 누릴 수 있는 특권 때문에 자기 연민을 정당화하며 치유에 저항하기 때문이다. 관습적이고 세속적인 에고의 관점에서 피해자가 되는 것은 특히 안전한 피난처가 되며, 이 에고 스타일을 포기하기란 매우 어렵기 때문이다. 피해자라는 에고를 유지하는 한, 깨달음은 확실히 그르칠 것이다.

그러므로 불교도 여성과 불교도, 여성, 그리고 사회 정의에 관심 있는 모든 사람들은 피해자 역할을 경쟁적으로 수행하는 함정에 빠지지 않도록 특히 주의해야 한다. "우리가 가장 억압받는 사람들이니 가장 많은 배려를 받아야 한다"라는 주장은 자신과 다른 사람 모두의 분노와 원망을 증폭시킨다. 이러한 감정은 깨달음을 고취하지 않는다. 오히려 서로 도울 수 있는 집단들을 경쟁하고 서로 적대시하는 진영으로 전락하도록 만든다. 정치인들이 "분할과 정복"을 좋아하는 이유가 바로 여기에 있다. 불행히도 이러한 전략은 자주 성공한다. 사람들이 경쟁적 위계질서를 만드는 경향은 강한 세속적 또는 윤회의 습관적 경향으로 보이며, 그렇게 피해자 역할을 경쟁적으로 주장하는 것은 그 경향이 가장 유익하지 않게 발현된 형태 중 하나다. 이 함정에 빠지지 않는 가장 효과적인 방법은, 자신의 집단만이 특별하게 억압받고 있다고 주장하는 것이 아니라 모든 억압받는 집단에 대한 인식을 최대한 높이는 것이다.

불교의 지혜는 억압의 순위 매기기로 발생할 수 있는 어려움을 해결하기 위한 실용적인 구호를 제시한다. 그것은 바로 "한 사람의 해방으로 모두가 해방된다"는 것이다. 이 원리는 내가 아는 한 『해심밀경』(解深密經, Sandhinirmocana Sutra)에서 처음으로 언급되었다. 이 어려운 대승불교 경전은 일반적으로 "세 번째 회전"(the third turning),[11] 즉 몇몇 불교 학파에서 말하는 "최종" 경전 모음으로 분류된다. 존 파워스(John Powers)가 번역한 관련된 구절은 다음과 같다.

> 요가를[12] 수행하는 비구들은 하나의 무더기(aggregate, 蘊)에서 그러함(suchness, 眞如)을, 즉 궁극적 현상의 무아를 완전히 깨달았

---

11 〔역자주〕 이 "세 번째 회전"은 인도·티베트불교 전통에서 붓다의 주요 가르침을 세 시기로 나누어 법륜(法輪, the Wheel of Dharma)을 세 번 돌리신 것으로 표현한 것이다. 첫 번째 회전은 녹야원에서 사성제를 통해 몸과 말과 마음의 부정적 행동을 버리라고 설하신 것이며, 두 번째는 영축산에서 공空을 통해 개인과 현상의 자아에 대한 끄달림을 버리라고 설하신 것이며, 세 번째는 바이샬리 등지에서 삼성(三性, trisvabhava)을 통해 공성에 대한 끄달림을 버리라고 중도中道를 설하신 것이다. (참고: rigpawiki.org; 한국민족문화대백과사전, "삼륜" 항목)

12 〔역자주〕 산스크리트어로 "합일"을 의미하는 "요가"는 고대 인도에서 유래한 신체적·정신적·영적 수행에 대한 통칭이다. 마음(chitta)과 세속적 고통(duhkha)에서 분리되어 관찰자와도 같은 의식으로 인식하면서, 마음을 제어하고 고요하게 하는 것을 목표로 한다. 종교적으로는 힌두교나 자이나교, 불교에서 다양한 요가학파가 존재하지만, 오늘날의 현대화된 요가는 비종교적으로 다양한 방식으로 실천되고 있다.

을 때, 다른 무더기나 구성 요소에서 그러함, 궁극적인 것, 무아를 더 이상 찾을 필요가 없다.[13]

다시 말해, 어떤 것을 확실히 "알게" 되고 한 가지를 진정으로 이해하면, 같은 유형의 다른 모든 것도 똑같이 철저하게 이해하게 된다는 뜻이다. 최초의 돌파구를 끌어낸 탐구와 숙고 과정을 다른 모든 유사한 현상에 대해 반복할 필요는 없다. 그 통찰은 유지된다고 가정해도 크게 틀리지 않는다.

가장 억압받는 사람임을 서로 내세우는 "가장 피해받은 자" 경쟁에 이 원리를 적용하면, 한 형태의 억압에 대한 연구가 다른 형태의 억압에도 유의미한지를 의심할 필요가 없다는 의미가 된다. 예를 들어, 젠더에 대한 분석이 인종이나 성적 지향 문제로 전환될 수 있으며, 그 반대의 경우도 마찬가지다. 따라서 인종이나 성적 지향을 주요 문제로 보는 사람이 젠더 문제를 주로 다루어 온 사람들을 적대시하거나, 그들의 작업이 인종이나 젠더 정체성, 성적 지향을 직접 다루지 않기 때문에 부적절하다고 주장해서는 안 된다. 하지만 불행히도, 그런 씁쓸하고 적대적인 비난은 다양한 공동체 구성원들 사이에서 비교적 흔하게 나타난다. 예를 들어, 젠더 문제에 관해 강연할 때 나는 성적 지향의 문제를 잘 다루지 않는다는 이유로 혹독하게 공격받은 적이 있다. 하지만 내가 끝없이 늘어나는 사회적 고민 목록을 직접 언급하지 않았다고 해서, 다른 형태의 억압을 겪는 사람들에

---

[13] John Powers, trans., *Wisdom of Buddha: The Saṁdhinirmocana Sūtra* (Berkeley, CA: Dharma Press, 1995), 61.

대해 무지하거나 적대적일 것이라고 왜 가정하는 것일까? 모든 가치 있는 대의명분과 문제에 쏟을 수 있는 시간과 에너지에는 현실적인 한계가 있다. 사회의 더 큰 평등에 관심을 가지는 모든 사람이 **나의** 문제를 우선시해야 한다고 기대하는 것은 자기중심적인 태도이다. 불교의 가르침을 이해하는 불교도라면 이런 함정에 빠지지 말아야 한다.

"한 사람의 해방으로 모두가 해방된다"라는 원리가 제대로 작동하지 않는 것처럼 보인다면, 우리는 어떻게 해야 할까? 불교의 가르침을 깊이 꿰뚫었다고 인정받는 사람이 여전히 부적절한 세속적 관행에 관여하거나 이를 조장한다면, 여기에 어떻게 대응해야 할까? 예를 들어 존경받는 스승이 윤리적으로 의심스러운 학생들과 성적 관계를 맺을 때, 이러한 의문은 종종 표면화된다. 불교 스승이 인종 차별이나 동성애 혐오를 드러낸다면, 우리는 어떤 태도를 취해야 할까? 실제로, 존경받는 일본의 선불교 지도자들이 제2차 세계대전 이전에 일본의 군국주의와 제국주의를 장려한 사실이 밝혀지자, 그들의 서양 제자들은 큰 혼란에 빠졌었다.

최소한 일부 불교 경전에 나타나는 바와 같이, 붓다조차도 남성 지배를 선호한 것으로 보인다고 주장할 수도 있다. 학생들은 받아들이기 어려울 수 있지만, 궁극적인 진리에 대한 신뢰할 만한 통찰이 반드시 현대 사회 문제에 대한 완벽한 이해로 이어지는 것은 아니다. 이러한 한계가 법을 가르치는 스승에 대한 신뢰를 떨어뜨리는 것은 아니지만, 학생들은 특정한 세속적 관행과 문제에 대해 스스로 고민할 필요가 있을 것이다. 법을 가르치는 스승이 모든 면에서 완벽한 역할 모델이 되어야 한다거나, 그들이 충분히 이해하지 못하는 문제에 대해서도 학생들을 지도할 수 있으리라 기대하는 것은 비현실적이다.[14] 이러한 발견은 서구 학생들에게 큰 실망을 안겨주었다. 불교 스승과 불교 자체가 종교 일반의 결함에서 자유로울 것이라고 기대하는 것은 비현실적이며 지나치게 낭만적이다.

누구의 해방이 가장 중요한가라는 질문에 대한 불교 지혜의 핵심은, 각자가 자신의 마음 상태에 대해 궁극적으로 책임이 있으며 이를 다른 사람에게 돌릴 수 없다는 점이다. 이는 받아들이기 쉽지 않은 진리일 수 있지만, 반박하기 어려워 보인다. 불교의 무신론은 그 누구도 우리를 대신 해방시켜 줄 수 없다고 가르친다. 우리 각자는 자신의 해방에 대한 책임을 져야 한다. 따라서 자기 해방이 가장 중요하다. 자기 해방이 없다면, 다른 사람의 해방을 위한 원동력이 되는 진정한 자비가 제대로 성장하지 못하기 때문이다. 이것이 "한 사람의 해방으로 모두가 해방된다"라는 구호의 또 다른 의미이다. 자신을 더 온전히 해방할수록, 사회적 고통의 다른 사례들이 더욱 중요하게 다가올 것이다. 우리는 누구의 고통이 가장 중요한가라는 질문을 던지지 않을 것이며, 대신 다른 사람의 해방에 도움이 될 수 있는 것에 대해 더 깊이 살필 것이다.

---

14 특히 아시아 스승들의 특정 행동과 관련하여, 이러한 문제가 서구 불교도들 사이에서 제기되어 왔다. 이 주제에 대한 추가적인 언급은 내 책 *Soaring and Settling: Buddhist Perspectives on Contemporary Social and Religious Issues*(New York: Continuum Publishing, 1998), 60-74의 "Helping the Iron Bird Fly: Western Buddhists and Issues of Authority"라는 장을 보라.

참고 문헌

Allione, Tsultrim. *Women of Wisdom*. London: Routledge and Kegan Paul, 1984.

Amaravati Sangha, trans. *Karaniya Metta Sutta: The Buddha's Words on Loving-Kindness* (Sn. 1.8), Chanting Book Volume One: Morning and Evening Chanting (Pūja) and Reflections. Amaravati Publications, 2015. http://www.accesstoinsight.org/tipitaka/kn/snp/snp.1.08.amar.html.

Brownmiller, Susan. *In Our Time: Memoir of a Revolution*. New York: Dial, 1999.

Bodhi, Bhikkhu, trans. *The Connected Discourses of the Buddha: A Translation of the Samyutta Nikaya*. Boston: Wisdom Publications, 2000.

_____. *The Middle Length Discourses of the Buddha: A Translation of the Majjhima Nikaya*. Boston: Wisdom Publications, 2005.

_____. *The Numerical Discourses of the Buddha: A Complete Translation of the Anguttara Nikaya*. Boston: Wisdom Publications, 2012.

Bordo, Susan. *Unbearable Weight: Feminism, Western Culture, and the Body*. Berkeley: University of California Press, 2003.

Chappell, David W., ed., *Socially Engaged Spirituality: Essays in Honor of Sulak Sivaraksa on His 70th Birthday*. Bangkok: Sathirakoses-Nagapradipa Foundation, 2003.

Coatsworth, Elizabeth and Vitale, Raoul. *The Cat Who Went to Heaven*. New York: Aladdin, 2008.

Collett, Alice, ed. *Women in Early Indian Buddhism: Comparative Textual Studies*. Oxford: Oxford University Press, 2013

Dinnerstein, Dorothy, *The Mermaid and the Minotaur*. San Francisco: Harper and Row, 1978.

Dogen, *Treasury of the True Dharma Eye: Zen Master Dogen's "Shobo Genzo."* Edited by Kazuaki Tanahashi. Boston: Shambhala Publications, 2012.

Engelmajer, Pascale. *Women in Pali Buddhism: Walking the Spiritual Paths in Mutual Dependence.* New York: Routledge, 2015.

Falk, Nancy. "Rita as Colleague and Collaborator," Journal of Buddhist-Christian Studies 31 (2011): 66.

Flinders, Carol L. *At the Root of This Longing: Reconciling a Spiritual Hunger and a Feminist Thirst.* San Francisco: HarperOne, 1999.

Gross, Rita. B*uddhism after Patriarchy: A Feminist History, Analysis, and Reconstruction of Buddhism.* Albany: State University of New York Press, 1993.

———. *A Garland of Feminist Reflections: Forty Years of Religious Exploration.* Berkeley: University of California Press, 2009.

———. "How Clinging to Gender Subverts Enlightenment," *Sati Journal, vol. 2, Women's Contributions to Buddhism: Selected Perspectives.* Edited by Nona Olivia. Redwood City, CA: Sati Center for Buddhist Studies, 2014.

———. "I Am Speechless: Thank You, Colleague Friends," *Journal of Buddhist-Christian Studies* 31 (2011): 93.

———. *Soaring and Settling: Buddhist Perspectives on Contemporary Social and Religious Issues.* New York: Continuum Publishing, 1998.

Gutschow, Kim. *Being a Buddhist Nun: The Struggle for Enlightenment in the Himalayas.* Cambridge, MA: Harvard University Press, 2004.

Hallisey, Charles, trans. *Therigatha: Poems of the First Buddhist Women.* Cambridge, MA: Harvard University Press, 2015.

Hanh, Thich Nhat. *Old Path, White Clouds: Walking in the Footsteps of the Buddha.* Berkeley, CA: Parallax Press, 1991.

Kyabgon, Traleg. *Mind at Ease: Self-Liberation through Mahamudra Meditation.* Boston: Shambhala Publications, 2004.

Lawrence, Cera R. " 'On the Generation of Animals,' by Aristotle," *The Embryo*

Project Encyclopedia, Last modified October 2, 2010. http://embryo.asu.edu/pages/generation-animals-aristotle.

Lopez, Jr., Donald S., ed. *Buddhism in Practice*. Princeton, NJ: Princeton University Press, 1995.

Mohr, Thea and Tsedroen, Jampa, eds. *Dignity and Discipline: Reviving Full Ordination for Buddhist Nuns*. Boston: Wisdom Publications, 2010.

Müller, F. Max. *The Sacred Book of the East*. Oxford: Clarendon Press, 1885.

Nanamoli, Bhikkhu. *The Life of the Buddha: According to the Pali Canon*. Kandy, Sri Lanka: Buddhist Publication Society, 1992.

_____, trans., *Visuddhimagga: The Path of Purification*. Kandy, Sri Lanka: Buddhist Publication Society, 1991.

Newman, Cathy. "Dalai Lama: I Would Be Pleased If My Successor Was Female," *Telegraph*. Last modified April 23, 2013. http://www.telegraph.co.uk/women/womens-life/10010928/Dalai-Lama-I-would-be-pleased-if-my-successor-was-female.html.

Obeyesekere, Ranjani, trans. *Yasodhara, the Wife of the Bodhisattva: The Sinhala Yasodharavata* ("The Story of Yasodhara") *and the Sinhala Yasodharapadanaya* ("The Sacred Biography of Yasodhara"). Albany: State University Press of New York, 2009.

O'Faolain, Julia and Martines, Lauro, eds. *Not in God's Image: Women in History from the Greeks to the Victorians*. New York: Harper and Row, 1973.

"'Out of Order' at the Court: O'Connor on Being the First Female Justice," *NPR: Fresh Air*. Last modified March 5, 2013. http://www.npr.org/2013/03/05/172982275/out-of-order-at-the-court-oconnor-on-being-the-first-female-justice.

Ponlop, Dzogchen. *Mind beyond Death*. Ithaca, NY: Snow Lion, 2006.

Powers, John, trans. *Wisdom of Buddha: The Saṁdhinirmocana Sūtra*. Berkeley, CA: Dharma Press, 1995.

Pruitt, William, trans. *The Commentary on the Verses of the Therīs: Therīgāthā-Aṭṭhakathā Paramatthadīpanī V*. Oxford: Pali Text Society, 1998.

Reeves, Gene. trans. *The Lotus Sutra*. Boston: Wisdom Publications, 2008.

Reuther, Rosemary. "Rita Gross as Pioneer in the Study of Women and Religion," *Journal of Buddhist-Christian Studies* 31 (2011): 75–78.

Sangpo, Gelong Lodro, trans. *Abhidharmakosa of Vasubhandu*, vol. 3. Delhi: Motilal Banarsidass, 2012.

Schaeffer, Kurtis R. *Himalayan Hermitess: The Life of a Tibetan Buddhist Nun*. Oxford: Oxford University Press, 2004.

Schober, Juliane. *Sacred Biography in the Buddhist Traditions of South and Southeast Asia*. Honolulu: University of Hawaii Press, 1997.

Sharma, Arvind, ed. *Decolonizing Indian Studies*. Delhi: D. K. Printworld, 2015.

Tsomo, Karma Lekshe, ed. *Eminent Buddhist Women*. Albany: State University of New York Press, 2014.

University of Chicago Press. *History of Religions 33*, no. 4 (May 1994).

Walshe, Maurice. *The Long Discourses of the Buddha: A Translation of the Digha Nikaya*. Boston: Wisdom Publications, 1995.

Weisman, Alan, Countdown: Our Last, Best Hope for a Future on Earth? New York: Little, Brown, 2013.

찾아보기

【L】
LGBT(레즈비언과 게이, 양성애자, 트랜스젠더) 49

【ㄱ】
가부장적 이원론 161
가부장제 10, 15, 17, 20, 50, 53, 64, 89, 161, 187, 214, 219, 221, 224, 225
가장 피해받은 자 240
가족 파트너십 159
가축화된 종 81
감사 56
감수성 56
감정적 139, 156, 178, 203, 208
강간 49, 83, 90, 99
개념적 논의, 차원 51
거세 82, 139
거위 요리에 어울리는 소스에는 암수가 없다 114, 195
게이 51
겨자씨 105
견진 성사 95
결과와 원인 174
경계 17, 168, 222, 223

경력 14, 88, 113
계율 78, 170, 194, 195
고귀한 인간 165
고립 86, 87, 116
고용 87, 113
고정관념 18, 42, 43, 53, 67, 85, 103, 113, 145, 154, 156, 157, 162, 226
고착 19, 32, 168
고타마 212, 213
고타미 208, 211~3
고통 12, 18~20, 32, 38, 41, 42, 50, 54, 55, 57, 60, 64, 66, 76, 78, 89, 90, 95, 100, 107, 110, 117, 118, 128~130, 155, 158, 166, 168, 174, 178, 207, 233, 234, 242
공空 18, 21, 39, 125, 150, 178
공격성 54, 55, 81, 114, 115, 179
공덕 76, 191, 198, 206
공동 양육 117
공부 9, 12, 16, 21, 22, 29, 33~35, 42~44, 50, 66, 71, 130, 131~7, 143, 150, 157, 171, 172, 182, 218, 226, 233
공정성 113, 117
과업 18, 119, 189, 190, 194

관습적 자아 42, 71, 84
관용 56
관조 32, 35, 169
관행 86, 99, 126, 137, 140, 142, 169, 171, 172, 184, 185, 187, 211, 220, 231, 236, 241
광고 87, 90, 99
교육 14, 15, 33, 34, 59, 62, 64, 65, 73, 93, 96, 103, 109, 110, 118, 124, 134, 142, 157, 159, 160, 181, 228, 231
교차성 21
교훈 57, 96
구초프, 킴(Gutschow, Kim) 164
구호 43, 65, 239, 242
군국주의 241
군대 84, 90
군복무 90, 167
궁극성, 궁극적 46, 50, 104, 151, 159, 182, 239, 240, 241
권리 128, 177, 228, 234, 236
귀중한 인간의 삶 108, 185
규율 60, 96, 169, 194
그리스 124, 125
『근본설일체유부비나야』 200, 206
근친상간 146
금강승불교 35, 123, 153, 154, 162, 163, 188, 189
금욕 53, 110, 201

기대치 158
기독교 10, 46, 55, 72, 222, 226
기쁨 17, 57, 188
기적 203, 205, 206, 211
기준 34, 37, 53, 56, 61, 91, 100, 132, 157, 169, 171, 176
긴즈버그, 앨런(Ginsberg, Allen) 90
깨달은 마음 20, 41~3, 51, 65, 70~2, 74, 135, 151, 154, 165, 170, 172, 177, 179, 181, 185, 195, 230
깨달음 13, 18, 29~33, 35~40, 43, 45, 52, 54, 66, 72, 74, 79, 85, 104, 105, 107, 129, 130, 135, 149~151, 166, 168, 171, 172, 176, 184, 189, 193, 199~201, 206~8, 211, 212, 214, 230, 238
끄달림 19, 20, 22, 29~33, 45, 50, 54, 68, 110, 111, 138, 166, 168, 177, 231

【ㄴ】
나나몰리, 비구(Nanamoli, Bhikkhu) 198
남성 분야 167
남성적 94, 144, 150, 154, 154, 159~162, 168, 180
남성 정체성 47
남성 중심적 인간 모델 80
남성 중심주의 15, 17, 20, 66, 80, 139,

186, 187, 189, 220, 221, 224, 225
남성 지배 20, 51~3, 64~6, 70~3, 76~8, 80, 94~6, 101, 125, 137, 156, 161, 163, 174~6, 179~81, 183
남성 특권 49, 142, 184
남성형 통칭 언어 141, 142
남자아이 59, 69, 89, 96, 101
남자 일 92
낭만화 76, 35
낭사 오범(Nangsa Obum) 105
내면화 42, 54, 97
네 유형의 제자 97
네팔 77
노동 73, 80, 86, 89, 126, 204
노동 분업 86
농장 59, 60, 82, 89, 95
놓음 19, 169
느낌 55, 78, 131~3
니까야 140

【ㄷ】
다섯 가지 극악무도한 행위 122
다수자 정체성 46
다처제 74
달라이 라마(Dalai Lama) 70, 84, 114, 218
담마 39
담마팔라(Dhammapala) 104
『대반열반경』 189, 191, 193, 196

대승불교 13, 21, 148, 153, 189, 195, 239
대안 49, 77, 155, 159, 164, 178, 179
대의명분 135, 136, 177, 178, 241
대중적 72, 105, 150
덕 103, 210
덕목 105 153, 154, 161, 199, 206
데즈카 오사무(Tezuka Osamu) 217
도겐(Dogen) 선사 22, 29, 32, 43, 44, 50, 66 130
도리천 208
독립 19, 74, 97, 206, 231, 236
독선적 분노 178
돌봄 113, 126
동등 13, 46, 62, 81, 85, 114, 119, 121~3, 125, 126, 140, 153, 159, 160, 161, 164, 184, 185, 200, 206, 212
동반자 57, 199, 201, 203, 206, 207, 208
동성애자 159
동일시 30, 37, 85, 154, 162, 169, 204
두 성을 가진 141, 186
두려움 19, 92~4, 113, 119, 121, 179
드 보부아르, 시몬 (de Beauvoir, Simone) 224
디너스타인, 도로시(Dinnerstein, Dorothy) 117~20

【ㄹ】

라다크 79
라벨 48, 64, 67, 162, 168, 199, 204, 215, 229
라훌라 200
레즈비언 51
리치, 아드리엔(Rich, Adrienne) 116
「리틀 붓다」 218

【ㅁ】

마녀 188
마라(Mara) 145~7, 189, 190
『마을이 필요하다』(It Takes a Village) 87
마음 상태 52, 74, 83, 137, 165, 169, 170, 172, 176, 177, 179, 181, 184, 185, 195, 242
마음 챙김 197
마타피타로(matapitaro) 122, 126
마하무드라(Mahamudra) 37
마하파자파티(Mahapajapati) 208~212, 198
만족 50~4, 57, 97, 100, 103, 115, 116, 119, 127, 145, 156, 158
만트라 56
메시지 47, 52, 64, 94, 101, 118, 119, 160, 161, 216
명상 9, 10, 14, 16, 22, 36, 37, 90, 93, 130, 177

모든 지각 있는 존재 107
모성 86, 103~5, 108, 115, 119, 121
모순 39, 40, 65, 192
모자녀 관계 116
모친 살해 122, 125
목사님 95
몸 19, 33, 34, 44, 59, 60, 61, 67, 68, 70, 72, 78~80, 83, 121, 136~9, 150, 164~8
무관심 20, 178, 179, 181
무시 31, 33, 36, 40~3, 56, 110~2, 135, 140, 171, 184, 186, 191, 193, 195, 201, 205~7, 216, 225, 235, 236
무아 18, 30, 31, 34~6, 39, 40, 43~5, 47, 94, 134, 135, 162, 239, 240
무의미 44, 51, 53, 72, 101, 150, 171, 184, 204, 215, 222
무의식 118, 119, 235
무지 36, 54, 56, 142, 157, 223, 241
문란한 사람(slut) 101
문수보살(Manjushri) 154, 179
문화적 박탈 233
물질적 형상 131, 133
믿음 101, 134, 137, 150, 211, 212
밀교 123
밑바닥 경쟁 238

【ㅂ】

바른 생계 115

바즈라요기니(Vajrayogini) 154
바즈라킬라야(Vajrakilaya) 154
반야般若 172
방편 123, 165
방해 13, 40, 48, 85, 113, 172, 177, 185
배제 14, 61, 93, 118, 127, 187, 191
백인 46, 236
번뇌 205
법, 불법佛法 8, 16~8, 22, 31, 32, 36, 39, 41, 42, 45, 47, 49, 50, 74, 100, 122, 128, 131, 133~5, 151, 167, 168, 170~3, 176~8, 180, 190, 191, 214, 221, 222, 232, 233, 241
법을 젠더화 47, 170, 171, 222
법의 훈계 173
법적 형식주의 195
보디, 비구(Bodhi, Bhikkhu) 146
보살 107, 153, 155, 172, 199, 203
보시 100, 103
보편적 호의 105, 107
복장 52, 93, 98
복장 전환 53
복지 115
본보기 193, 209
부계 혈통 62
부모 37, 59, 62, 85, 92, 95, 104, 107, 111, 112, 117, 120~6, 159, 232
부모 공동 양육 119

부수적 피해 90
부식성 55
부정적인 업 73, 176
부친 살해 122, 125
분노 20, 55, 60, 61, 73, 153, 154, 162, 177~9, 181, 220, 227, 234, 238
분할과 정복 238
불가역적 150
불교 경전 11, 13, 47, 71, 97, 112, 120~2, 125, 126, 131, 137, 140, 143, 148, 152, 191, 196, 212~4, 222, 228, 229, 241
불교 공동체 10, 11, 15, 93, 190, 191
불교 관행 53, 228, 231
불교 기록 47, 214
불교 문헌 39, 103, 104, 137, 145, 147, 189, 192, 199
『불교 비구니가 된다는 것』(Being a Buddhist Nun) 164
불교 사상 64, 175
불교 서사 142
불교 수행 14, 19, 20, 35, 55, 60, 69, 70, 105, 106, 129, 130, 149, 153~5, 174, 177, 195, 223, 224
불교 스승 34, 40, 42, 44, 63, 74, 119, 136, 131, 218, 241, 242
불교 예식 141, 180
불교 윤리 53, 115, 168
불교 자료 198

불교 전통 9, 13, 37, 52, 74, 97, 184, 195, 201, 202, 213, 215, 219, 220
불교 제도 13, 15, 21, 49, 51, 72, 80, 223, 233
불교 철학 152
불교의 관점 40, 72, 125~7, 141, 157, 163, 233, 238
불교의 지혜 239
불만 54, 76, 78, 92, 116, 142, 145, 167, 195, 203, 218, 221, 230
불살생不殺生 84
불의 20, 50, 56
불일치 185
불쾌 54, 55, 76, 83, 110, 119, 130, 188, 193, 224, 225
불퇴전(irreversible) 보살 75
불행 57, 59, 60, 68, 70, 73, 74, 85, 238
붉은 요소 123
「붓다: 왕 중의 왕」(Buddha: Rajaon Ka Raja) 217
『붓다』 217
브라마(Brahma) 75
비교 연구 81, 221
비교 우위 90
비구 52, 64, 65, 74, 97, 100, 103, 131, 133, 144~7, 171, 173, 190, 191, 194~7, 201, 209, 212, 237, 239
비구니 15, 52, 64, 65, 74, 75, 77~9, 103~5, 114, 147, 171, 173, 190, 191~5, 197, 204, 208, 209, 212, 215, 237
비구니 수계 77, 97
비 이원성(non duality) 123
비인간 동물 81, 83
비인간화 166
빔바(Bimba) 202
빛 120, 122, 125, 238

【ㅅ】
사랑 9, 67, 82, 95, 105, 106, 107, 117, 185, 200, 241, 242
사망률 109, 110, 111
사부대중 191~3, 196, 215, 237
사회운동 136, 220, 234, 238
사회적 관행 185
사회적 불의 50
사회적 비애 76
사회적 인정 103
사회적 조건 195
사회제도 49, 76, 77
사회 해방 135
산스크리트 188, 199, 202
살아 있는 경전 217
삼보三寶 222
삼종지三種智 205
상관관계 88
상대성 151, 152

상대적 정체성 34, 36
상대적 진리 18, 51, 52
상서로운 우연적 만남 232
상좌부불교 37, 97, 146, 148~50, 194, 196, 202
상징 55, 86, 117, 149, 150, 162~4, 213
상징적인 젠더 상호보완성 123, 161, 163
상징주의 162, 163, 164
상징체계 163, 164
상호 무능함 127, 128
상호 보완성 127, 159, 161~4
상호 의존 52, 70, 111, 112, 127, 158, 175, 234
상호 작용 37, 48, 49, 53, 69, 116, 170
색色 34, 43
생계부양자 91, 92, 126
생리적 젠더 163
생리학적 성징 153
생물학 31, 38, 48, 76, 80, 83, 85, 88, 136, 137, 152, 169
생식 37, 48, 76
서구 담론 234
서구 문화 153, 219, 229, 230, 233
서구 종교 221, 222, 232
서구 페미니즘 78, 161, 163, 198, 204, 214

서구 학계 188, 225
서양 불교도 77, 79, 80, 125, 126, 137, 141, 183, 186, 187, 214, 219, 221, 222, 229, 231~4
서양 학생 42, 226
서원 172, 203
선불교 37, 241
선임 교사 16, 18, 93
설일체유부 148~50
성경 125, 139, 141
성관계 48, 83, 91, 100, 101, 102, 145, 146
성별 분리 48, 64
성별 표식 149, 153
성스러운 이야기 216, 217
성적 권력 101
성적 능력 144, 149, 150
성적 대상 19, 66, 97~9, 102
성적 매력 97, 143, 145~7
성적 범죄 98
성적 선택 101
성적 약탈 83
성적 욕망 49, 78, 110, 138, 144, 148
성적 이형성 48~50
성적 절제 84
성적 좌절감 91
성적 지향 67, 159, 240
성차별 10, 14, 15, 65, 89, 223
성취 40, 85, 86, 171, 188~91, 199,

201, 204, 211
세 가지 독 54, 56
세 가지 복종 74
세 번째 회전 239
세계 인구 108, 109
세속적 29, 31, 40, 53, 157, 238, 241
세속적인 중생 39, 169
섹슈얼리티 141, 142, 148, 170
섹스 31
소녀 59~62, 73, 80, 89, 95, 102, 186, 210, 218, 228, 237
소멸 38, 123, 205
소수자 159
수련 40, 43, 68, 69, 83, 84, 118
수정 80, 82, 136, 152
수치심 96
수컷 81~3
순응 172, 175, 181
『숫타 니파타』(Sutta Nipata) 106
스리랑카 신할라 202, 209
스칸다 149
습관 55, 83, 112, 129, 130, 133, 171, 238
승가 52, 64, 65, 75, 97, 103, 122, 147, 148, 190~5, 215, 237
승인 97, 102, 115
시스템 60~2, 127, 165
시와락사, 술락(Sivaraksa, Sulak) 236
식민주의 184, 215, 223

신체 19, 62, 96, 99, 111, 117, 123, 134, 135, 152, 165
신통력 199, 207
실재 30~2, 34, 39, 40, 46, 65, 66, 134, 150
심리적 보상 163
심리현상들 131, 133
심머-브라운, 주디스(Simmer-Brown, Judith) 22
십이연기十二緣起 34
십이처十二處 34, 65, 84
십팔계十八界 34, 65, 84
싯다르타 198~200, 203, 206~8

【ㅇ】

아난다 192, 196, 197
아날라요, 비구(Analayo, Bhikkhu) 147
아담 125, 139
아들 62, 74, 85, 90, 94, 103~5, 146, 198, 200
아라한 192, 203, 204, 207, 208, 214
아리스토텔레스 124
아버지 63, 74, 85, 90, 105, 113, 118, 120, 122, 123, 125, 126
아비담마(논장論藏) 148~50
아소카왕 209
아시아 문화 74, 223, 230
아시아 불교도 78, 79, 121, 137, 183, 215, 220, 221, 223, 226~9, 231~4

아시아 스승 41, 42, 229, 230, 232
아에스킬로스(Aeschylus) 124
아파다나(Apadana) 208, 209, 212, 213
안녕과 행복 132~5, 169
안도감 49, 51, 54, 55, 97, 130
애정 102, 114, 115, 158
『야소다라 이야기』(Yasodharavata) 203
야소다라(Yasodhara) 198~209, 211, 214
『야소다라의 성스러운 전기』(Yasodharapadanaya) 202~4
양가적인 감정 118
양보 180
양성적 14, 141
양육 42, 81, 87, 91, 92, 113, 115, 117~9, 125
어머니 41, 59, 86, 89, 102~7, 116~9, 120~6, 146, 198, 208
어머니 비난 119, 120
"어머니-아버지"라는 하나의 복합체 단위 122, 126
억압 21, 33, 41, 49, 52, 56, 71, 72, 93, 158, 176, 220, 221, 234, 236~40
억압의 순위 매기기 239
언어 개혁 141
업業 48, 73, 118, 122, 173~6, 202
에고 32, 40, 44, 50, 133, 171, 238
에고의 문제 172
『에우메니데스』(The Furies) 124

엥겔마이어, 파스칼(Engelmajer, Pascale) 122, 151
여덟 가지의 무거운 계율 192
여성 부처 213
여성 불교도 15, 77, 79, 101, 214
여성에 대한 전쟁 128
여성은 이룰 수 없는 다섯 가지 지위 75
여성의 다섯 가지 비애 112
여성의 지위 79, 211, 214, 227
여성적 19, 92, 94, 150, 153, 154, 159~63, 167, 168
여성 혐오 53, 66, 94, 120, 121, 196, 220, 221, 229, 230, 232, 233
여성화 19, 92, 113
여신 8, 125, 163, 208
여자 일 92
여자아이 59~61, 64, 69, 70, 94~6, 101, 102, 116, 173
역동성 179
역할 모델 153~5, 214, 215
역할 배치 117
연기緣起 174
연민 107, 153, 162, 202, 230, 238
열등 42, 73, 96, 97, 159, 207, 213, 230
열망 19, 60, 154
열반 118, 189~91, 199, 203~7, 209, 210, 213

염오厭惡 130
영속 46, 84, 132
영역 싸움 82
영유아 사망률 108
영적 9, 11, 14, 18, 29, 48, 56, 64, 109, 118, 163, 199, 201, 204, 206, 213, 222, 231
예수님 94, 95
오르기안 초키(Orgyan Chokyi) 78
오만 19, 71, 151
오베예세케레, 란지니(Obeyesekere, Ranjini) 202, 204
오온五蘊 34, 65, 84, 132, 133
오코너, 샌드라(O'Connor, Sandra) 87
옷차림 52, 98, 99
요기(yogi) 188
요기니(yogini) 188
욕망 49, 50, 54, 55, 78, 84, 91, 110, 111, 129, 138, 144, 148, 146
우드로 윌슨 장학금 61
우연적 17, 50, 70, 232
운명 60, 82, 117, 119, 155, 174, 202
움켜쥠 32
원망 118, 119, 238
원시 페미니즘 210
원인 19, 41, 119, 139, 162, 165, 166, 168, 174
원인과 결과 174
원인과 조건 51, 52, 158

월터스, 조나단(Walters, Jonathan) 212
위계질서 50, 91, 175, 176, 181, 238
위빠사나 29
『위숫디막가』(Visuddhimaggga) 149
유전 62, 111, 121
육근六根 132
육아 19, 63, 73, 80, 85, 88, 107, 116, 118, 120, 127, 155
윤리적 선택 165
윤회 37, 40~2, 54, 75, 85, 94, 104, 105, 117, 118, 137, 156, 171, 206, 212, 238
윤회 수레바퀴 54
이념 47, 177~9, 181, 234
이미지 55, 92, 95, 160, 161
이브 125, 139
이상적 인간 139, 156
이성애 규범주의 49, 50
이성애자 46, 159
이원론 161, 179
이원적 젠더 본질주의 159
이중 교대 근무 92
이중 잣대 173
인간성 모델 224, 225
인격화 153, 154
인권 229
인도 문화 74
인드라 75
인류 9, 86, 138~41, 224, 225

인식 67, 68, 120, 131~4, 169, 170
『인어공주와 미노타우로스(The Mermaid and the Minotaur)』 117
인종화 236
일본 29, 72, 194, 217, 218, 241
일신교 153, 163
임금노동 86
임신중절 128
입멸 196

【ㅈ】
자궁 52, 114
자녀 62, 73, 76, 85~7, 92, 95, 104, 107, 109~11, 113, 115, 116, 118, 119, 121, 125, 126
자비 50, 53, 76, 123, 154, 195, 242
자아 21, 22, 29, 32~5, 37, 40~6, 50, 52, 54, 65, 66, 71, 84, 85, 93, 94, 102, 111, 130, 139, 143, 151, 157, 171~3, 182, 230, 231
자애(metta) 105, 107
자원 소비율 109
자유 14, 18, 20, 37, 38, 40, 49, 64, 65, 72, 118, 130, 158, 168, 181, 185, 207, 212, 219, 220, 227, 232, 233
자존감 96, 97, 101, 160, 230
장례 206, 210
재생산 64, 77, 111, 112, 126

저항 10, 56, 79, 97, 120, 129, 130, 137, 238
전생 118, 202, 203, 206, 208~10
전쟁 83, 84, 90, 92, 110, 115, 128, 162
전통 불교 184
절대적 진리 18, 51
정당화 61, 156
『정법안장』 33
정상 46, 62, 71, 83, 139, 175, 224
정액 87, 124
정의 177, 234, 236, 238
정체성의 관점 45, 159
정체성의 정치 49, 136
제2물결 페미니즘 37, 60, 88, 99, 156, 221, 224, 225, 232, 235
『제2의 성』(The Second Sex) 224
제2차 세계대전 241
제3물결 페미니즘 21
제국주의 241
제우스 125
제자 9, 12, 37, 97, 105, 131, 132, 143, 190, 191, 197, 198, 223, 237, 241
젠더 관형 53, 56, 152, 184
젠더 규범 43, 65, 134
젠더 명칭 67
젠더 문제 41, 134, 151, 215, 230, 236, 240
젠더 배열 118

젠더 배치 237
젠더 본질주의 159, 162
젠더 억압 220
젠더 역할의 감옥 38, 44, 45, 48, 52, 61, 64~74, 80, 84, 85, 87~9, 91, 94, 102, 108, 109, 112, 116~8, 126~8, 130, 133, 135, 136, 151, 152, 155, 157~9, 162, 164~6, 168~70, 172, 181, 185, 217, 230, 232, 233
젠더 위계 172
젠더 이분법 21
젠더 정체성 18, 19, 21, 29, 30, 32, 33, 39, 40, 45, 47~9, 52, 66, 135, 144, 165, 168, 193, 231, 240
젠더 중립 65, 184, 232, 235
젠더 특권 151, 172, 173
젠더 평등 63, 65, 184, 216, 219, 227, 230, 232, 233
젠더 포괄적 142, 180, 235
젠더 표식 36, 37, 138, 151
젠더학 89, 90
젠더화된 자아 42~4, 52, 66, 72, 94, 130, 170~3, 222
조건화된 자아 44
조동종 32
족첸(Dzogchen) 37
종교 제도 10, 52, 186
종교적 삶 9, 187, 225
좌선 68

죄책감 117, 177
죽음 19, 57, 104, 105, 123, 189, 197, 207, 209
중관학中觀學 21
중도 178
중독 32, 102
중산층 86, 116
프로이트, 지그문트(Freud, Sigmund) 139, 155
지배적 정체성 46
지옥 55
지적 설계 81
지혜 18, 40, 53, 103, 123, 153, 154, 162, 172, 174, 178, 179, 239, 242
직업 57, 87, 93, 98, 100, 112, 113, 127, 159
진정한 부모 124, 125
집안일 92, 116, 137
집착 18, 32, 43, 50, 52, 68, 104, 107, 111, 133~5, 138, 144, 165, 173, 177~9, 193, 231
짜증 56

【ㅊ】
참여 불교 20, 35, 177, 220, 234, 236, 237
창조 신화 138
창조신 125
『천국으로 간 고양이』(The Cat Who

Went to Heaven) 218
천사 95, 163
천안통天眼通 205
천이통天耳通 205
초기 불교도 145, 147, 198
초기 사회화 97
『초기 인도불교의 여성』(Women in Early Indian Buddhism) 147
초능력 205
출가 11, 14, 53, 79, 103, 104, 134, 146, 147, 171, 191, 192, 194~6, 198, 200, 210, 213
출산 19, 62, 73, 74, 76, 80, 85, 90, 101, 109~11, 120, 136, 145, 152, 155, 200, 201
치마 92, 93, 98, 100, 113

【ㅋ】
카마이클, 스토클리(Carmichael, Stokely) 235
콜렛, 앨리스(Collett, Alice) 147
쿠시나가르(Kushinagar) 196
『쿳다까 니까야』(Khuddaka Nikaya) 208
클린턴, 힐러리(Clinton, Hillary) 87
키사 고타미(Kisa Gotami) 104

【ㅌ】
타라(Tara) 154
탄트라 123
탐욕 54, 55, 138, 146, 148
『테리가타』(Therigatha) 77, 80, 104, 147
토착 불교 페미니즘 80, 184, 186, 189, 193, 198
통계적 평균 157, 158
통찰 60, 71, 72, 109, 114, 141, 160, 178, 179, 181, 184, 240, 241
툴쿠(tulku) 16, 218
트라우마 57
트랜스젠더 21, 51
트리슈나(trishna) 32
티베트불교 9, 35, 54, 70, 194, 196, 199, 218, 226
틱낫한(Thich Nhat Hahn) 217

【ㅍ】
파두무타라(Padumuttara) 붓다 208
파드마삼바바(Padmasambhava) 183
파생된 존재 139, 186
파자파티(Pajapati) 198, 199, 208~11, 214
파트너 49, 96, 159
팔리 경전 140, 149, 189~191, 198
『팔리 불교의 여성』(Women in Pali Buddhism) 122
팔리어 37, 189, 208
팔정도 53, 170

팔중법八重法 74
페니스 59, 87, 88, 90, 134, 168
페미니스트 8~15, 19, 20, 22, 47, 49, 51, 55, 56, 63, 66, 76, 77, 101, 116, 121, 135, 159, 162, 166, 176, 180, 181, 184, 186, 195, 199, 201, 204, 207, 208, 211~6, 220, 222, 226, 229, 233, 235
페미니스트 분노 55
페미니즘 의제 204
평정심 56, 179, 180, 181
평화 9, 34, 41, 50, 51, 57, 153, 154, 162, 235
포괄적인 남성형 언어 140, 225
포스트모던 228
포유류 81
프리단, 베티(Friedan, Betty) 116
피부 노출 100
피임 77, 103, 109~13, 128
피해 의식 19
피해자 12, 57, 238

【ㅎ】
하나님 94, 95
하얀 요소 123
학계 10, 17, 91, 187, 188, 224, 225
학교 59, 96, 198
학문의 정치 186, 196
한 사람의 해방으로 모두가 해방된다 239, 241, 242
해방 10, 12~4, 17, 18, 20, 22, 50, 54, 72, 99, 105, 109, 135, 136, 144, 165, 176, 234, 239, 241, 242
해부학 155, 195
『해심밀경』 239
해탈 104, 118, 189, 195
핵가족 86
행복 57, 74, 78, 85, 95, 129, 132~5, 155, 156, 169
혁명 77, 108
현대 기술 109, 127
현대 의학 77, 108, 109, 111, 185
현상계 33, 34
현실 43, 44, 55, 74, 76, 87, 110, 126, 133, 157, 161, 236
혐오 53~55, 57, 66, 94, 120, 121, 185, 196, 220, 221, 229, 230, 232, 233, 241
형상 117, 123, 131, 133~6, 143, 144, 146
형태 34, 43, 45, 52, 68, 149, 168
형평성 63, 113, 184, 227
호르몬 53, 139
화 41, 55, 127, 179, 180
『화성에서 온 남자, 금성에서 온 여자』(Men Are from Mars, Women Are from Venus) 156
환생 16, 70, 72, 73, 218

회의론자 128
획일성 162, 165
후대 불교 199
희생양 119

희생자 57
히브리 124
힌두교 9, 75
힌두 여신 95

역자의 말

이 책은 리타 그로스가 미처 마무리하지 못하고 남긴 유작이다. 그녀는 오랜 시간 쌓아온 통찰을 이 책에 담아내며, 독자들이 그 속에서 미완성된 부분을 발견하고 스스로 탐구하도록 이끈다. 주디스 짐머-브라운이 애틋한 소개글의 마지막에서 리타 그로스에게 던진 질문들은, 결국 우리 각자가 답을 찾아야 할 성찰 주제들이다.

리타 그로스는 일찍이 페미니즘의 관점에서 불교의 역사를 정리한 『가부장제 이후의 불교』(*Buddhism after Patriarchy*, 1993)를 통해 불교 페미니즘을 주창했다.[15] 『젠더를 넘어서는 불교』에서는 현대 사회의 평등 논의에서 핵심이 되는 젠더 역할에 대한 논란이 불교가 설파하는 해방의 논리로 극복된다는 점에 주목한다. 젠더는 현대적 자아 정체성 중에서도 고정불변한 것으로 여겨지는 대표적인 예이다. 따라서 여성성이나 남성성이 실체적인 성적 특징을 통해 관습적으로 형성되고 고착된 자아라는 점을 간파하고, 그로부터 자유로워지기 위해 무아를 깨닫는 불교의 자아 공부를 시작하는 것은 마땅하다. 이것은 곧 우리 시대에 평등의 준거 점이 되고 있는 다양한 정체성들 또한 상대적이고 우연적인 것을 절대화하여 끄달림의 대상으로 삼은 것임을 알아차리

---

[15] 『불교 페미니즘: 가부장제 이후의 불교』(동연출판사, 2020)라는 한국어판 번역을 한 옥복연이 『불교평론』 제95호의 "세계의 불교학자 29. 리타 그로스(Rita M. Gross)"에서 그녀를 자세히 소개하고 있으니, 참조하기 바란다.

는 것이며, 그것이 바로 젠더를 넘어서는 불교의 길을 따르는 것이다. 젠더 역시 '조건 지어진 상대적 현상'이며, 절대적 진리라 할 수 있는 법의 관점에서 보면 '궁극적으로 무의미한 것'이기 때문이다.

불교 가르침의 논리적 정합성을 이해하는 것보다 더 근본적으로 중요한 것은 불교 수행을 통해 평정심을 기르는 일이다. 리타 그로스는 특유의 간결하고 단단한 문체로, 분노가 가져다주는 '감정적 해방감'의 효능은 일시적이며, 우리가 진정으로 필요로 하는 것은 '오래가는 안도감'이라는 점을 설득력있게 강조한다. 그러므로 '정당한 분노'도 피해야 한다고 분명히 말한다. 왜냐하면 깨달은 마음은 "두려움 없이 평정심으로 공격과 대립을 견디며, 공격하지 않고도 자기 견해를 지킬 수 있기" 때문이다. 결국 "한 사람의 해방으로 모두가 해방된다"라는 불교 슬로건 아래, 사회 현실에 대한 우리의 냉철한 통찰은 따뜻한 자애의 실천으로 이어질 수 있다.

*   *   *

이 책은 불교나 페미니즘 학계를 대상으로 이론적 논쟁점을 분석하는 글은 아니다. 대신, 불교와 페미니즘 학계에 이미 충분히 받아들여진 개념들 사이의 관련성을 통찰력 있게 질문하고 답함으로써, 일반 독자들의 무아에 대한 이해를 한층 더 깊이 있게 이끈다. 책 곳곳에 등장하는 리타 그로스의 생애 에피소드들은 서구 현대 사회의 젠더 고정관념을 조명하는 다큐멘터리 영화의 장면들처럼 생생하게 다가온다. 이러한 대목에서는 중년을 넘긴 한국 독자들이라면 더 절절한 젠더 고정관념의 '한국 버전' 장면들을 자연스레 떠올리게 될 것이다. 이 책의 한국 독자들은 대체로 페미니스트이면서 불교도라는 중첩된 정체성을 가졌을 가능성이 크다. 이 중 자신을 페미니스트로 더 강하게 정체화하는 독자에게 이 책은 페미니즘과 불교의 교차성을 소개하는 입문서로 읽힐 수 있을 텐데, 페미니즘이 불교를 내포할 수는 없다는 점에서 불만족스러울 수도 있다. 반면, 자신을 불교도로 더 정체화하는 독자에게 이 책은 불교가 페미니즘을 내포할 수 있는 단순 명료한 이유와 사유 방식을 전달하면서도, 젠더 문제를 도외시해 온 역사 속의 불교 제도와 관행을 비판한다는 점에서 불편함을 느낄 수도 있다. 하지만 나는 많은 독자들이 나처럼, 페미니스트로서도 불교도가 될 수 있다는 확신으로 더 큰 안도감을 얻고 잡념을 줄이며 수행할 수 있게 되리라고 생각한다.

이론적으로는, 리타 그로스가 주장하는 "두 성을 가진 인간(two-sexed humanity)"에 대한 불교적 통찰이 성을 이분법적으로 사고하는 것이라는 비판이 제기될 여지도 있다. 그러나 인류의 이분법적 사고는 집단으로 생존해 온 문화 형성의 출발점이자, 범주적 사고의 전제조건이라 할 수 있다. 성에 대해서도 인류는 이분법적 구분을 출발점으로 삼지만, 이분법이 적용되는 차원을 세분화하고 각 차원에서의 이항적 조합 방식에 따라, 실제 문화 속에서 나타나는 성 범주는 상당히 다양하게 구성될 수 있다. 예를 들어, 여러 전통 문화에서는 몸과 마음의 차원을 구분하고, 이들이 서로 다른 성으로 짝지어진 경우를 "제3의 성"으로 분류하는 사례를 어렵지 않게 찾아볼 수 있다. 오늘날 점점 더 많은 사회가 인정하는 LGBT+ 개념도 이와 유사한 방식으로 이해할 수 있다. 성적 끌림의 지향성, 스스로 인식하는 젠더 정체성, 사회적으로 표현하는 젠더, 그리고 생식기나 염색체에 기반한 생물학적 성 등 여러 차원으로 세분화된 범주에서, 남성과 여성이라는 이항적 구분 사이의 다양한 조합이 새로운 성 정체성과 범주들을 구성하기 때문이다. 이렇게 보면 LGBT+ 개념도 '조건 지어진 상대적 현상'으로서의 성 범주이며, 이는 성에 대한 이분법적 사고를 부정한다기보다는 두 성이라는 이항적 조합 방식이 여러 차원에서 다양화된 결과라고 할 수 있다. 따라서 리타 그로스가 말하는 불교의 "두 성을 가진 인간" 모델과 배치되는 개념은 아닌 것이다. 무엇보다 이 정체성들 역시도 궁극적으로는 무의미함을 자각하고, 무아의 깨달음을 향한 수행의 대상이 된다는 점에서, 제2물결 페미니즘 시대의 젠더 정체성과 본질적으로 다르지 않다.

* * *

오늘날 전 세계적으로 불교에 관한 관심이 고조되고 있는 것은, 사회 변화의 속도가 빨라지고 개인화가 가속화되는 시대에 해방적 삶을 추구하는 이들의 요구에 부응하기 때문일 것이다. 인류세라는 새로운 지질시대 구분이 필요할 만큼 지구 시스템이 변화한 가운데, 인류가 직면한 위기는 기존의 근대성이나 산업화 논리로는 더 이상 대처할 수 없는 국면에 이르렀다. 이러한 시대적 전환 속에서 불교는 새로운 심성을 제안하는 가르침으로 다시금 주목받고 있다. 그런 만큼 불교의 관습적인 율법과 의례를 재검토하고 시대에 맞는 해석과 실천으로 나아가려는 노력이 필요하다. 특히 불교의 제도적 차원에 깊이 뿌리내린 가부장적 요소들을 바로 잡는 일은 여전히 중요한 과제로 남아 있다.

불교를 향한 새로운 요구와 변화의 필요성은 한국 사회에서도 점점 더 커지고 있다. 특히 한국은 부계 혈통을 중시하는 유교 문화와 가부장적 국가 주도의 산업화를 통해 경제발전을 이루어 낸 역사 경험으로 인해, 페미니즘에 대한 관심 자체를 불온하게 바라보는 경향이 강하다. 심지어 근대사회를 성찰하고 비판하는 일을 전문으로 하는 사회과학계조차, 페미니즘에 대한 논의를 왜곡하거나 아예 언급조차 하지 못하도록 막아버리는 모습을 보이기도 한다. 불교의 인과론을 적용해본다면, 세대 내·세대 간 갈등 속에서 페미니즘이 중요한 이슈로 떠오르고 있는 최근의 상황은 결코 우연이라 보기 어렵다. 그렇다면, 최근 젊은 세대 여성들의 관심을 모으고 있는 이른바 "힙한 불교" 현상은 과연 불교 페미니즘의 요구를 반영하고 해소하는 흐름으로 이어질 수 있을까?[16] 이미지나 굿즈 소비를 넘어서 붓다의 가르침을 절실하게 받아들이고, 사부대중 모두를 평등하게 끌어안는 불교 공동체를 세우고 가꾸어 갈 수 있다면, 언젠가 '페미니즘'이라는 용어 자체는 역할을 다한 채 조용히 사라지지 않을까 기대해 본다.

글을 맺으며, 이 책을 번역할 기회를 주신 대원불교진흥원과 번역본

---

[16] 이른바 "2030여성"들이 최근 불교에 열광하는 분위기를 분석한 언론기사, 김영화의 "절실해서 '불며드는' 힙한 불교 탄생기," 『시사인』 869호(2024년 5월 16일)를 참조하기 바란다.

에 대해 귀중한 조언을 해주신 평가자들, 그리고 정성스럽게 출판을 도와주신 도서출판 운주사에 깊은 감사를 드린다. 고백하건대, 나는 삼십년 전부터 드문드문 불교와 우연한 인연을 맺었을 뿐 한국 불교에 대해서는 문외한이었고, 스스로 불교도라고 말할 수 있는지조차 의문을 품은 채 이 책의 번역 기회를 얻게 되었다. 그런 나에게 리타 그로스는 국내외 불교와 가냘프게 맺어 온 나의 흐린 인연들을 호쾌하고 명료하게 정리해주면서, 이래도 붓다의 길을 가지 않을 것이냐고 다그치듯 묻는 것만 같았다. 이제 나는 기꺼이 그러겠다고 답할 수 있다. 정말로 고마운 일이다. 내 불교 인연의 여러 장면들인 송광사와 치아즈와사원, 봉인사, 붓다선원, 담마코리아, 그리고 그곳에서 가르침을 주신 네 분의 여성 스승님들을 비롯한 사부대중 모든 분들께 깊은 감사의 마음을 전한다.

"이 책은 리타 그로스가 오랜 시간 진지하게 수행하고, 성찰하며, 학문적으로 탐구해 온 노력의 정점을 보여준다. 리타는 정말 깊이 몰입했다! 불교 여성운동에 헌신한 그녀의 마지막 회고록이 된 이 책에서, 리타는 자신의 가장 내밀한 생각과 열정, 그리고 투쟁을 아낌없이 나누고자 한다."
— 엘리자베스 매티스 남겔, 『열린 질문의 힘』(The Power of an Open Question)과 『믿음의 논리』(The Logic of Faith)의 저자

"자신의 유작이 된 이 책에서, 리타 M. 그로스는 붓다의 고전적 가르침인 동일시와 자아 및 무아, 그리고 서양 불교에서 젠더 역할이 직면한 오늘날의 도전에 대해 빛나는 통찰을 보여준다. 불교 수행자와 종교 내 젠더 역할을 연구하는 학생, 젠더 평등을 위해 활동하는 이들, 그리고 서구에서 불교가 수용되는 과정에 관심 있는 모든 이들에게 유용한 『젠더를 넘어서는 불교』는, 관련 논의를 더욱 깊이 탐색할 수 있는 사색거리를 제공한다."
— 샤론 살즈버그, 『자애』(Lovingkindness)와 『진정한 사랑』(Real Love)의 저자

"종교 분야에서 페미니스트 연구를 개척했으며, 내부자의 관점에서 발언해 온 드문 학자 중 한 사람인 리타 그로스 교수는 불교 전통 안의 가부장제 구조와 억압에 도전하고, 그 전통을 '수정하고 보완'하여 더 정의롭게 만드는 데 삶의 대부분을 바쳤다. 이 책은 그녀의 최고 역량을 보여주는 저서로, 여기서 그녀는 명료하고, 직설적이며, 통찰력 있고, 타협하지 않는다. 이 책은 단순히 불교와 젠더 연구에 대한 중요한 기여에 그치지 않는다. 젠더 정체성이라는 허구를 꿰뚫어 보고, 젠더 역할이라는 감옥에서 벗어나 보다 해방된 삶으로 자신을 이끄는 방법을 제시하는 실천적 안내서이기도 하다."
— 호세 이그나시오 카베손(José Ignacio Cabezón), 달라이 라마 석좌교수, 캘리포니아 대학교 산타바바라 캠퍼스

지은이 리타 그로스 Rita M. Gross, 1943-2015

위스콘신 대학교 오클레어 캠퍼스의 비교종교학 명예교수였다. 그녀는 종교 분야에서 여성 연구를 개척한 중요한 인물로, 금강승불교의 수행자이자 교사이기도 했다. 고전으로 평가받는 『가부장제 이후의 불교』(Buddhism after Patriarchy)를 포함해, 총 11권의 저서에 저자, 공동저자, 편집자로 참여했다.

옮긴이 김민정 金民晶

강원대 문화인류학과 명예교수. 단독저서로 『이주 시대의 젠더: '다문화' 한국사회와 필리핀 출신 여성들』, 편저서로 『경계를 넘는 한인들: 이주, 젠더, 세대와 귀속의 정치』, 『동남아의 중산층, 시민사회, 지역운동』, 공저서로 『아시아 여성의 오늘: 위기, 도전 그리고 연대의 목소리』, Redefining Multicultural Families in South Korea: Reflections and Future Directions, Transnational Mobility and Identity in and out of Korea, 『젠더와 사회: 15개의 시선으로 읽는 여성과 남성』, 『글로벌 아시아의 이주와 젠더』, 『세계신화의 이해』, 『혼혈에서 다문화로』 등이 있다.

대원불교 학술총서 31　젠더를 넘어서는 불교

초판 1쇄 인쇄 2025년 7월 18일 | 초판 1쇄 발행 2025년 7월 28일
지은이 리타 그로스 | 옮긴이 김민정
펴낸이 김시열 | 펴낸곳 도서출판 운주사

(02832) 서울시 성북구 동소문로 67-1 성심빌딩 3층
전화 (02) 926-8361 | 팩스 0505-115-8361
ISBN 978-89-5746-877-889-0　93220　값 20,000원
http://cafe.daum.net/unjubooks 〈다음카페: 도서출판 운주사〉